温 故 而 知 新

鷓鴣文庫

湖南历史文化地理研究

修订本

张伟然 著

浙江古籍出版社

图书在版编目(CIP)数据

湖南历史文化地理研究/ 张伟然著. —修订本. —杭州:浙江古籍出版社，2021.3
ISBN 978-7-5540-1798-2

Ⅰ.①湖… Ⅱ.①张… Ⅲ.①历史地理—研究—湖南②文化地理学—湖南 Ⅳ.①K926.4

中国版本图书馆 CIP 数据核字(2020)第 175945 号

湖南历史文化地理研究(修订本)

张伟然　著

出版发行　浙江古籍出版社
(杭州市体育场路 347 号　邮编:310006)
网　　址　http://zjgj.zjcbcm.com
责任编辑　刘　蔚
文字编辑　郭大帅
封面设计　周伟伟　吴思璐
责任校对　吴颖胤
责任印务　楼浩凯
照　　排　浙江时代出版服务有限公司
印　　刷　浙江全能工艺美术印刷有限公司
开　　本　880mm×1230mm　1/32
印　　张　10.875
字　　数　266 千
版　　次　2021 年 3 月第 1 版
印　　次　2021 年 3 月第 1 次印刷
书　　号　ISBN 978-7-5540-1798-2
定　　价　68.00 元

序

周振鹤

“文化”的现代意义是外来的。有位国粹式的大学者在讲解文化的意义时曾说，文化一语中国早有，并非西洋的发明。这话其实不对。中国古代的文化一词是文治教化的意思，所谓“文化不改，然后加诛”。而现代意义的文化却是一个外来语，是日本人用古汉语中的“文化”二字来翻译西文中 Kultur，culture 而来。现代文化的意义由于文化人类学家的诠释，而歧义纷纭，据统计，其定义竟有一百六十余种之多。虽然对于文化是什么，有如此众多的定义，但对于什么是文化，却是相对明确的：举凡人类生活方式的各个侧面无不属于文化的范畴。由于文化的内涵如此丰富，有人遂将其分成若干层面，以便阐释。最通常的分法是三分：表层的物质文化、中层的制度文化与深层的精神文化。如果简单一点则为物质与非物质文化两大范畴。如果复杂一点则又可在三层外加上心态文化一层。也还有从其他角度来划分的，这里不必细说。虽然任何分法都有其不足之处，但毕竟于研究有方便之处——可以分而治之。

文化的发展既有时代的变迁，又有地域的差异。一般而言，前者是文化史的研究对象，后者是文化地理的基本内容。但其实在讲时代的变迁时，往往及于地域的差异，研究地域差异时，则非及于历史的变迁不可。地理学的任一分支，都几乎可以只研究当代，而不及于以往，唯独文化地理，若不追索历史，则无从起手。就这个意义而言，文化地理已隐含着历史文化地理的内涵。当然这并不是说文化地理就等同于历史文化地理，后者有自己独特的对象与方法，比起前者来，难度是更大，范围是更宽，线索是更长，不但要求研究者有地理学的根底，更要求他们有历史的识见，从而也就成为一门更加引人入胜的学问。

关于文化的研究，建国以来消歇了很长时间，八十年代以后，文化热兴起，先是及于史，接着及于地理，已经产生了一些成果，使文化史与文化地理逐渐地蔚为显学。但是在热潮过去之后，还是深感具体而微的文化研究成果不多，文化热更多的功绩是在理论的探讨与思想的解放方面。因此冷静下来以后便是扎扎实实的冷板凳功夫，坐上几年，潜心于一个专题，锲而不舍地求索，做出来之后的成果就是一块砖、一片瓦，虽然不是轰轰烈烈的号角或引人入胜的蓝图，但却是构筑中国文化研究大厦的基本材料，是每个研究文化的学者的必要参考书。在这些扎实的成果中不能不被提及的是卢云的《汉晋文化地理》与摆在读者面前的这本《湖南历史文化地理研究》。卢著旨在揭示某一特定历史时期全国范围内的文化地域差异，而本书则侧重于复原某一地区在整个历史时期的文化地理面貌。这两本书正代表着历史文化地理研究的两个角度。这种局部时期与局部地区研究的综合就是中国历史文化地理的全体。

复原某一地区的历史文化地理面貌有两层含义：一是探究该地区与其他地区的文化差异；一是分析本地区内部的文化地域差异——在一个足够大的地区中这种内部差异不但是存在的，有时甚至是很突出的。张伟然对湖南历史文化地理的研究就包含了这两层含义。当然对于第一层含义，只能有大概的说法，因为完善的结论只有在各地区的文化面貌都研究清楚以后才能做出。至于第二层含义则是本书的重点所在。

大略而言，本书分为八章，首先从政区沿革与人口民族的分布变迁来分析湖南文化发展的背景（第一章），其次以人物、著作、刻书为指标，用历史计量学的手段表明湖南文化地域差异的基本格局（第二章），继之以文化人类学方法从方言民歌、宗教信仰、民风民俗等方面来论述湖南文化的地域差异（第三—六章），再以上述差异为基础划分湖南的综合文化区域（第七章），最后再分析湖南文化发展与文化地理格局的影响因素（第八章）。全书材料丰富详赡，结构合理，论据充分，见识高明。掩卷之后，一幅幅自古而近的湖南文化面貌生动地呈现在读者眼前。

细而论之，本书有几个明显的优点。首先是材料丰富。中国古代文献虽然浩如烟海，但正史重政治，轻文化；重中央，轻地方；重国风，轻民俗。因此有关地方文化的记载十分罕见。作者为了搜集材料，下了很大的功夫，参阅、爬梳了数百种方志、文集、笔记，而且作了田野调查工作，在短短的三年里做到这点是很不容易的。有些材料，如《湖南民间歌曲集》（内部资料）的利用是很有见地的。

其次是见识高明，把握住了中国文化地域差异的关键因素，以方言和民俗的地域差异作为划分文化区的基础，再参以其他因素，首先将湖南分成湘资流域与沅澧流域两大区，进而把这两区细分为几个亚区，得出令人信服的结论。同时又能于常人所不注意或避免讨论的问题提出自己的看法，如对于民风的研究，解放以来几无人论及，但本文却以一章的篇幅展开讨论，虽然论据还有待完善，但眼光是对路的。

第三是方法得当。文化地理的研究在量化方面比较困难，除去人物、文化设施与文化成果外，其他文化因子的地域差异只能以描述性的手段去诠释。因此文化人类学方法的运用在文化地理领域中是极为合适的，本书也正是运用文化人类学手段取得成功的一个例子。另外，现时的一些文化地理论著往往地理意识不强，所谓地域文化不过是该地区文化史的综述而已，既未能揭示该地与全国其他地域的差异，亦未能发现该地域内部的差异。而本书则能以区划的理论作指导，利用发生学原则、综合分析原则、主导因素原则、相对一致性原则与区域共轭性原则来进行文化地理区划，较好地解决了文化的地域差异问题。

应该着重指出的是，文化区的划分往往是文化地理研究的归宿，但划分文化区又是相当困难的工作，如果夸大点说，简直是有多少文化因子，就有多少种文化分区。例如关于汉语方言的分区，历来就是一个难题。采用同言线的手段在实际上常常行不通，因为重要的语言特征的选择往往因人而异，任意性很大，结果是不同语言学家有不同的方言分区图，相差很大。而文化分区的难度比语言分区更甚，因为还要加上风俗、宗教、人物等因子。所以探索文化分区的方法，以更好地反映文化的地域差异是一个值得深入研究的课题，张伟然所做还是一个尝试，希望还有更多更好的方法出现。

关于湖南的文化研究过去有人做过，但都是局部的零碎的专题讨论，还从来没有过整体的有序的专著。即对于省一级地区的文化地理研究，也只在最近才有《广东文化地理》一书问世，因此这本《湖南历史文化地理研究》显然是一种填补空白的著作。书中作者自己的发明随处可见，除了上面提到的以外，信手拈来还有：民族变迁的地域性、滞后的文风、民间信仰与风俗变迁、地理环境对文化的影响等方面，都是前人研究湖南文化时未曾具体探索或语焉不详的。

文化的内涵既是异常丰富，地理研究的方法又是多种多样，因此文化地理的研究还有广阔的天地可以大有作为。中国古代虽然没有文化地理一说，但是类似今天文化地理研究内容的著述却也曾出现过。其中最出色的要算是《汉书·地理志》正文之后朱赣的一篇风俗地理文字。该篇文字因为与刘向的分野说混在一道，而难于见其庐山真面目。除去分野说的无稽之谈后，我们便发现西汉可以分成三大风俗地带：塞上塞外地带、黄河中下游地带及淮汉以南地带。每个地带又可分为若干风俗区，尤其是黄河中上游地带的十二三个风俗区，呈现出一幅绚烂的文化马赛克图景。当时的“风俗”与今天的含义不同，内涵丰富得多，既包括居住方式的物质文化（如西北六郡的“在其板屋”），又含有人生无常的心态文化（如河东地区的“今我不乐，日月其迈”），因此汉代的所谓风俗，实即现代意义上的文化的同义语。相信类似朱赣的论述历代都会有，可惜留下来的不多，也都不如朱赣这篇精彩。这和地理著作在中国长期处于史学的附庸地位有关，直到明代后期王士性与徐霞客出现，写作了《广志绎》与《徐霞客游记》两部辉煌的大著，才使地理学成为一门独立的学科。遗憾的是，到了清代，文网綦严，只有研究疆域政区地理的分支得到长足的发展。建国以后，人文地理的发展又几乎中断，只余下经济地理一枝独秀的局面。近年以来，人文地理的研究呈现复兴的景象，文化热的影响，更使不少人涉足于文化地理领域。这是很鼓舞人心的情景。

本书的原稿是张伟然同志的博士论文，就是在历史区域文化地理方面潜心钻研的结果。答辩委员会全体委员都给予该篇论文以高度的评价，称赞的不但是其成绩蔚然可观，而且还有其艰苦认真的学风。因此本书除了学术方面的意义外，还希望能起一点转移风气的作用。现今的学术风气是喜作宏观的议论，而缺乏艰苦深入的基础性研究。但是文化地理研究在目前尚处于初级阶段，大量实质性、基础性的研究尚未着手，许多空白（无论在研究地域和研究对象方面）还有待填补，因此类似卢云《汉晋文化地理》、张伟然《湖南历史文化地理研究》的著作应该大量涌现，以蔚为一股追求实学的风气。

1994 年 10 月

重版自序

此书原本是我的博士学位论文。1993 年 6 月 28 日通过答辩，1994 年很荣幸地被列入“复旦大学博士丛书”，1995 年复旦九十周年校庆前由复旦大学出版社正式出版。上市二十五年，坊间早就脱销了。现在承浙江古籍出版社青眼，让它获得新生的机会。感激之余，在此不能不写点文字，对一些相关的学术背景作一些说明。

我在好几篇文章里提到，我这篇博士学位论文是一篇命题作文。早在 1990 年 5 月我来投考谭其骧先生的博士生时，在考场上谭先生就指示，如果我能考上，就以两湖的历史文化地理作为博士学位论文选题。谭先生认为，做历史文化地理，综合性的区域研究才是第一等的题目。在我之前，他已指导卢云完成以《汉晋文化地理》为题的博士学位论文。他说，卢云是学历史出身的，所以应该选一个时段，以全国为空间范围；而我是学地理出身的，就应该选择一个区域，时间做通代的。也就是做一个与卢云相对称的工作。

那年九月，我如愿以偿，幸运地成为了谭其骧先生的博士生。但内心非常沉重。因为这个博士学位论文的选题如此宏大，而我之前并未做过前期工作，很担心在学制规定的三年时间内能否完成学业。因此入学不久，我就多次向他讨教，能否换一个选题，或者将题目加以缩小，只做湖南一省。每次提起这个话题，他的回答都是“着毋庸议”：空间和时间范围都不能变，空间不能缩小到只做一省，时间不能缩短到只做某个断代。至于什么时候做完，那是我的事。

谭先生对我的另一个要求是，读博的三年，不能全部用来做博士论文。他的理论是：既然叫博士，那就得博。必须花一半、至少花三分之一的时间用于读书，读跟学位论文无关的书。因此在入学后的第一年，我完全没有对博士学位论文展开思考，也不敢向谭先生多问这方面的问题。生怕他误会我不想读书，只想着早点做论文、早点毕业。

1991年春夏间，谭先生给我一道指令，叫我把湖南、湖北的政区沿革梳理一下。我花了大约个把月，写了一篇万余字的作业交给他。在那前后，他也曾几次主动跟我谈起我博士论文选题范围内的问题。一次是问我，湖南省境民族成分的变化过程。他教导我说：做中国的文化地理研究，这个问题必须先弄清楚。另一次是讨论两湖境内的文化区域归属。

进入第二学年后，我摩拳擦掌，可算是可以开展博士学位论文的工作了。一些学兄建议我，可以先列出一个提纲，然后化整为零，一篇篇地写。还可以写好一篇投稿一篇，尽快发出来。然而我粗粗一想，便觉得此路不通。首先是“文化”的范围实在太广阔，简直无所不包，哪些算、哪些不算，很让人无所适从。而最要命的是，做通代的研究，每朝每代的书都要看。如果一篇篇单独开展工作，岂不得每写一篇就得把各朝代的书看一遍？人累死不说，效率也太低了。

读博时间有限，效率是生命线。考虑到效率问题，我决定先把历朝的史料先过一遍，将其中与两湖文化地理相关的史料摘出来。虽然博士论文要写哪些内容还没想清楚，但哪些是、哪些不是文化地理史料，应该不难判断。等史料收集完了，看菜吃饭，论文能写成啥样也就不成问题了。

翻检与区域相关的史料，最简易的路径当然是先查地方志。而地方志大多有资料相承的特点，一般是越到后来资料越丰富。于是我首先就看光绪《湖南通志》。但是刚一看，就很崩溃。里面关于古代的记载实在是太不靠谱了。编者把一些跟湖南相干、不相干的资料都码在一起，存在着很多一望而知的错误。直接用肯定不敢；按图索骥去复核原书，功夫比直接看原始资料花得还多。试了几天，终于死心，还是老老实实从原始资料入手。

当时我的策略是将史料分成两大块：明清以降，主要靠方志及一些专题史料；古代，主要用《四库全书》。中国地方志总共数千种，主要成书于明代以降，尤其晚清以降。这些志书虽然存在各种各样的问题，但当时人记当时事，可信度总归还比较高。而明代以前的典籍，绝大部分已收入《四库全书》。复旦图书馆四楼文科阅览室正好有一套台版的影印文渊阁《四库全书》，字大，纸张好，翻起来特别舒服，特别快。

于是我备了一本《四库全书简明目录》，先翻阅已经整理出版的古籍，将看过的书在目录上作好标记。没整理出版过的就看库本。到 1992 年暑假前，总算把影印文渊阁《四库全书》以及本校、本所收藏的两湖方志过了一遍。暑假又回长沙，在湖南师范大学图书馆、湖南省图书馆查阅了复旦未收藏的湖南方志。

正当我在长沙看完所需的湖南方志，准备稍事休整，然后回校撰写论文的那个下午，湖南师大历史系的一位老友紧急找我，转告我一个噩耗：谭先生走了！

谭先生是 1991 年 10 月 19 日午后生病的，此后一直住在医院里。尽管他自发病以后就再没说过话，但我总怀着一丝侥幸。因为自 1978 年他初次中风以后，又多次复发过小中风，每次，他都顽强地挺过来了。这一次，我希望仍能如此。几次跟低我一年级的学兄靳润成一起去医院看他，尽管每次叫他、跟他说话都毫无反应，我也希望下次来叫他他能够答应。万不料，等来的竟然是这样一结果。

送别谭先生，我的博论进入撰写阶段。早在 1990 年冬，他对我说，他请研究生院为他配两个副手，将当时还是副教授的周振鹤、葛剑雄先生设为博士生副导师；由于我做文化地理，副导师就请周振鹤先生担任。

此时对于这篇博论会写成什么样，我心里仍然一点数都没有。市面上、图书馆里，关于文化的书很多，但关于文化地理的很少。寥寥两三本与历史文化地理相关的著作，与我关系最近的是卢云的《汉晋文化地理》。1990 年入学初，我就向葛剑雄先生借到这本博士论文的打印稿，细细地读了。但凡读过那本书的可能都有感受，那是一种极为震撼的阅读体验。作为博士论文，其篇幅多达 60 余万字。将汉晋时期的文化地理，按学术、宗教、婚姻、音乐四个要素展开。可以说，每一章单拿出来，都可以作一篇博士学位论文。我，绝对不可能写那么多。

就客观条件来说，卢云的博士论文实际上花了六年。他的第一章《汉晋时期的学术文化地理》，是他硕士期间的工作。我的硕士论文做的是《南北朝佛教地理的初步研究》，只有很少一部分能在博论中用得上。而更重要的是，在我反复思考区域历史文化地理这个研究框架的过程中，读到卢云一篇雄文《文化区：中国历史发展的空间透视》[1]。内中洋洋洒洒地讲到文化区的基本特征、生成和演变因素，之后阐述划分历史文化区域的原则与方法，主要介绍他本人的研究心得。由此我注意到，卢云这些工作，与地理学的做法其实颇有隔阂。

从本科到硕士，我在地理系读了七年。地理学最本质的特征，是区域性和综合性。这两性互为表里。虽然也有部门地理的研究，但那不过是地理综合的基础，最终还得落到综合地理上来。而综合地理，也就表现为区域地理。不落实到具体的地域，没办法综合。因此，做区域地理或曰综合地理研究，首先要有地域综合体的概念。研究者面对的对象，必须是一个整体的地域综合体。而具体工作的开展，不可能一上来就直接综合，必须先抓出一些要素出来做部门分析，等到把部门分析做到位了，这才有进行综合的基础。既然如此，抓出来做部门分析的要素，必须是对全局具有深刻影响的主导因素。不可能随便抓出一些要素作一些分析，放在一起就说是做区域地理了。做区域地理，必须先抓主导因素；主导因素分析做好以后，再进行综合。而综合，是一项独特的地理学技术。我在地理系读书那七年学到的东西，如果用一句话来概括，应该就是这一句。

由此来反思卢云的《汉晋文化地理》，里面展开分析的学术、宗教、婚姻、音乐四大要素，能否构成当时全国文化地理格局的主导因素已颇成问题，而上述诸要素在该书中完全是一种彼此独立的状态。既没有相互之间的关系加以分析，也没有就这几个要素对当

① 载《历史地理》第9辑，上海人民出版社1990年版。

时全国整体文化地理格局产生何等影响加以讨论。作为曾经的地理系的学生，我肯定不能这样做。

为了解决文化地域综合体中的主导因素问题，我多次找周振鹤先生讨论请教。他随缘点化，说了一些他的个人意见，同时建议我看点文化人类学方面的书。我跑图书馆一看，文化人类学的书在书架上总共就那么两排。借了几本抱回寝室，看完，没什么感觉。再去，换几本。等到把架子上两排书差不多翻完，我总算明白了，知道文化人类学家概念中的文化是怎么一回事了。

但如何把这一概念运用到历史文化地理的研究中来，一时仍没有主意。好在有一点我心里很笃定：两湖的历史文化地理史料基本上在掌握中了。历史学靠史料吃饭，史料就这么些，别人能做的，我也能做；我做不了的，别人应该也没法做。

由于一直没有趁谭先生健康时向他请教为什么他觉得两湖这个空间范围不宜缩小，至此，已完全无从得知他对于这一选题的总体构想。出于工作量的考虑，我决定将博士论文的空间范围调整到只做湖南一省。这一想法得到周振鹤先生的认可。

我花了大约两个礼拜，将前面一年多时间里抄录的资料卡片加以整理，分门别类。然后以类相从，写成专题论文。每写好一篇就给周先生看一篇。大大小小，共写了 28 篇。

开始一段时间，主要是廓清工作界面，例如爬梳湖南文化的发展背景，以及湖南文化在国史上的地位。接下来分析湖南文化的发展进程及空间格局。这都是历史学、历史地理学范畴的常规书写，没有什么特别的难度。碰到的第一个难题是湖南历代民风的变迁。之前硕士阶段在长沙读一些湖湘文化的研究论著，都说湖南自古民风强悍，罗列了很多史料。可是，湖南文化的表现在古代和近现代完全不可同日而语，这是昭彰在人耳目的事实。其故安在？百思不得其解。至此，资料看多了，并且运用在大学心理学课程上学到的知识，将它分为强悍和勤奋两个向度加以分析，自认为把问题给讲通了。至少比之前的讨论前进了一大步。这件事给我非常大的激励。以前总觉得本科在师范大学学的一些课程如心理学、教育学之类没什么用，不期然竟然在这里给用上了。

第二个难题是在研究湖南的民间信仰时，传世史料中关于南岳朝香风俗的记载很少。已有的史料非常零散，时间上串不成线，空间上连不成片，简直没办法开展讨论。非常苦恼。我从小知道，南岳朝香风俗在湖南非常重要。我老家曾有一位长辈，年轻时为了求子，曾单手提一片铁瓦步行数百里去南岳许愿。一路上不换手。后来果然得遂所愿。1981 年 8 月底，我离开老家去长沙读书，出门不久遇上先母从南岳烧香戴福归来。因习俗所限，她竟然略言数语便径自回家。那是我第一次出远门，她一步都没送。习俗之移人有如此。在传统时代对于当地生活影响如此深刻的一项风俗，竟然无法揭示其空间分布，这无疑是一件非常遗憾的事。理完文献史料，我突然想起 1992 年暑假曾在郴州教育学院图书馆看到一本《湖南民间歌曲集》。当时还是内部资料，每地区一个分册的那种。因为我读研时曾在湖南师大校乐队混过，看到歌谱特别有兴趣，就打开来看了看。曾注意到有一首《朝香歌》，读下来觉得曲调并不优美，也就没有管它。此时忽然想到，那些歌好听与否可以不管，用作史料来说明当地有南岳朝香的风俗总该没有问题吧。于是我请当时在那里工作的女朋友帮我把这套书中所有的概述和朝香歌都复印了寄给我。一排比，居然湘、资流域都有，而沅、澧流域没有。显然，这正反映了该风俗在晚清民国时期的基本分布。

再后来是做民俗的分区。对于分区的方法，完全无先例可循。我起先研读湖南各地方志中的岁时资料，不知从哪下手。总体上看各地都差不多，细读之下却又千差万别。用什么指标才能描写出这中间的区域差异？这时候本科的地理学训练给我提供了极大的帮助。我将那些岁时资料，一项项拆解开来，列成一个大表。等到把表列好，再一项项比较。凡是全省各地皆然的，显然无法用作分区指标。变化很随机，完全无区域性可言的，当然也没有意义。结果发现，四月八、五月端午、九月重阳、小年祭灶四个节庆，在省内形成强烈的区域差异。据此可以得出一个有区、有亚区的区域系统。这一工作的完成让我更加兴奋。因为它不仅解决了一个个案，而且让我摸索到了民俗文化的分区方法。

曾有人向我表示质疑：岁时风俗的内容那么多，绝大部分内容全省都相同，我单单拿出四项来进行分区，有无意义？坦率地讲，我觉得这是一个毫无必要的质疑。因为道理明摆着：分区，就是找空间上的排列组合；拿出来作分区指标的，一定要有区分度。就好比考察学生，出题太难，人人都不及格；或者太容易，很多人满分，这两种结果都没有意义。一定要难易适中，结果呈正态分布，这才能起到一个区分的效果。因此，选分区指标，如果全省都一样，或者各地五花八门，显然都不合适。

那么，这样分区，会不会像质疑者担心的那样，“不能反映文化的本质特征”呢？我认为，这种担心是多余的。这是将文化的主导因素和分区指标混为一谈了。如果单纯考察文化地域综合体，揭示其中的文化内涵，那无疑要着眼于主导因素。但现在的问题是分区，要揭示文化的地域差异，那么唯一的办法是寻找可以用来分得出区域的指标。如果在这种情况下仍然执着于哪些因素才能反映当地文化的主要特征，那么等于是不想讨论其中的地域差异了。

其实，这完全可以用植物生态学中的最小因子定律来加以说明。早在19世纪，德国化学家J. Liebig就证明，谷物的产量往往并不取决于需求量很大的营养物质，而是那些在土壤中极为稀少且必需的微量元素（如硼、镁、铁等）。影响植物生长发育的最小因子，也就被称作限制因子。以此来阐释上述文化地域差异，那些文化主导因子便相当于植物生长中需求很大的营养物质，而那些分区指标，也就是产生文化地域差异的限制因子。

显而易见，对于某特定文化要素来说，它的主导因子在任何区域都应该是一样的。而分区指标，则随不同区域的具体情况而有所不同。因此，研究其他区域岁时习俗的地域差异，显然不能照搬湖南的上述四项分区指标，而应该根据当地情况另行确定。

岁时习俗分区的结果让我大为振奋。我相信，既然岁时习俗可以如此分区，其他各项风俗如民间信仰、婚丧嫁娶等均可照此办理。因为资料性质、数据格式都差不多，只是详略程度各项各地有所不同而已。

在爬梳这些单项民俗分区的过程中，我真是既兴奋，又紧张。兴奋的是每次都有新发现，新惊喜；紧张的则是担心新的要素分区做出来与已有的那些分区在大的空间格局上完全不同。要是每个文化要素的分区方案做出来都呈孤立状态，彼此不相干，不能匹配，到最后这个结论怎么做？上面提到《汉晋文化地理》中学术、宗教、婚姻、音乐四个文化要素彼此基本上呈独立状态，原因显然是四个要素的展开过程在空间上缺乏足够的相关性，合不起来。没办法形成一个有机的结论。该书在结语里分西汉、东汉、三国两晋三节，试图对三个时段总体的文化地理格局作一些综论，把前面四章内容统合起来，但事实上并没有。西汉那一节依据《史记·货殖列传》和《汉书·地理志》对当时的风俗文化又做了一个分区，可这个分区方案与之前四个要素的空间分异仍然没有相关关系。一个个都是独立的存在。难道文化现象彼此都是孤立的么？这显然不合常理。况且，结语中西汉的文化分区是民俗层面的，到了稍后的东汉、三国两晋就无影无踪，似乎其中的区域差异就已经荡然无存了一样。这恐怕不符合民俗文化的基本特征。

所幸我这份紧张每次还不等表格做完便烟消云散。每次列表列到一多半，已有结果便隐约表明，总体空间格局与之前做过的那些要素分区是对得上的。这表明这些单项的民俗文化背后存在着一定的相关关系。等到把各项民俗文化的分区做好，后面的综合文化分区也就呼之欲出了。

综合文化分区当然之前也没有人做过。后来我才知道，那个时候中山大学司徒尚纪先生也在做一个同样的工作。他做广东文化地理，因为在地理系，没有在书名中强调“历史”，但事实上他的工作每一步都是从历史出发的。毕竟是历史地理学家。而且文化这东西与地理学其他的研究对象有所不同，其他很多研究对象可以就现状展开探讨，而文化脱离了历史简直没法讨论。司徒先生也是地理学出身，我们不约而同地借鉴地理学中综合自然区划理论。综合自然区划可以说是中国地理学界在二十世纪五六十年代最重要的学术贡献，当时地理学界一众大佬以此作为一项重要的中心工作，提出了很多区划方案，后来不断完善，形成了一套完整的学术理论和实际操作方法，久已成为地理学思想方法的经典。近十余年来，我越来越强烈地感受到，对于没受过地理学训练的历史地理学生来说，如果领会了这套理论、学会了操作方法，对于地理学的精髓就思过半了。

我把那些单项的民俗文化分区，连同之前做好的方言、民歌、宗教信仰，放在一起合并考虑。就空间分划来说，基本上不用多考虑。一项项关联得简直太完美。我需要做的只是，首先从综合区划的操作规程出发，将这些文化指标分出个轻重：分别有什么意义，哪些是主导性的，哪些比较次要的，要从学理上找到依据。其次，为什么会形成这样的区域系统，须从整个文化生成、变异的大背景中加以解释，并总结出一些影响因素。

工作推进到这一步，我心里很清楚，作为一项区域性的历史文化地理研究，这篇博论有一个目标是可以实现了。那便是独辟蹊径，不克隆卢云《汉晋文化地理》的工作，建立一个区域历史文化地理的研究模式。

在论文写作的过程中，我一直有一个非常深的遗憾，不知道有没有实现谭先生当初的学术构想。虽然我知道将区域由两湖缩小到只有湖南是他不愿意看到的事，但如果仅就湖南这一个省而论，写成这样不知能否得到他的首肯。1994 年我在为此书初版而作的后记中说："掩卷三思，悠然似有心会，但已无法得到先师的审验，不能不说是我今生的一份终天之恨。"这一点，到现在想起来仍十分沉痛。

当年我说对谭先生的耳提面命悠然似有心会，并没有作展开。在此可以概括地说两点。一是有一次在谭先生家里，他突然考问我："湖南湘、资、沅、澧四水，资水是属于湘水的，还是属于沅水的?"我毫无心理准备，也从来没有想过类似的问题，陡然间听他一问，有点懵。犹豫了好几秒，揣摩着他的意图，抖抖索索地反问他：好像是属于湘水的？他深深地点了点头，说："嗯，我也觉得是湘水的。"然后又问我："澧水呢?"我考虑到澧水与湘水之间悬隔资、沅二水，自然不可能属于湘水；它流域又比沅水小很多，地位不能与沅水相比，于是再问他："应该是属于沅水的吧？"他又点点头，说："嗯，我也这样想。"

以我当时的学力，居然能作出这样的反应，老实承认，瞎蒙的成分居一多半。后来在写论文的过程中，我不断地思考，谭先生这句话是什么意思，他为什么会这么想？随着一个个文化要素的分区方案揭示出来，每次都是湘、资一个大区，沅、澧一个大区。到最后综合文化分区时，湘资区中资水中上游为一个亚区，沅澧区中澧水流域为一个亚区，完全顺理成章。应该说，谭先生的上述感觉得到了较为完美的论证。我想，如果把这个作业交给谭先生批阅，对这一点他应该基本上会认可的吧。

另一点，谭先生一直没有正式阐述，但我有感觉。就是他对于地理学的感觉非常好，对于区域地理的综合性，把握非常到位。上文已经说过，我来面试时他教导我说，历史文化地理第一等的题目是做区域地理。后来我深深地体会，在他概念中，区域地理就是综合地理。一定要着眼于整个地域的综合特征。有一次他给我举例，说：苏北有河、漕、盐三大政，做苏北的区域研究，一定要三大政并举。以此类推，他让我做两湖历史文化地理，如果我只抓住某些单项文化要素，不能合起来，他显然不会表示满意。后来写这篇论文，每写一个单篇，我都揣摩，如果先生在，会给我什么样的指示。等最后这个综合文化区划做出来后，我不仅能把所有的文化要素在区域上统合起来，还能从政区、民族、人口等因素中寻绎出一些发生学背景，甚至还可以联系到自然环境的差异来加以讨论。从自然环境到人文环境，再到文化发展及其地域分异，呈现出一条清晰的理路。我想，这个做法，应该是谭先生乐观其成的。

大小28个单篇写完以后，我将它们组织成了一本专著的模样。开笔之前我曾拟过很多稿目录，想以之作为工作计划，还跟周振鹤先生讨论过几次，一直不满意，拿不定主意。这份根据已有工作而排出来的目录，结构相去不可以道里计。很多内容超出了原先的预想。学友们看了后都说，这是一个地理的做法。中间的红线是区域。

对于学友们的这个印象，我起先颇感意外。我大学在地理系念，当时我们同学对地理学的感觉普遍不妙。原因不一而同，其中一点非常重要，当时我们学的那些主干课程，几乎每一门都是人家的专业。例如地图学、天文学、地质学、气象气候学、水文学、植物学、土壤学、经济学等等，我们学一门课，人家读四年。感觉很多学科都有自己的独门暗器，而我们在地理系学的东西很多，面很广，可是学到的感觉都是皮毛，没有什么是自己独特的东西。离开地理系的时候，满脑子想的是“鳌鱼脱将金钩去，摇头摆尾再不回”，从此我就要做学历史的人了。不曾想在史地所做了三年，天天读古书，跟史料打交道，几乎都没读过什么地理书，到头来写出的论文仍让人一眼就看破是学地理出身。好不叫人丧气。

不过很快我也就想通了。这应该不算差评吧。历史地理，本身就要求既有历史，又有地理。我学地理出来的，用上一些地理学的研究手段，说明我在地理系的书没有白念。试想，如果我做的工作让人不觉得有地理味，岂不可悲？由此我对当年地理系的老师们感念不已。他们赏了我一个吃饭的家伙。

评审、答辩的过程都很顺利。那时在答辩前要先打印一个三万字的详细摘要，分送全国15位同行作通讯评议，我这篇论文送的是杭州大学陈桥驿，武汉大学石泉，湖南师范大学何业恒，华东师范大学刘君德，陕西师范大学马正林、朱士光，中国社会科学院历史所史为乐、辛德勇，北京大学于希贤、李孝聪、韩光辉，中山大学司徒尚纪，本校朱维铮、邹逸麟、王文楚诸先生。答辩时主席是陈桥驿先生，答辩委员有刘君德、朱维铮、邹逸麟、王文楚、葛剑雄和周振鹤先生。

在写作过程中，因为时间紧，我来不及将写好的单篇投稿发表。毕业后，我一边将论文拆开来一篇篇润色投稿，一边谋求整体出版。当时学术著作的出版形势很不好，我联系了几家出版社，都无果。幸运的是，稍后不久就赶上了复旦的博士丛书。到交稿时为止，投出去的稿子不到一半。那时虽没有查重一说，但我觉得既然书已经出版了，再继续投稿显然有所不妥。于是本书单独发表的内容不到一半，共计8篇：

《行政建置对湖南文化发展的影响》，《中国方域》1993年第6期。

《湖南岁时习俗的区域差异》，《求索》1994年第2期。

《试论湖南的历史文化区域》，《地理学报》1995年第50卷第1期。

《湖南古代的民间信仰及其区域差异》，《中国历史地理论丛》1995年第4期。

《湖南民祀的区域差异》，《宗教学研究》1995年第4期。

《湖南隋唐时期佛教的地理分布》，《佛学研究》第4辑，1995年。

《湖南民居习俗的历史变迁》，《史念海先生八十寿辰学术文集》，陕西师范大学出版社1996年出版。

《湖南文化的发展过程》，《中国史研究》1996年第2期。

这中间，其实只有 7 篇。第四、五篇内容相同。从效果看，属一稿两投了，但客观上完全是沟通不畅。1993 年我给一家投稿，过了一年音讯全无，我以为稿子被弃用了；1994 年又投给另一家。一年后，很意外地两边居然同时登了出来。真是既无奈又感激。

毕业后，我总记挂着谭先生给我的指示是两湖的历史文化地理要一起做。于是从 1995 年开始，我以《两湖历史文化的区域差异及形成过程》为题陆续申请各种科研资助。非常幸运，到 1996 年，先后获得上海市曙光计划（第二期）和国家自然科学基金青年项目的立项。此后，我的主要精力便转移到湖北，直到 2000 年出版《湖北历史文化地理研究》才告一段落。

自从谭先生指示我从事两湖的历史文化地理研究，周振鹤先生先是指导硕士，1993 年以后指导博士，陆续开展了一系列基本上以省区为单位的区域历史文化地理研究。前后绵延二十年，涉及的区域计有云南、陕西、浙江、山西、福建、河陇、河南、江苏等。其中有若干种先后正式出版①。

我本人倒是从本书出版以后，再也没有顺着本书的思路，在湖南区域里做过工作。尽管后来也发表过一些研究湖南文化的论文，但问题意识与本书不在同一体系。因此，此次我只对原有内容做了一些修订，并没有作大幅度增补。

实话说，此次我本来不打算作修订的。一本旧作，又不是没有

---

① 张晓虹《文化区域的分异与整合：陕西历史文化地理研究》（上海书店出版社 2004 年版），林拓《文化的地理过程分析：福建文化的地域性考察》（上海书店出版社 2004 年版），刘影《皇权旁的山西：集权政治与地域文化》（北京：新星出版社 2007 年版），朱海滨《近世浙江文化地理研究》（复旦大学出版社 2011 年版），李智君《关山迢递：河陇历史文化地理研究》（上海人民出版社 2011 年版）。

新的事好做，改来改去有什么意思。我想简单地校读一下，把一些错讹改掉就算了。谁知，一读起来，便发现有很多地方非改不可。

关键原因，这本书当初完全是手写而成。现在一些年轻朋友可能难以体会，在以前手工操作年代，有两点跟现在完全不好比。一是那时候看书难，复制难，文献检索尤难。查任何一个信息，都得跑图书馆。而图书馆既不可能随时开门，又不可能什么书都有。复旦图书馆在国内算很好的，我要看一些湖南的地方志还不得不跑回长沙去看。那时候的条件对于学者的限制真是非常大。二是写字的负担很重。读博最后一年，抄抄写写，四五十万字总归有的，非常累人。因此，那时候写论文，绝对惜墨如金。但凡一句话能讲清楚的，绝不愿意多废一句话。至于引用文献，因需要在稿纸上预留空间，一般都算不准。由于这种种烦难，那时候的学术规范，对于引用文献的格式相对比较宽容，不必样样信息全齐，也不必处处详注页码。尤其人所共知的古籍，一般只要出简注，表明史料渊源有自、不是自己杜撰的就行了。

另外一点，我本科受的是理科训练，对于论文，看重的是问题、逻辑和史料支撑。至于表达，只求简明、准确、无歧义，语言之优美与否在所不计。1994 年，我将手写稿录入电脑，对稿子基本上没作什么修改。

然而此次重读旧作，感觉大变。首先是将一些史料核对下来，发现有错误。包括一些书名没写全的。例如同治《续修宁乡县志》，我只写了同治《宁乡县志》。加上当初录入电脑时有些误植，如《楚纪》误成《楚记》之类。其次，当年写博论，限时限刻，可以说书成于急就。后来发现，有个别史料解读不够到位。例如，我后来写《湖北历史文化地理研究》时注意到，写博论时误以为在巴陵的一座南朝寺院，其实在江陵。此类错误一经发现，均须改正。

再次，本书涉及到的一些专题，近年学界有重要的学术进展。例如在政区方面，自 2003 年里耶秦简公布以来，学界对于楚、秦二代在今湖南的郡级政区设置，已经形成了颠覆性的见解。清初湖南、北分省，近年学界也有不少新的推进。再如，沅澧流域盛行的民歌薅草锣鼓，当年相关研究很少，近年也出现了大量研究成果。既有音乐学界的，也有民俗学界的，还有历史文化地理视角的。既如此，本书的相关部分自不宜抱残守阙，势必作出相应的修订。

还有一种情况。当初写作本书时，心里总想着这是写给谭先生、周先生的作业。写作过程中，我不断地揣摩，但凡觉得老师明白的，就不再哆嗦。现在看来，这一定位显然过时了。现在本书的读者，应该主要是一些比我年轻的朋友了。因此，我对全书基本上作了通盘修订。各章节的引语，基本上重撰了。篇幅比较长的节，修订的幅度都比较大。好些篇章基本上是重新组织，展开过程大多作了重新梳理。

需说明的是，此番修订，我想尽量保留原来的风格。此书原本对于资料出处一般用简注，如果按现在通行的做法，改成详注，篇幅无疑要增加很多。我总认为，以这种方式把篇幅增大是一件至为无聊之事。君子不取。因此，我仍然采用简注的方式。只在最后增列一个参考文献目录，以明征引资料的版本。

修订过程中，承内子李世红帮忙校改文本格式，学弟贾沈朱清绘地图，李伟校订参考文献目录，谨此一并致谢。周振鹤先生惠允保留初版序言，尤为心感。

2017 年，本书初版幸运地获得第二届全国优秀图书之学术著作奖。该奖项由中国地理学会组织评选，综合考虑学术价值、应用价值、社会影响等指标，表彰自 1994 年至 2013 年 20 年间的学术专著和译著，共评出专著 42 部、译著 8 部。这份崇高荣誉，我想首先应归功于谭其骧先生。要不是他指示这样一个选题，我可能这辈子都做不出这样一项工作。

2020 年 5 月 17 日

目　录

导　言

本书作为一项区域性的历史文化地理研究，旨在探讨今湖南省境文化发展的时空差异，以及由此而形成的文化区域系统。地域范围为今湖南一省，时间范围原则上始于湖南有史以来，迄于清末。具体视各文化形态存在的历史区间而定，不强求一律。

关于文化的定义，众说纷纭，一言以蔽之，文化是人类创造的物质财富和精神财富的总和。但对于历史文化地理研究而言，这样的定义显然过于宽泛。为了凸显文化地理研究中的人文性，同时尽可能地与以物质文化为对象的部门地理研究有所区别，本文的研究以非物质性的文化为主。其中兼及部分物质文化，目的是以之为媒介来揭示其中蕴含的人地关系。

文化的现象纷繁复杂，文化的范畴汗漫无边，以此为对象逐一加以研究无异乎以有涯俟无涯。从地理学角度来看，其实也无此必要。其中显然存在一些主导因素，是它们构成文化的主要内容，并且影响其他次要因素的变化，因此区域内的文化面貌完全可以通过一些主导因素而得到反映。

文化区域的主导因素如何确定，是研究历史文化地理的一个第一等重要的问题。谭其骧师曾在《历史人文地理研究发凡与举例》一文中高屋建瓴地指出:“文化区域的形成因素则主要是语言、信仰、生活习惯、社会风气的异同。”[①]周振鹤先生也在论学时多次说过:不少国家在研究其文化区域时强调语言和宗教两个因素;对于中国的文化区域而言,语言当然也是一项主导因素,在汉语地区,这一指标也就具体表现为方言;而宗教一项则不如风俗显著。个人认为,谭、周二师的精辟见解对于中国文化区域的研究具有指导意义。本书即在他们的启发下开展研究。至于这些主导指标成立的理由,为行文方便起见,到第七章再详加讨论。

我国领土辽阔,文化的地域差异相当明显。早在中华人民共和国成立以前,关于历史文化的研究就曾形成过一股潮流,对其空间特征的描述也蔚然兴起,涉及文化地理的许多方面。比较引人注目的是对全国文化发展格局的把握[②],而各种文化要素的专门研究则为数更多[③]。

对于区域文化的研究,势头也颇为可喜,既有较大范围的比较[④],也有具体地域的论述。其中特别引人注目的是,研究的空间范围大多以省区为单元,涉及的省份颇为不少[⑤]。

毋庸讳言,这些研究与现代意义上的文化地理学研究尚有相当

---

① 载《历史地理》第10辑,上海人民出版社1992年版。后收入《长水集续编》,人民出版社1994年版。

② 如丁文江的《历史人物与地理的关系》一文,载《科学》8:1,又载《东方杂志》20:5;曾引起过一场讨论。

③ 如历史语言方面有后藤朝大郎《中国入声之地理的研究》,载《岭南学报》2:1;宗教方面有陈寅恪《天师道与滨海地域之关系》,载《历史语言所集刊》3:4;民风方面有史念海《秦汉时代关西人民的尚武精神》,载《东方杂志》41:22;民俗和其他方面则更多。

④ 如关于南北文化、东西文化的对比,仅陈序经便有《南北文化观》《东西文化观》两文,分别载《岭南学报》3:3和5:1-4。

⑤ 仅明确提出该省区文化的便有江苏、浙江、福建、安徽、河南、河北、山东、湖北、湖南、广东、广西、四川、西藏、新疆、黑龙江等地,其中福建还发行过《福建文化》一刊。

距离，作为一个学科的体系也未及建立，但这些基础性的工作正是构建学科的必要条件。1949 年以后的同类研究在大陆基本上陷于停顿，仅在台港地区才得以继续，发表有许多论著[①]，但总体水平较之 1949 年以前基本上没有什么突破。

近年来，随着社会上“文化热”的兴起，人文科学得到巨大发展，关于历史文化地理的研究也取得长足进步。不仅涌现大量的专题论文[②]，而且还出版了两本具有相当高质量的学术专著。其一是周振鹤先生与游汝杰先生合著的《方言与中国文化》[③]。此书可以说是中国文化地理领域的一本开拓性著作，既精心论述了中国历代方言的地理格局，又以此为线索揭示了多种中国文化要素的分布变迁，还在研究方法上进行了成功的探索。其二是卢云先生的《汉晋文化地理》[④]，从学术、婚姻、音乐和宗教四个方面对汉晋时期的文化地理进行了深入探讨，既是第一部断代历史文化地理著作，也是第一部综合性的历史文化地理著作。

但是也必须看到，现有的历史文化地理研究成果与它应有的状况以及学界的期望还极不相称。先师谭其骧先生曾在 1990 年满怀信心地预言：“历史人文地理将是中国历史地理研究领域中最有希望、最繁荣的分支。”但当时他也觉得此言“可能还为时过早”[⑤]。对于

---

① 如陈正祥著有《中国文化地理》一书，但其中与文化地理有关的内容其实不多。该书有台湾龙田出版社 1982 年版、三联书店 1983 年版。

② 特别值得注意的是谭其骧师《中国文化的时代差异与地区差异》一文，对于中国历史文化地理的研究具有指导意义。此文原载《复旦学报》1986 年第 2 期，后收入《长水集续编》，人民出版社 1996 年版。

③ 上海人民出版社 1986 年版。

④ 陕西人民教育出版社 1991 年版。

⑤ 《历史人文地理研究发凡与举例》。

历史文化地理来说,许多文化要素的研究还有待开展,区域性的探讨也相当薄弱,以致在本书的研究完成之前,一直没看到学术意义的区域历史文化地理著作问世①。

就湖南区域而言,文化的研究走过了与全国同样的历程。综以观之,已有的成果表现出三个特点:在时间上,侧重于近现代,对古代注意较少②;在研究内容上,侧重于思想、人物、学术,其他的内容除方言、戏曲之外注意较少;在研究方法上,侧重于对全省进行总体把握,而对其地理角度注意较少。

为湖南历史文化地理研究奠定了基础的有两个方面的成果:一是先师谭其骧先生《湖南人由来考》、曹树基先生《湖南人由来新考》等关于湖南居民形成的研究③,为历史文化地理的研究提供了发生学的证据;二是方言学界关于湖南方言区形成的研究,内中特别值得称道的是周振鹤先生与游汝杰先生合作的《湖南省方言区划及其历史背景》一文④,不仅对于湖南方言的分区提出了一个最有地理意味的方案,而且还从历史地理学角度论述这一区划的形成过程,为其他文化要素的研究提供了坚强的学术背景。

---

① 本书杀青后,获悉司徒尚纪先生的大著《广东文化地理》已经付梓(广东人民出版社1993年版)。

② 20世纪80年代中叶,湖南师范大学的林增平教授呼吁开展近代湖湘文化研究。自林先生《近代湖湘文化初探》一文(载《历史研究》1988年第4期)发表后,一时间,关于湖南近代文化的研究风起云涌,形成一股热潮。其热度持续达十余年,很多学者加入讨论,发表的相关论著不胜枚举。近年郑大华教授主编出版《近代湖湘文化研究丛书》(岳麓书社2018年版),包括《地域文化理论视域下的湖湘文化研究》《近代湖湘文化与近代中国历史进程》《近代湖湘文化与近代湘籍人才群体》《近代湖湘文化转型中的民俗文化》《近代湖湘文化精神及其当代价值》5本专著。

③ 谭、曹二文分别见《长水集》上册,人民出版社1987年版;《历史地理》第9辑,上海人民出版社1990年版。

④ 载《方言》1985年第4期。

本书共分八章，主体内容包括两大块：第一块是利用历史统计学方法对省域的文化发展格局进行探讨，以分析湖南文化发展水平的区域差异及其历史变迁。此即第二章湖南文化发展的格局。第二块则借鉴文化人类学的方法，复原湖南历史时期各地的文化面貌。这一块先分为方言和民歌、宗教信仰、民风、民俗四章，然后在此基础上进行综合文化区划研究的尝试。在上述两块主体内容的论述展开之前，研究了湖南文化的发展背景，包括政区沿革、人口和民族，并检讨了湖南文化在国史上的地位。全书最后则讨论了三个影响湖南文化发展的因素，即自然地理环境、行政建置和移民。

历史地理研究对于史料的要求较高，不仅要体现时间上的变迁，而且还要显示空间上的差异，从时、空两个维度都形成序列。事实上往往很难满足这一期望，故本书对各章的做法不尽一致，有些文化要素的变迁在全省普遍皆然，难以看出进一步的区域差异，文中便未作强行分区。已开展分区研究的部分，一般只有比较晚近的资料，难以反映其古代的状况。不过这些晚近资料一般都属于民俗资料，而民俗的一大特点便是具有很强的稳定性、继承性，特别是在资讯不够发达的传统时代。因此，这些晚近的民俗资料其实可以反映相当长一段时间以来，甚至是非常古老的状况。正是基于这一考虑，在对一些文献资料比较匮乏的文化现象的讨论中，利用了一些当代的田野材料。例如关于南岳朝香的研究，传世文献资料中极少记载，形不成时空序列，但对当代的民歌调查发现，在湘、资二水流域比较普遍地发育有乡民前往南岳朝香时在路途中吟唱的朝香歌。这类资料虽然不能在每个调查点上都形成时间序列，但大体可以反映清末民国时这一民俗的空间分布状况。向历史文化地理的学术理想总归可以算前进了一大步。

第一章　湖南文化发展的背景

区域文化的发展背景，可以有很多项。举凡自然、政治、社会、经济、交通、移民等通常不被视为文化本身的地理要素，对区域文化的形成和发展，均有程度不等的影响。其中从文化发生的角度，最重要的无疑是政区、人口及民族。在此分两节对湖南历史时期这两方面的状况加以论述。之后，再检讨一下湖南文化在全国范围的相对地位，以期在开展各单项要素的讨论之前，对湖南文化的整体发展水平形成一个基本概念。

第一节　湖南政区沿革

政区是地方行政的空间组织形式，具有政治和地理两方面的特征。就地理方面而言，它是以一定的自然地理区域，以及由此而形成的人文地理区域作为基础的。反过来，它对于人文地理区域的形成又具有强大的促进作用。因此，长期稳定的政区往往成为人文地理的功能区域，对于文化区的形成具有强烈的驱动作用。

湖南在春秋战国时期逐步纳入楚国版图①。秦代分为两郡，沅、澧流域属洞庭郡，湘、资流域属苍梧郡②。汉代改秦洞庭郡置武陵郡，将苍梧郡分置长沙国及桂阳、零陵二郡。

汉代的政区基本上是郡（国）县二级制，但从汉武帝时起设有作为监察区的刺史部，汉末且变成高层政区——州。湖南全境（除江永、江华二县地外）在当时属荆州。三国时全境属吴荆州，西晋以今江永、江华二县地属广州，其余都属荆州。

晋永嘉元年（307）分荆、江、广州立湘州，几经省废，到刘宋孝建元年（454）稳定，管有湘资二水流域。这是历史上第一个专为今湖南省境设置的高层政区。孝建元年又分荆州立郢州，领有沅水流域；而澧水流域仍属荆州。从此湖南分隶三州。梁陈二代政区数量急剧膨胀，沅澧二水流域增设了若干州，而湘资二水流域的变化较小。

隋代混一方宇，又将政区恢复到州（郡）县二级制，唐代因之。不过唐代也像汉代一样，在州级政区之上又设置作为监察区的道，湖南在唐初的贞观十道中属江南道。开元时将江南道分成江南东、江南

---

① 楚在今湖南省境的行政设置，目前还没有形成共识性的结论。《战国策·楚策一》载苏秦说楚威王之辞："楚地西有黔中、巫郡……南有洞庭、苍梧。"其中，楚黔中郡，杨宽先生认为其治所在临沅（今常德，见氏著《战国史》增订本第679页），李晓杰先生认为当在今沅陵窑头故城（见氏著《中国行政区划通史·先秦卷》第438页）。徐少华先生则认为"楚黔中郡位于楚国西部地区，与位于楚之南土的洞庭、苍梧相对应，且临近巫、巴两地，其大致区域应在汉中之南、捍关以东、长江以北的鄂西与川东一带"（见徐少华、李海勇：《从出土文献析楚秦洞庭、黔中、苍梧诸郡县的建置与地望》，载《考古》2005年第11期，第65页）。颇令人莫衷一是。而洞庭、苍梧两郡则普遍认为当在今湖南省境。

② 本书初版受谭其骧师影响，认为秦代在沅、澧流域设黔中郡，湘、资流域设长沙郡。2003年，部分龙山里耶秦简公布，其中出现洞庭、苍梧二郡。自该资料公布以来，学术界开展了热烈讨论。周宏伟、陈伟、赵炳清、王焕林、周振鹤、徐少华、辛德勇、凡国栋、琴载元、晏昌贵、郭涛、郑威等先生先后撰有论著发表。虽然目前在一些细节问题上还有分歧，但对于这两郡的空间分划已基本上达成一致。

西、黔中三道,今湖南沅水中上游属黔中道,其余属江南西道。安史乱后,方镇(道)成为事实上的高层政区,元和中,湘资二水流域属湖南观察使,洞庭湖东岸的岳州属鄂岳观察使,澧水流域和沅水下游属荆南节度使,沅水中上游属黔州观察使。

湖南观察使的设置具有十分重要的历史意义,它不仅是专为今湖南省境而设立的高层政区,而且还是"湖南"一名的起源。隋代至唐前期这一设置虽然被取消,但唐后期又在此设湖南观察使,宋代即以之设立荆湖南路。与此同时,沅澧二水流域属荆湖北路。元代在湖南、北地区置湖广行省,湘资流域仍设有作为监察区的湖南道宣慰司。明代湖南全境属湖广行省。

清康熙三年(1664)分湖广行省为左、右二布政使司,六年(1667)改右司名"湖南",至此湖南才单独成为一省,沿袭至今。

上述高层政区的沿革表明,在建省之前,湖南一直分为两大区域,一是湘资二水流域,自秦代以后,在两晋南朝、唐宋都设有独立的高层政区;二是沅澧二水流域,自从南朝起便长期分属不同的高层政区,始终未能设立单独的高层政区。

高层政区须以中层政区[①]为基础,湖南中层政区的分设也表现出湘资流域与沅澧流域有别的特点。

湘资流域在秦代本属一郡,汉代分为三郡,上游二郡,中下游一郡。三国吴将资水中上游单独设立一郡,湘水上游仍为二郡,这一格局为后代承袭;湘水中下游右岸分为二郡,左岸与资水下游合为一郡。隋唐将中下游调整为自上而下的三郡,中层政区的格局至此形成。

---

① 中国历代政区设置,绝大部分时间是三级制,兹将县级与高层政区之间的一级称为中层政区。

东南一隅的耒水、舂陵水流域，汉高帝于此设立桂阳郡，辖区北达洣水流域，南跨南岭，东西两界与后世郴州东界、桂阳州西界无大差异。三国吴已将南界收缩至今省界，后世长期稳定；北界也略缩，到隋代得以确定。唐代更名郴州。五代于今舂陵水流域立桂阳监，宋代因之，南宋升为军，郴州只辖耒水流域。元代分别为桂阳路和郴州路，明清各自为州。

湘水上游干流和潇水流域，汉武帝于此设零陵郡，东界后世无甚变动，西达雪峰山脉，北达湘资中游，南跨岭表。吴将其西界、东北界内缩，后世再未变动。唐改名永州，宋分为永、道、全三州，南界至此也已经形成。元代分别为永州、道州、全州三路。明代以后全州之地度属广西，属湖南者并为永州一府。清因之不改。

资水中上游在汉代分属长沙、零陵二郡，吴于此单独设立昭陵郡，其边界与后世宝庆府已无大差异。隋代并入潭州，唐以原邵陵郡地立邵州，宋代分其上游之地为武冈军，元代分别为宝庆、武冈二路，明清为宝庆一府。

湘江中下游和资水下游，汉代属长沙郡，三国吴分湘水左岸为衡阳郡，右岸中游洣水流域为湘东郡，中下游右岸为长沙郡。南朝分洞庭湖东岸为巴陵郡，长沙郡北界收缩至汨水流域。巴陵郡于唐宋为岳州，元为岳州路，明清为岳州府，其范围除在明代兼管澧州外一直无大变。其他三郡于隋代发生变化，左岸之郡分属右岸二郡，其下游者名长沙郡不改，中游者更名衡山郡。唐代改名潭、衡二州，宋因之，南宋分衡州置茶陵军。元代为天临、衡州两路和茶陵州，另析衡州立耒阳、常宁二州。明代改元天临路为长沙府，以茶陵州并入；改衡州路为衡州府，以耒阳、常宁二州并入，两府间界线至此稳定。清代分别为长沙、衡州二府。

沅澧流域在秦汉都只一郡,三国吴分之各为一郡,南朝后期又将沅水流域分为上、下游各一郡。唐代在沅水中上游开设五州,宋代调整为三州,中层政区的格局始全部奠定。

澧水流域在汉代属武陵郡,吴于此置天门郡,其范围与后世澧州无甚异。隋唐为澧州,宋因之。元代为澧州路。明代降为岳州府属州,清升为直隶州。

沅水下游,汉代于此置武陵郡,辖有沅、澧二水流域。三国以澧水流域单独置郡,武陵郡仅辖沅水流域。南朝后期沅水中上游单独立郡,武陵郡辖境缩小至明清常德府之地。隋因之。唐更名朗州。宋改名鼎州,元为常德路,明清为常德府,范围一直无甚异。

沅水中上游自汉代属武陵郡,南朝陈于此单独设置沅陵郡,隋代更名辰州。唐置辰、溪、锦、业、巫五州,宋开为辰、沅、靖三州。元代分别为辰州路、沅州路、靖州路,别置永顺安抚司。明代置辰州府,以沅州属之,而以靖州为直隶州;又分元永顺安抚司为永顺、保靖二宣慰司。清代置辰州、沅州二府,靖州仍直隶;又开置永顺府,别置永绥、凤凰、乾州、晃州四直隶厅。其中辰、沅、靖三属范围自宋以降无甚异。

从以上中层政区的设置来看,湘、资二水流域稳定的次序是先上游后中下游,沅、澧二水流域是先下游后上游。表现在方位上,前者从南到北,后者由北而南。自宋代以后,全省的中层政区都比较稳定。

在各种层级的政区中,最为基础的是县级政区。它直接亲民,最受行政管理效率的制约。因而与其他层级的政区相比,它在历史上具有最显著的稳定性。谭其骧师曾指出:“一地方至于创建县治,大致即可以表示该地开发已臻成熟……就全国或某一区域内各县作一综合的观察，则不啻为一部简要的地方开发史。”①这一洞察，揭示出县级政区背后蕴含着丰富的经济文化意义。

受谭先生的启发，在此将湖南历代的县级政区加以统计分析，以期探讨湖南开发的历史进程。首先请看各代大势，湖南历代县数变化如下表②：

表 1-1　湖南历代县数变化

	前汉	后汉	吴	晋	刘宋	齐	隋	唐	北宋	南宋	明	清
增加		7	17	6	1	0	4	27	12	5	3	11
减少		2	1	0	6	1	29	3	12	1	0	0
总数	37	42	58	64	59	58	33	57	57	61	64	75

从表中可以看到，湖南历代县数的变化呈现出明显的一波三折：晋代以前逐步上升，南朝至隋持续下降，唐宋以后再次稳步上升。这充分说明湖南在晋代以前不断开发，南朝以后有所倒退，唐代有所恢复，宋代以降开发重新加速。

各县的分布状况，秦代已难悉知，湖南境内可确认者只有 5 个，按周振鹤先生设计的方案进行推测，湖南当有 20 来个③。其分布与西汉相仿佛。

西汉 37 县，湘、资、沅、澧四水流域分别为 22、4、9、2 个。全境分布比较均衡，各流域中上游均比下游为多，尤以湘水上游最密。这种

① 《浙江历代行政区域》，见《长水集》上册。

② 南朝梁、陈两代情况比较复杂，政区数量恶性膨胀，因历时不长，略而不论。

③ 周振鹤先生认为，汉初之县基本上即秦县（见《西汉政区地理》，人民出版社 1987 年版，第 234 页）。以汉末之县减去汉代所置县即为汉初之县。湖南省境汉代所置县主要为侯国，共 9 个。

状况显然与秦代经略岭南、屯戍五岭有关,湘水上游为过岭孔道,是以开发较早。

从汉到晋,县的数量不断增长。增加的县主要分布在湘资二水中上游和沅澧二水中下游,直接导致了这两个地区中层政区的增设。湘水下游也增加不少,只有沅水上游较为稀疏。

南朝宋齐两代县数略降,其省并者大多在湘水中上游,但总体分布变化不大。隋代大肆并省,减少将近半数,分布变化只有资水中上游最为明显。这里原来已有 7 县,相当密集,骤减至只有 1 县,后世长期未能恢复。

唐代省 3 县,增 27 县,总数恢复到南齐水平。增设的县中,只有 10 个为隋代所省并。总体分布格局有所变化,较为明显的是沅水流域上游,这里由原来的北密南稀一变而为南密北稀。

宋代是湖南开发的重要时期,县的总数虽然增加不多,但分布却变化较大。省废的主要是沅水上游的唐代所置县;增设的县除省境东北的临湘之外集中于三处:一是资水中游及毗邻的湘水下游左岸、沅水下游右岸,二是沅水上游及毗邻的资湘二水上游,三是湘东南的罗霄山脉到南岭一带。

宋代以后县的分布比较稳定。明代只在湘水上游(舂陵水流域)和沅水上游分别增置 2 县、1 县;清代新设的县数虽多,但集中分布于酉水流域和澧水上游。

从湖南县级政区分布变迁的总体情况,可以看出一些特点:第一,湘资流域各县基本上设于宋代及以前,沅澧流域有不少县设于清代。第二,洞庭湖区各县多置于隋以前,四水中游各县多置于唐宋以前,而四水上游的置县过程则一直从秦汉持续到明清。第三,全省大多数县设置于宋代以前,此后分布格局变化不大。第四,湘水流域的县历来比较密集，分布也较稳定；资、沅、澧三水流域的变迁较为明显。

第二节　湖南人口和民族的分布变迁

无论从哪个角度考虑，研究文化，人都是第一等重要的因素。这里面，包含两个方面。一是经济意义上的人，相对应的概念就是人口。二是文化意义上的，这里面涉及的概念很多，其中最重要的无疑是民族。本节对于湖南历史上的人口和民族状况加以讨论。

一、人口

经济是文化发展不可或缺的物质基础，经济水平是文化发展的制约因素。在历史上，人口密度是经济水平最重要的标志之一，故在此以人口分布的变迁来考察湖南历史时期的经济发展及其区域差异。①

汉代以前的人口状况，由于缺乏统计资料，无法进行详细探讨。据《汉书·地理志》，元始二年(2)长沙、零陵、桂阳、武陵四郡国在今湖南省境有口508352，平均每平方公里2.47人。当时全国总人口为57671401口，平均每平方公里14.63人②。湖南的人口密度虽然在全国不算最低，但大大低于平均数，居很低下的水平。这一状况当然

① 关于湖南历史人口的研究已有不少成果，如葛剑雄先生《中国人口发展史》(福建人民出版社1991年版)中有多处涉及湖南的内容。相对而言，何业恒先生所著《中国人口·湖南分册》(中国财政经济出版社1987年版)第二章《历史人口状况》较为系统。本专题即参考这些已有成果综述而成。

② 葛剑雄：《西汉人口地理》，人民出版社1986年版，第88—104页。

也反映了当时南方的整体状况。故《史记·货殖列传》称“楚越之地，地广人希”。

这种状况到东汉时发生了明显的改变。据《续汉书·郡国志》所载永和五年(140)户口计算,零陵、长沙、桂阳、武陵四郡的人口密度分别为元始二年的6.57、4.83、3.22、1.24倍。今湖南省境人口密度普遍均有增加,而以湘江流域尤其干流所经两郡增加最多。考虑到东汉永和五年的户口数较之西汉元始二年总体上有所下降,葛剑雄先生认为出现这种现象的真正原因是户口的隐漏,而不是实际人口的下降。因此,他认为,此时凡户口与西汉数据持平的,实际人口已有一定程度的增加,而户口数大于西汉的,实际人口有很大幅度的增加①。此时湖南省境的户口不仅大幅度增加,而且增加幅度居全国之最,显然是有相当数量的北方人口迁入所致。②

魏晋南北朝时期,今湖南省境的户口数量同全国一样普遍减少。据《晋书·地理志》记载,西晋太康元年(280),今湖南省境有户14.8万,折合962000口,比东汉永和五年减少一半多。又据《宋书·州郡志》,刘宋大明八年(464),今湖南有口约33万多,几乎只相当于西晋太康元年的三分之一。但综合全国形势考量,自东汉以后,全国户口脱籍现象逾益严重。今湖南省境因地处南北交通干线,可以不断接受来自北方的移民。因此实际人口数量应该有所增加。至少其减损幅度不像官方户口数据显示的那样剧烈。

---

① 葛剑雄:《中国移民史》第二卷《先秦至魏晋南北朝时期》,福建人民出版社1997年版,第268—270页。

② 中国历史上的北方人口南迁,学界有三次北人大南迁之说。通常指永嘉南渡、安史之乱、靖康南渡这三次。事实上,《汉书·地理志》和《续汉书·郡国志》所载户口数据显示,在两汉之交也发生过一次规模甚巨的北方人口大南迁。迁入地以今湖南、江西为主。可惜资料所限,此次移民的具体细节已无法像后面三次那样展开讨论。

隋代大索貌阅，全国户口数据增长很快。据《隋书·地理志》所载，大业五年(609)全国共有户890余万，口4600余万。但今湖南省境仅有口28万余，不及全国总数1%。这里面，一方面可能是因为当时这里的户口检括做得较差，另一方面则说明，湖南在南朝时期应该发生了一个汉化的倒退过程[①]。

隋末户口锐减，入唐以后，由于经济稳定发展，户口不断上升。据《旧唐书·地理志》，湖南在贞观十三年(639)仅31万口。经过百余年的发展，天宝元年(742)增长到95万余口，密度净增2倍有余。安史乱后，中原多故，湖南普遍接受了北方移民[②]，境内人口当又有所增长。

宋初乾德元年(963)，湖南口数约50万，元丰六年(1083)增长到180余万，崇宁年间(1102—1106)又增长到260多万，反映了湖南社会经济的进步。

宋代是湖南历史上相当重要的一个时期。经历了南朝开发上的倒退以后，湖南在唐代的恢复非常缓慢，反映在户口上，到宋代才超过两汉的水平。放在全国范围中，湖南当时的发展也比较显著。宋史专家漆侠先生说："宋代经济除在全国各地发展外，有一个较明显的趋势是向湘江以西的西南方向发展。(湖南和广西)两路人口都有

---

① 上一节县级政区的变化已强烈地显示出这一倾向。湖南的县数，从西汉历经东汉、孙吴到晋一直是稳步增加的，刘宋时虽然增加1县，却减省6县；南齐无增加，仍减省1县；隋代新设4县，减省竟达29县之多。这中间，隋代废县容有矫枉过正之处，但具体而言，隋废而入唐即复置之县，可能系隋代省废过当；而隋废之后长期不得复置者，则属于南朝滥置而不得不省废。湖南在隋代所废之县有不少在后世未得恢复，尤以资水上游地区最为明显。可见南朝时期此地置县确有过滥。结合人口数量考察，南朝至隋，湖南的汉化进程显然在不断倒退。

② 周振鹤：《唐代安史之乱和北方人民的南迁》，《中华文史论丛》1987年第2、3期合刊，总第42期。

了较大的增长,正是这一发展趋势的极好的说明。”[①]

两宋之际,金人南下,又有北方流民武装进入,湖南社会经济遭到极大的破坏。但此后一直比较安定,社会经济不仅得以恢复,而且还有所发展,估计到嘉定十六年(1223)前后,湖南共有口720多万。

湖南在宋代的发展与移民很有关系。移民主要来自两个方向,一是北方[②],二是东面的江西[③]。尤以后者影响深远。《宋史·地理志》云:荆湖“南路有袁、吉壤接者,其民往往迁徙自占,深耕溉种,率致富饶,自是好讼者亦多矣。”可见这一移民浪潮在当时已经引起史家的关注。谭其骧师精辟地指出,作为湖南开发动力的移民,五代以前多来自北方,五代以后则主要来自东方。[④] 湖南的开发格局由此一变。

元初湖南再次遭到破坏,终元一代湖南户口未能恢复到宋代水平。据《元史·地理志》,至顺元年(1330)湖南共有口569万余。

明初湖南人口锐减,江西移民大量进入,导致湖南社会经济在明代取得长足进步,谚称“湖广熟,天下足”,但湖南明代在籍户口却远比元代为少。洪武二十六年(1393)湖广布政司(辖今湖南、湖北两省)有口470余万,万历六年(1578)仅约440万。究其原因,应该主要是漏户、投靠、隐匿和逃亡。

明末湖南境内长期混战。清初战乱甫定,康熙十二年(1673)吴三桂反清,又以湖南为主战场。湖南户口再次锐减,导致战后形成移

---

① 《关于宋代人口的几个问题》,载其所著《求实集》,天津人民出版社1982年版。

② 参吴松弟著:《中国移民史》第四卷《辽宋金元时期》第十章,福建人民出版社1997年版,第378-393页。

③ 参《湖南人由来考》《湖南人由来新考》。

④ 《湖南人由来考》。

民进入的又一高潮。外地移民的进入，促进了湖南经济的恢复和发展，人口数量直线上升。乾隆四十一年（1776）湖南人口接近 1500 万，道光二十二年（1842）超过了 2003 万，同治十三年（1874）超过了 2100 万。此后人口更是一路猛增，1911 年达 2340 万。

上述湖南人口数量的发展过程，可以分为前后两个时期。前期从公元 2 年的 50 多万发展到康熙二十四年（1685）年的 121 万，增长过程十分缓慢。其间有三个高峰期（东汉、唐、南宋）和三个锐减期（隋末、唐末、明末），且峰谷变动幅度极大。后期从康熙二十四年以降，人口数量一直飞速稳步增长，其增幅之大、速度之快是前期所不可比拟的。

人口分布，也可以分为两个阶段。宋代以前，格局一直比较稳定，以湘水上游尤其潇水流域最密；湘水中游、沅澧二水下游次密；湘水下游及资水流域较稀；沅澧二水上游最稀。宋代以后，环洞庭湖区人口密度逐步上升为全省最高之区域，而湘水上游的相对地位不断下降，表明湖南的经济开发格局在宋代以后发生了明显变化。

二、民族

我国历史早期各地文化异彩纷呈，经过几千年的发展，总体趋势是以中原华夏民族为主源的汉文化逐步向四周扩散。中国文化的发展过程，从空间上看，是一个华夏文化不断地从中原向周边地区扩散的过程。而表现在民族变迁上，是一个古代各地土著民族源源不断地逐渐融入华夏民族的过程。换句话说，也就是一些古代少数民族不断被汉化的过程。各地汉化时代的早晚，可以成为其文化发展先后的标志。探讨这一变迁过程，是开展中国文化地理研究的重要前提。

1. 汉代

古代湖南当然不是华夏民族分布之地。考古成果已经证明,商周时期湘资流域与沅澧流域分布着两个不同的民族集团。前者属百越集团,殆无异议;后者族属则聚讼纷纭,有人认为是巴[①],何介钧认为是濮[②],童恩正则主张“应该是楚地苗族之后,也是近代苗瑶语族各民族的先民”[③]。要之,是一种与湘资流域迥然有别,而与西南后世的夜郎、滇、邛都等族具有某些共同文化特征的一种民族集团[④]。自西周至战国,湖南各地普遍受到楚人的影响[⑤],春秋时渐次进入历史时期[⑥]。

西汉时,今湖南省境居民尚以蛮为主。汉初南越王曾称:“长沙其半蛮夷。”[⑦]在马王堆出土的以今沱水流域为主区的地形图中,有一些“君”字地名,如“蛇君”等,显然非汉族部落所在[⑧]。《汉书·百官公卿表上》云,县“有蛮夷曰道”。《汉书·地理志》中载今湖南省境有营道、泠道、连道。马王堆出土的《地形图》中又有齕道。资水上游两县都梁、夫夷显然均非汉语地名。况且当时整个今湖南省境设县都很

① 熊传新:《湖南发现的古代巴人遗物》,《文物参考资料》第7辑,1983年。

② 何介钧:《湖南商周时期古文化的分区探索》,《湖南考古辑刊》第二集,岳麓书社1984年版。

③ 童恩正:《从出土文物看楚文化与南方诸民族的关系》,《湖南考古辑刊》第三集,岳麓书社1986年版。

④ 《湖南商周时期古文化的分区探索》。

⑤ 高至喜、熊传新:《楚人在湖南的活动遗迹概述》,《文物》1980年第10期。

⑥ 《湖南人由来考》。

⑦ 《汉书·南粤传》。

⑧ 周世荣在《马王堆三号汉墓地形图古城邑的调查》(见《湖南考古辑刊》第二集)一文中提出,“君”在此作“郡”解,因为在秦以前郡比县小。但此图为汉初物,郡县制在战国后期已完全定型,秦代统一后将郡县制推行至全国,绝无可能再以战国以前之旧观念为现实政治制造混乱,故其说不可通。

稀疏，其汉人与“蛮夷”的民族势力对比可想而知。

后汉时期，湖南的民族冲突较为激烈，《后汉书·南蛮传》言之甚详。其时活动最为频繁的是武陵蛮和澧中、溇中蛮，作乱分别达4、7次。武陵蛮屯结五溪，与马援相持于临沅，并还能北寇江陵。澧中、溇中蛮不仅在其流域内经常寇抄其仅有的三个县（充、零阳、作唐），而且还能进攻到今湖北省境的孱陵、夷道，可见沅澧二流域蛮族势力之强。

长沙郡也曾有蛮万人屯聚益阳，从地域上推断，当是来自资水中游及湘水左岸沩水流域，即后世莫徭、梅山蛮的先民。零陵蛮曾“寇长沙”①，此外还有零陵蛮叛的记录②。桂阳郡虽无“桂阳蛮”之名，但不乏“猾贼相聚”“山贼为害”的史料③，显然亦与民族冲突有关。

民族冲突是汉化加速的直接反映。后汉的民族活动，沅澧流域以下游为盛，湘资流域以中游居多，为稍后孙吴在此分设中层政区奠定了基础。

2.三国至隋唐

三国时吴蜀两家在湖南争战多年，蜀盖无力顾及经略蛮族，彼此相安无事，且能得其助力④。而吴则有开辟蛮夷的政策，曾遣潘濬讨五溪蛮，“斩首获生，盖以万数。自是群蛮衰弱，一方宁静”⑤。看来此一时期今湖南省境的民族矛盾相较后汉要和缓得多，实为湖南汉族势力大为扩张的一个时期。上节政区的研究已经表明，吴将沅澧流

---

① 又见《后汉书·桓帝纪》。

② 《后汉书·冯绲传》。

③ 《后汉书·杨璇传》《后汉书·陈蕃传》。

④ 《三国志·蜀书·先主传》记载，章武元年（221）六月，先主“帅诸军伐吴”，“军次秭归，武陵五溪蛮夷遣使请兵”。二年（222）二月，先主“遣侍中马良安慰五溪蛮夷，咸相率响应”。

⑤ 《三国志·吴书·潘濬传》。

域析为两郡,湘资流域由三郡分为六郡,这一格局至南朝宋、齐不改;孙吴在今湖南设县也为数甚多。当是后汉的汉化之功至此而结其果。西晋统一后设县续有加增,盖亦守其成而已。

南朝时期淮汉以南的蛮族活动至为频繁,但今湖南境内的记载则为数甚少。《宋书·荆雍州蛮传》载湖南蛮叛仅三次,其一为桂阳蛮,另二次在澧水流域。《齐书·蛮传》载有二次,其一为湘州蛮,一为武陵西溪蛮田思飘。从地域和姓氏都可以推断后者为今土家族先民。

梁陈二代正史均无蛮传。《梁书·张缵传》载:"湘州界零陵、衡阳等郡,有莫徭蛮者,依山险为居,历政不宾服。"《隋书·地理志》称:沅陵"多杂蛮左,其与夏人杂居者,则与诸华不别,其僻处山谷者,则言语不通,嗜好居处全异";"长沙郡又杂有夷蜒,名曰莫徭……武陵、巴陵、零陵、桂阳、澧阳、衡山、熙平皆同焉"。可见到隋代为止,今湖南省境还是蛮蜒遍布的。

值得注意的是洞庭湖西北岸的变化。据《水经注》记载,此地"悉是南蛮府屯也"[①]。但隋代以后再未有类似记载,应该是东晋南朝时期此地接受了一定数量的北方移民,从而完成了汉化过程。唐代承续隋代政区格局,又在沅水中上游开设五州,但民族关系并不紧张。两《唐书》蛮传所载湖南事甚少,想必统治不够深入[②],从而冲突不甚剧烈。此时湖南所受蛮害多来自岭南。乾元时(758—759)西原蛮"陷道州,据城五十余日。桂管经略使邢济击平之,执吴功曹等。余众复围道州,刺史元结固守不能下,进攻永州,陷邵州,留数日而

① 《水经注》卷35《江水注》。

② 唐代于沅水上游所置五州均未为后世继承,可见所设五州均系临时措置。

去”[1]。西原蛮的老巢在今广西。

唐末至北宋是继东汉之后湖南蛮族活动的第二个高峰期。《宋史·蛮夷传》言之甚详。唐末之乱，沅澧流域的蛮酋纷纷自署为刺史。晋天福(937—942)中，马希范承袭父业，据有湖南，“时蛮徭保聚，依山阻江，殆十余万。至周行逢时，数出寇边，逼辰、永二州”[2]。

3.宋元

宋熙宁(1068—1077)中，以章惇察访湖北经制蛮事。其时沅水流域号称南、北江，所谓北江即酉水，其南之沅水上游为南江。南江开置沅、靖二州，从此悉为省地(官府辖地)，北江诸蛮则仍为土司所领。稍后又开梅山，“其地东接潭，南接邵，其西则辰，其北则鼎、澧”[3]，置为安化、新化二县。其实这一带当时的汉化成绩尚不止于此，宋初于梅山东西两侧置宁乡、桃源二县，虽然不是直接开蛮拓地，但其间当亦不无关系，盖久浸华俗渐成省地耳。

资水上游前此未闻有蛮徭作乱，至此大盛。据《宋史·蛮夷传二》所载，不仅有“邵州蛮舒光银”，而且因地连沅水上游，蛮族活动互通声气。有“徽州，唐溪峒州。宋初，杨氏居之。号十峒首领，以其族姓散掌州峒”。元丰(1078—1085)中以徽州为莳竹县隶邵州，但民族活动仍很频繁，以致绍兴三年(1133)人称“武冈所属三县，悉为徭人所有”。

湘水流域表现为不同的特点。此地未有土司之设，但蛮乱也一直不断。其分布已比较清楚：“蛮徭者，居山谷间。其山自衡州常宁

---

① 《新唐书·南蛮传下·西原蛮》。

② 《宋史·蛮夷传一》。

③ 《宋史·蛮夷传二》。

县属于桂阳、郴连贺韶四州,环纡千余里”①。即舂陵水流域及南岭山地一带。其中活动最为频繁的是在常宁、蓝山、平阳、宜章诸县,欧阳修尝“闻常宁一县,殆无平民,大小之盗,一二百伙”②。南宋时且延及湘赣边界。茶陵水口洞有李新、李如松作乱,连同郴州桂阳、郴县等地,旷日持久③。绍兴九年(1139),因为茶陵“旁午广、虔诸郡,寇贼所见伏”,故而将其由县升为军,“所以安利一路也”。但是并没有解决问题。嘉定四年(1211),考虑到从茶陵以南直到韶州“千里无官司,仇杀不忌,寇贼辄发”,因而析其康乐、云阳、常平三乡别置酃县,“戍及水口,蕃卫尤密”④,以加强对罗霄山脉南段的控制。

从各方面看,宋代都是湖南开发史上最重要的时期,行政措置甚多。然而民族同化绝非朝夕可以为功,沅水中上游虽然开为省地,但文化面貌长期变化不大。魏了翁称:“靖为郡百二十七年,布髽跣足之风未之有改。城中不满四十家,气象萧条”,而“郊人犹有大布之冠者”;不仅此地,其下游“辰沅间亦莫不然”⑤。相比之下,省境北部汉化程度倒是大为提高,澧水中游的“慈利县向思胜等五人素号溪峒归明,誓掌防拓,卒能保境息民”⑥,显然已染华风。

元代承宋之后,对宋代创置的格局颇多巩固之功。《元史·刘国杰传》称:“辰、澧地接溪洞,宋尝选民立屯,免其徭役,使御之,在澧者曰隘丁,在辰者寨兵。宋亡,皆废”;刘国杰先是“悉复其制”,然后“又经画茶陵、衡、郴、道、桂阳”,湘东南“凡广东、江西盗所出入之地,南

① 《宋史·蛮夷传一》。
② 《欧阳修全集·奏议集》卷9《再论湖南蛮贼宜早招降札子》,中国书店1986年版。
③ 曹彦约《昌谷集》卷16《湖南军前晓谕峒贼榜》。
④ 《叶适集·水心文集》卷11《茶陵军减苗置寨记》,中华书局1961年版。
⑤ 魏了翁《鹤山集》卷36《答苏伯起》;卷47《黔阳县学记》。
⑥ 《宋史·蛮夷传二》。

北三千里，置戍三十有八，分屯将士以守之”。经过这一番措置，“东尽交广，西亘黔中，地周湖广，四境皆有屯戍”；由此“诸蛮不能复寇，盗贼遂息”。[①] 这种文字虽然不无溢美之嫌，但总归较之前代又前进了一步。

4. 明清

明代交通滇黔，湖南沅水流域为往来孔道，湖南整体的人文面貌大为改善。首先是，沅水流域的汉化进程大为加速。如“桃源介在沅湘，溪蛮接迹”，至此“亦稍勤征缮矣”[②]。明人咏辰州有句云：“边氓久已渐华俗”，“地气于今同北土”[③]。这种情况在前代是未曾梦见的。

省域西南与贵州交界之处则进步较为有限。明人在沅州咏道：“潭阳远在夜郎西，石径萦纡路转迷。俗犷犹存盘瓠旧，树深唯听鹧鸪啼。”[④]之所以如此，是因为此地与贵州的民族分布连成一片。当时人也认识到这一点：“湖、贵之苗，非有高山大川为之界隔，其田地犬牙相错，贵苗未靖，湖苗未可恃以为安。”[⑤]嘉靖庚子(1540)竟骚然而叛，十余年不克底宁。当然也应该看到，此地人不少已经“有户籍，稍输赋，与广西徭僮不同。其属镇溪者，半与泸溪编民杂处”[⑥]。

湘水上游在明代中叶也发生过大规模叛乱。郴州人何孟春曾写道：“自戊辰(1508)秋贼出兴宁，随犯吾郴。己巳(1509)之春冬，桂阳、桂东、宜章、永兴诸乡邑递遭蹂躏，岁无虚月，暨今庚午(1510)夏

① 《元史·刘国杰传》。

② 钱谦益《牧斋初学集》卷100《湖广常德府桃源县知县张醇儒授文林郎》，上海古籍出版社1985年版。

③ 薛瑄《敬轩文集》卷8《辰阳秋日》。

④ 何乔新《椒邱文集》卷24《沅州》。

⑤ 张岳《小山类稿》卷10《与张龙湖阁老》。

⑥ 高岱《鸿猷录》卷16《平湖贵苗》，《丛书集成》本。

抄而始息,一方生灵皆汤火惊魂"①。此事首尾十年始平,其背后实际上也与民族冲突有关②。明廷于舂陵水流域增设嘉禾、新田二县,另于沅水上游增设城步县。这三县均设于瑶、苗聚居之地,标志省域的汉化进程又深入一步。至此,地方行政与内地异制者仅湘西一地。

清初将湘西改土归流,置永顺府及乾州、永绥、晃州、凤凰四直隶厅。不仅设官置司,文化上也采取相应的政策:"雍正三年(1725)部覆准湖南衡、永、宝、郴、桂、靖六州所属苗瑶,向例取一二名,陶淑既久,额少人多,嗣后岁科考试增取三名,永为定额。十年(1732)改瑶童曰新童。乾隆九年(1744)饬于瑶地适中之处设立义馆,延师训课"③。至此,湖南的少数民族地区文化程度不断提高。这方面史料甚多,在此聊举一二:

溆浦瑶族"与夏人杂居者则服食居处多与民同"④。永绥厅苗族婚礼"今亦多同民俗"⑤。城步"苗瑶与里民异俗,近被王化渐摩,已染华风",从而"士彬雅,农兢业,与汉民无大异"⑥。这是省域西部。

蓝山"今徭俗率同内民"⑦。常宁瑶族于"乾隆二十一年(1756)改为新籍……初业种植,继习诗书,风俗好尚,皆与民同,盖声教所渐摩者久也"⑧。酃县平地瑶"饮食衣服与汉民同,其佃种力作营生置产皆然,惟与徭人言则徭语,与汉人言则汉语";自康熙间奉例与考,"谓之

① 何孟春《余冬序录摘抄内外篇》卷5,《丛书集成》本。
② 《鸿猷录》卷14《平郴桂寇》。
③ 同治《江华县志·杂记》。
④ 同治《溆浦县志》。按,本文所引方志未详注篇名者均出其风俗专篇。
⑤ 宣统《永绥厅志》。
⑥ 同治《城步县志》。
⑦ 同治《桂阳直隶州志》。
⑧ 同治《常宁县志·新纪》。

新籍，故近亦多习《诗》《书》”[1]。这是省域东部。

如此例证不胜枚举，全省情形于此可见。

5. 小结

综观全史，湖南全省的汉化过程可分为三期：隋唐以前为第一期，宋元为第二期，明清为第三期。在第一期中，完成了洞庭湖周围及湘水下游右岸地区的汉化；第二期中完成了资水中游及其毗邻的湘水下游左岸、沅水下游右岸地区的汉化，并奠定了沅水中上游及毗邻的资水、湘水上游耒水流域的格局；第三期加深了湘南的汉化，并稳定了湘西的格局。

在第一期中完成汉化的地区，未曾发生民族冲突。这里在汉代置县很稀，表明其时此地汉人尚不多，然而其汉化竟成熟最早，当属濡染式文化传播。第二期完成的地区，蛮族分布地域逐步萎缩，至北宋一举拓为省地，此后未尝反复，至今已全为汉族，亦当属同种类型。

第二、三期中开拓的西部、南部山区，自秦汉以来即有设县之举，开发不可谓不早，但民族冲突长期不断，至今仍为少数民族聚居区，汉文化在这些地方的传播当属等级型。

三期之形成，与人口增长直接相关。东汉湖南人口大幅度增长，民族冲突急剧上升，移民的分布以湘水流域为主。此后湖南户口有所减少，民族矛盾趋于缓和。永嘉南渡，湖南又接受了一定数量的移民，基本上分布在洞庭湖北岸，故第一期完成了这些地区的汉化。

唐中叶安史之乱，湖南接受了不少移民。宋代人口高速上升，民族矛盾再度激化，导致开蛮拓地之举。元代户口又有所减少，此一矛盾复趋缓和。故而形成第二期。

---

① 同治《酃县志·徭俗》。

明清人口持续增长，尤其入清以后,人口一直呈高速增长态势。由此又形成第三期。

开蛮拓地以设郡县,湘资流域表现形式与沅澧流域有所不同。湘资流域开发较早,秦汉时已在上游山区设置了不少县,以此为控制网络,蛮族分布多为散居,故开拓以后只需增设县级政区。而沅水流域地形闭塞,蛮族多聚居,汉族溯流开拓,必须一批批增县;增县既然成批,则不免增设州府。

第三节　湖南文化在国史上的地位

研究一个地域的历史文化,应该具备两个空间尺度的视角。一是微观的,须揭示区域内部的地域差异;同时也须具有宏观视角,即对该区域与其他区域的异同、相对地位有所了解。这是地理学对于区域研究的基本要求。本书讨论湖南历史文化的地域差异,在开展具体的分析之前,势必须检讨湖南文化在国史上的地位。

在此分七个时段加以展开。

一、西汉以前:蛮荒之地

中国文化在考古时代呈现出长江流域与黄河流域交相辉映、比翼齐飞的璀燦局面,然而进入有文字记录的历史时期以来,南方文化在相当长时间内比北方落后。《史记・货殖列传》曾就南方整体状况概述道:“楚越之地,地广人希,饭稻羹鱼,或火耕而水耨,果隋蠃蛤,不待贾而足,地埶饶食,无饥馑之患,以故呰窳偷生,无积聚而多贫。是故江淮以南,无冻饿之人,亦无千金之家。”并且还专就南楚之地写道:“南楚好辞,巧说少信。江南卑湿,丈夫早夭。”湖南地属南楚,当时给人留下的就是这种文化形象。这一描写在《汉书·地理志》中得到了明显的继承。

早在汉文帝时，洛阳人贾谊贬官为长沙王太傅，还没动身，就曾“闻长沙卑湿，自以为寿不得长”①。武帝时，刘买以长沙定王子封于泠道之舂陵乡，为舂陵侯；汉元帝初元四年（公元前45年），其孙刘仁以舂陵“地势下湿，山林毒气，上书求减邑内徙”②。这些都不是对湖南文化的直接评价，但其时湖南文化之落后显而易见。

二、东汉至晋：云蒸霞蔚

东汉是湖南文化首次得到飞速发展的一个时期。此时今湖南省境出现了一批循吏，大力传播中原文化。湘水上游，建武二年（公元26年）河内人卫飒“迁桂阳太守，郡与交州接境，颇染其俗，不知礼则；飒下车，修庠序之教，设婚姻之礼，期年间邦俗从化”。其后又有南阳人茨充，“代飒为桂阳，亦善其政。教民种殖桑柘麻纻之属，劝令养蚕织屦，民得利益焉”。和帝时，又有许荆，“稍迁桂阳太守。郡滨南州，风俗脆薄，不识学义。荆为设丧纪婚姻制度，使知礼禁”③。沅水流域，建武年间（公元25—55年）有南阳人宋均，“调补辰阳长，其俗少学者而信巫鬼，均为立学校，禁绝淫祀，人皆安之”。④之后又有汝南人应奉，永兴元年（公元153年）“拜武陵太守”，他“兴学校，举仄陋”，以至“政称变俗”⑤。

---

① 《史记·贾生列传》。

② 《后汉书·城阳恭王祉传》。周振鹤师认为另有安众、叶两侯国当亦属相同情况，见《西汉政区地理》第123页。

③ 《后汉书·循吏传》。

④ 《后汉书·宋均传》。

⑤ 《后汉书·应奉传》。

然而三国时,袁准对曹爽分析道:"吴楚之民,脆弱寡能,英才大贤,不出其土,比技量力,不足与中国相抗。"①这不经意间的一席话,充分反映了包括湖南在内的整个南方地区的落后。

文化的发达与否可以人才和著述数量为衡量指标。据研究,西汉出书有 282 种,湖南仅有 1 种,《汉书》所载士人 510 名,无一出于湖南;西汉私家教授和五经博士在湖南均为 0。东汉共出书 568 种,湖南 2 种;《后汉书》列传中士人 990 人,湖南仅 4 人;东汉私家教授 213 名,湖南仅有 1 人,生徒在百人以下或不明;五经博士仍为 0;东汉三公九卿 302 人,湖南仅有三公 2 人。三国时期,《三国志》列传中士人 625 人,湖南仅 9 人。西晋出书 649 种,湖南仅 1 种;将相大臣和辟雍学士均为 0;《晋书》列传中士人湖南亦仅 16 人②。

这些统计数字直观地说明,自汉至晋,湖南文化在不断发展。但总体水平仍不高,在全国居很低下的地位。

三、南朝至隋:文化倒退

南朝时期长江下游由于北方移民的迁入而得到突飞猛进的发展,湖南文化的绝对水平和相对地位反而都出现断崖式下降。正史列传人物中,《宋书》《齐书》《梁书》中湖南分别只有 1 个,《陈书》中湖南也只有 2 个,《隋书》中湖南人物数量竟然下降至 0。如此没落的状况在史料中也有所反映,《梁书·王亮传》记载:王亮"出为衡阳太守",然而他竟"以南土卑湿辞不之官"。隋代道州人王义上奏,也自称"生于辽旷绝远之域"③。这种情况,简直比之前的两汉还有所不如。

---

① 《三国志》卷 4 注引《汉晋春秋》。

② 卢云:《汉晋文化地理》。其中《三国志》《晋书》列传人物系笔者统计。

③ 《全隋文》卷 28,《全上古三代秦汉三国六朝文》,中华书局 1958 年版,第 4190 页。

四、唐宋：文化边裔

唐代湖南有所发展，尤其唐中叶以后文化上出现长足进步。大中年间（847—859）长沙刘蜕以荆解成进士，号称“破天荒”[①]，充分说明了湖南在唐代前后两期的变化。湖南唐代进士 9 人，全部出于后期。两《唐书》列传人物中湖南在前期只有 2 人，后期则有 6 人。

然而湖南在唐代基本上还是被当作汉文化分布的南部边缘。韩愈在讲到郴州时称：“五岳于中州，衡山最远。南方之山，巍然高而大者以百数，独衡为宗。最远而独为宗，其神必灵。衡之南八九百里，地益高，山益峻，水清而益驶。其最高而横绝南北者岭。郴之为州，在岭之上，测其高下得三之二焉。中州清淑之气，于是焉穷。气之所穷，盛而不过，必蜿蟺扶舆磅礴而郁积。”[②]所谓中州清淑之气，大体可理解为中原文化。

道州“僻在岭隅，其实边裔”[③]，元结称之“虽人吏似从教令而风俗未能移易”[④]。此乃言其居民尚未尽汉化，从而“风俗犷猾，前后难为缉绥”[⑤]。与此相邻的永州，柳宗元称其“地极三湘，俗参百粤，左衽居椎髻之半，可垦乃石田之余”[⑥]。彼此情形大抵类似。

中唐人张谓撰《长沙风土碑铭》，序中写道：“郡邻江湖，大抵卑

---

① 孙光宪《北梦琐言》卷 4，上海古籍出版社 1981 年版。按，刘蜕之籍贯，异说颇多：《北梦琐言》卷 4 载其以荆解及第，卷 3 称之为桐庐人；《太平广记》卷 184 引《摭言》曰商州人，上海古籍出版社 1990 年版；但《全唐文》卷 790 有刘蜕《梓州兜率寺文冢铭》，其中自称“长沙刘蜕”，上海古籍出版社 1990 年版。显然当以自述为准。

② 《全唐文》卷 555《送廖道士序》。

③ 《全唐文》卷 381 元结《举处士张季秀状》。

④ 《全唐文》卷 381 元结《再谢上表》。

⑤ 《全唐文》卷 627 吕温《代李中丞荐道州刺史吕温状》。

⑥ 《全唐文》卷 571《代韦永州谢上表》。

湿,修短疵疠,未违天常,而云家有重腿之人,乡无颁白之老,谈者之过也。地边岭瘴,大抵炎热,寒暑晦明,未愆时序,而云秋有爀曦之日,冬无凛冽之气,传者之差也。"①此文信息非常丰富。从中可以窥见当时中原人对湖南的基本感觉。作者虽然驳斥"谈者之过也""传者之差也",但正好说明,当时在中原人想象中,长沙的风土是"秋有爀曦之日,冬无凛冽之气",此地的人文则是"家有重腿之人,乡无颁白之老"。刘长卿有诗咏道:"南方风土劳君问,贾谊长沙岂不知?"②常建也在湖南赋诗称:"敬君中国来。"③显然都把湖南视为未全汉化之地,与中原有别。

岳州地处江湖之会,为省境交通便利之处,但张说谪官于此,时人以为是"沦滞于远方"④。这样的状况,自不免导致"湘南客帆稀"⑤,而让北人觉得"故人湖外少"⑥。徐安贞在天宝以后避罪到衡山岳寺,碰到熟人李邕,才同载北归,徐安贞无限感慨地对人说:"潇湘逢故人,若幽谷之睹太阳,不然委顿岩穴矣!"⑦杜甫来到湖南后,也写有诗句云:"湖南清绝地,万古一长嗟。"⑧盖亦有同慨。宜乎其时选官须谆谆告诫:"衡湘之间蛮越杂处,无以俗陋,不慎乃事,无以地远,而怠厥心。"⑨

上述乃湘水流域,兹再述沅澧流域。

---

① 《全唐文》卷375。

② 《全唐诗》卷151《自江西归至旧任官舍赠袁赞府》,上海古籍出版社1986年版。

③ 《全唐诗》卷144《空灵山应田叟》。

④ 《太平广记》卷235引《明皇杂录》。

⑤ 《全唐诗》卷568李群玉《小弟艎南游近书来》。

⑥ 《全唐诗》卷233杜甫《寄韦韶州》。

⑦ 计有功《唐诗纪事》卷25,上海古籍出版社1987年版。

⑧ 《全唐诗》卷233《祠南夕望》。

⑨ 《全唐文》卷659白居易《王众仲可衡州刺史》。

沅水下游的武陵，刘禹锡状之云："其地故郢之裔邑，与夜郎诸夷错杂，系乎天者，阴伏阳骄，系乎人者，风巫气窳。"[①]沅水中游的辰州，戎昱在此感叹"荒徼辰阳远"[②]"辰州万里外"[③]，以至于来到此地，便是"身寄穷荒报国难"[④]了。

相对而言，澧水流域算是不错的。柳宗元品之为："自汉而南，州之美者十七八，莫若澧。"[⑤]这里是"荆之近庸，国之南屏"，然而因为该地"风俗夷獠"[⑥]，亦为北人所轻。《北梦琐言》中有一则故事颇可以为证："杜邠公琮，位极人臣，富贵无比，尝与同列言，平生不称意有三：其一为澧州刺史……"[⑦]这不仅可以说明澧州，而且可以反映整个省境在当时的地位。

湖南在当时普遍为安置贬官谪吏的去处。柳宗元概括说："过洞庭、上湘江，非有罪左迁者罕至。"[⑧]且特别指出："永州多谪吏。"[⑨]刘禹锡在武陵感叹："邻里皆迁客。"[⑩]可见该地谪吏之多。除柳宗元（永州）、刘禹锡（朗州）外，谪官于省境的名人还有褚遂良（潭州）、张说（岳州）、赵冬曦（岳州）、令狐楚（衡州）、元结（道州）、吕温（道州）、戎昱（辰州）、王昌龄（龙标县）等。值得注意的是，就连比较发达的湘江干流所经潭、衡、永、岳诸州均有分布，其时湖南文化地位之低下可见一斑。

---

① 《全唐文》卷 599 刘禹锡《楚望赋序》。
② 《全唐诗》卷 270 戎昱《辰州建中四年多怀》。
③ 《全唐诗》卷 270 戎昱《送郑炼师贬辰州》。
④ 《全唐诗》卷 270 戎昱《谪官辰州冬至日怀》。
⑤ 《全唐文》卷 578《送南涪州量移澧州序》。
⑥ 《全唐文》卷 619 戎昱《澧州新城颂并序》。
⑦ 《北梦琐言》卷 3。
⑧ 《全唐文》卷 578《送李渭赴京师序》。
⑨ 《全唐文》卷 578《送南涪州量移澧州序》。
⑩ 《全唐诗》卷 362《武陵书怀五十韵》。

唐末五代，湖南有马楚割据，盛时总制二十余州，号称一方富盛。马氏“署置天官幕府，有文苑学士之号”①，又“下令搜访草泽，由是士无贤不肖参谒，皆延客之”②，因而文化发展很快。可惜好景不长，南唐遣边镐攻破长沙，衣冠文物尽入金陵③。湖南复陷入兵荒马乱之中④。

入宋以后，湖南依然未改边裔形象。时人称：“荆及衡阳，洞庭之阻，漕事之转京师，其行永久，列郡之富，百吏之治，遐远幽阻。”⑤这种评价，与前述唐代相去不远。

首先请看湘水流域。刘克庄送友人赴长沙，有句称：“不应卑湿地，犹着广寒仙。”⑥至少从字面上看，仍然本着老观念。这是作者身在外地的。作者身在湖南的，永州一官员在离开时吟道：“零陵距中邦，道阻五千里。我以放逐来，本非心乐只。”⑦言下颇以能平安离去为幸。还有一位到永州上任，一路上就感叹：“京华驿候远，楚越山川分。”⑧到任后，又在谢表中称：“兹越洞庭重湖之国，邻桂岭炎瘴之乡。”⑨既然如此，去道州就更要被称作是“身行南雁不到处”⑩了。

郴州位于湘南，时人目之为“介要荒之地”，其文化发展也起步甚晚。祖无择《郴州学记》文称：“向之为州者，往往陋其俗而不教之，使

① 《旧五代史·马殷传》。
② 陶岳《五代史补·欧阳彬传》。
③ 参《南唐书·边镐传》，见陆游《陆放翁全集》，中国书店1986年版。
④ 参《新五代史·王进逵传》。
⑤ 刘攽《彭城集》卷22《朝散郎虞策可荆湖西路转运判官制》。
⑥ 刘克庄《后村先生大全集》卷2《送王实之赴长沙幕》，《四部丛刊》本。
⑦ 邹浩《道乡集》卷4《别零陵》。
⑧ 《范太史集》卷3《永州作》。
⑨ 范祖禹《范太史集》卷6《永州谢表》。
⑩ 《欧阳修全集·居士集》卷14《送道州张职方》。

知其方，故旧祠圮毁，而弦诵之音未之闻焉。”[①]以致上述韩愈所谓的郴州“郁积之气”，到了宋代“尚未发见”[②]。

资水中游的宝庆府，其位置更加偏僻，时人称之“距京僻且远”，且又“地硗产薄”，故而其文化也相当落后。从其“士愿而无异习”[③]的赞语就不难得出判断。

沅水上游，宋代开设沅、靖两州，城市当中已有华风传播。如靖州自开设以后，便出现了翕然向化的局面，时人称之“声教所覃，去椎结之俗而饰冠巾，转侏离之音而通字画，奉官吏约束一如中州”。当然文化转变需要一个漫长过程。靖州虽然已经设官置守，“然此州实初郡，新民庶事，漫无纪律”[④]。其州城“民居仅数百家”，而“城外尽是蛮洞”。在这种环境中开设政区，只能先建立一些据点，“朝廷意在羁縻，止令量纳丁米”[⑤]，绝不敢操之过急。如此情形，自不免令人有“靖为天下穷处”[⑥]的印象。

沅水下游，其发展水平应该比沅水中上游地区高出很多，然而苏辙竟然也称之“民夷杂居，剽轻易扰”[⑦]；以至朝廷在选官时要谆谆告诫：“武陵被边，旧难其守。”[⑧]所谓被边，指的是“控辰、沅溪洞之险”[⑨]。当然也是一副汉文化分布边缘的样子。

相对而言，澧州已有“荆湖佳郡”的名号。不过，当地方言让人感

① 祖无择《龙学文集》卷7《郴州学记》。
② 王庭珪《卢溪文集》卷36《送黄秀才序》。
③ 程公许《沧洲尘缶编》卷13《宝庆府改建设厅记》。
④ 汪藻《浮溪集》卷19《靖州营造记》。
⑤ 周必大《文忠集》卷139《乞申严谋入溪洞人法》。
⑥ 《鹤山集》卷34《答任总干》。
⑦ 《栾城集》卷27《虞肇知鼎州》。
⑧ 《栾城集》卷28《刘敏知辰州》。
⑨ 祝穆《方舆胜览》卷30常德府，上海古籍出版社1991年版。

觉“夷音嘲哳”,其经济水平也是“郡计未优”,因而其文化发达水平其实相当有限。“士风甚陋”[①],应该说是一个基本上可算中正平和的评价。

以上是基于文献描述的分析,若以统计数字来说明,得出的印象也基本相合。有人曾对宋代的人才分布做过研究,从知州一级以上文武官员、进士、发明和著作者三类人才的分布来看,湖南均低于全国平均水平[②]。

不过就湖南本身前后相比,宋代实为湖南文化发展的重要时期。较之前代,此时湖南在全国的相对地位已有所上升。正史列传人物,湖南在两宋各有 12 人,分别居全国第 14、12 位。这个位次虽仍然不高,却已比唐代提高了不少(唐代与福建并列第 16 位)[③]。不用说,其人数之多也是空前的。第一次达到了两位数。

五、元代:蓄势待发

元代湖南文化又有所进步。此时已有外地士人前来游历,如“清江张闻友,好学而志远,将游湘楚之间”。姑不论其数量之多少,这是一个非常重要的象征。用当时人的话说:“士之游必通州大邑者,岂徒极登览之胜、角声利之雄哉?观乎山川人物之富以发其气,益其见闻,必有进于道者矣。”[④]反观上述自汉晋到南朝、再到唐宋的情形,对比柳宗元所言“过洞庭、上湘江,非有罪左迁者罕至”,以及刘克庄所咏“不应卑湿地,犹着广寒仙”,真是时移世易了。即此可知,此前湖

① 《方舆胜览》卷 30 澧州。

② 肖华忠《略论宋代人才的分布》,《晋阳学刊》1987 年第 6 期。

③ 丁文江《历史人物与地理的关系》。

④ 傅若金《傅与砺文集》卷 5《送张闻友游湘中序》。

南那种遐远幽阻的文化形象已经出现了初步的改变。

此时湖南已经涌现文化地位相当高的人士。欧阳玄，浏阳人，史称他“三任成均，而两为祭酒，六入翰林，而三拜承旨。修实录、《大典》、三史，皆大制作。屡主文衡，两知贡举及读卷官，凡宗庙朝廷雄文大册、播告万方制诰多出玄手，金缯上尊之赐，几无虚岁。海内名山大川，释、老之宫，王公贵人墓隧之碑，得玄文辞以为荣。片言只字，流传人间，咸知宝重。文章道德，卓然名世”。[①]这种地位的文化人物，此前在湖南尚未曾出现过。

不过，尽管湖南在元代取得了显著的文化进步，综合起来看，其进步的幅度还是比较有限。时人称：“湖广地方数千里，其士质而秀，其俗俭而野。畲丁洞徭，喜惊而嗜斗，羁州縻邑，憚严而乐宽。”[②]此言中，所谓“湖广”的地域范围当然不止今湖南一省，但后半所谓的“畲丁洞徭”“羁州縻邑”主要正指今湖南西部。另一份资料称“西南诸郡民獠错居，俗素犷悍”[③]。这中间的空间定位就比较清楚。显而易见，元代湖南的文化进步主要表现在湘江流域。至于西部，与前代相比，仍进步无多。

六、明代：汉文化腹心

明代经略滇、黔，沅水为必经孔道，湖南的文化地位大为提升。从此一改边鄙面貌，成为汉文化的腹地范围。明人谢肇淛云：“荆蛮、闽越、六诏、安南皆昔为蛮夷，今入中国。”[④]鲜活地反映了当时人对于

---

① 《元史·欧阳玄传》。

② 许有壬《至正集》卷34《送苏伯修赴湖广参政序》。

③ 黄溍《文献集》卷7上《苏御史治狱记》。

④ 《五杂俎》卷3地部一。

湖南文化观感的转变。

这方面,进步最为明显的当然是沅水流域,尤其中上游。明代前期,河津(今山西运城)薛瑄就在辰州咏道:“雄城百雉控蛮荒,山翠高低接女墙。万里梯航通六诏,五溪烟水下三湘。边氓久已渐华俗,远客频应望帝乡。地气于今同北土,早秋时节雨生凉。”[①]这种观感,特别是收尾那句“地气于今同北土”,真是令人无限感慨。难道是气候发生了变迁,使得此地“早秋时节雨生凉”了?诚然,从气候角度考虑,明代中国东部地区处在一个小冰期,北方人来到湖南,所感受到的风土差异可能确实不如之前温暖时期那般剧烈。但参证其他史料加以判断,其中最关键的还是“万里梯航通六诏,五溪烟水下三湘”两句。所谓“同北土”,诗人不可能拘泥于自然环境,更重要的是其中还有一层言外之象,即当地给予北方人的文化认同感。

不仅上述一首,薛瑄在辰州府创作了很多值得回味的诗作。如“辰溪县里驻华骢,人俗虽殊景物同”[②],而吟黔阳县则有“华风人共靡”[③]之句。其基本感觉,就是“风土往时为异俗,车书此日混遐荒”[④]。这种感觉,是此前历代所不曾有过的。

与辰州情况类似的还有沅州。此地正当西南交通的丁字路口,在历史上是“五溪古荒服,连延列边墉”,但“自从启明运,便已变华风”,以至“民俗竟佳节,适与中州同”[⑤]。即此可见沅水流域,至少沅水干流所经地域在文化上的飞速进步。

---

① 《敬轩文集》卷8《辰阳秋日》。

② 《敬轩文集》卷8《辰溪二首》之二。

③ 《敬轩文集》卷6《喜雨四十韵》。

④ 《敬轩文集》卷8《黔阳》。

⑤ 《敬轩文集》卷1《沅州元夜》。

虽然明代湖南的文化面貌较之前代大有改善，但与其他省区相比，湖南的文化地位仍不算高。特别是与湖北比，仍瞠乎其后。当时湖南北共为一省，科举考试中"湖北文盛，每科得解额十七，湖南杂徭僮荒略，仅得十三，以为例"①。这中间的数额差异，直观地显示了湖南北文化实力的差距。

此时湖南文化发展面临的瓶颈，仍然是交通不便，以致偏僻。沅水虽然成为滇黔交通孔道，但毕竟离中州太远。上述在明代进步极为显著的沅州，虽然已熏沐华风，但仍被薛瑄称为"地极僻远，罕得与名卿硕士相接"②。辰州的溆浦，薛瑄也谓之"溆浦绝小邑，昔无名士游"③。至于更南面的会同县，让人感慨"市邑何萧条"④就更加不奇怪了。

事实上不仅沅水流域，湘江上游同样如此。郴州，地介三省之交，明人称之"今揉渐于熙化，庶埒中州"，然而"顾其地远京师七千余里，主爵者类以荒僻拟之，铨授之际无所遴择，故州邑长吏大氐皆循习故常"⑤。既然如此，其文化进步的幅度就未免有限。

据研究，明代湖南的进士数量在今各省区中排第 14 位⑥。若以《明史》列传人物来看，湖南 27 人，亦排第 14 位⑦。这个名次仍与北宋时相当。

---

① 毛奇龄《西河集》卷 78《明正治卿中奉大夫兵部右侍郎徐公传》。

② 《敬轩文集》卷 13《五友诗序》。

③ 《敬轩文集》卷 1《溆浦杂咏三首》之三。

④ 《敬轩文集》卷 1《会同院中》。

⑤ 《天下郡国利病书·湖广备录上》，见《顾炎武全集》第 16 册，上海古籍出版社 2011 年版，第 2757 页。

⑥ 何炳棣《明清社会史论》，美国哥伦比亚大学出版社 1962 年版。

⑦ 丁文江《历史人物与地理的关系》。

七、清代:文化井喷

入清以后,湖南文化得到空前的发展。清末郭嵩焘称,湖南"国朝人文远过明代"①。以巍科人物计,湖南共20人,次于苏、浙、皖、赣、鲁五省,与直隶并列第六。其中光绪一朝12人,位居全国之首②,表明湖南在全国的文化地位已经得到了显著提高。

从各朝的巍科人数,可以清晰地看到清代湖南文化进步的过程。乾隆以前,湖南未出一人;嘉、道、咸、同四朝,居第11或12位;到光绪朝,跃居第6位(并列)③。由此可知,在清中叶以前相当长一段时间内,湖南文化的发展并不突出。经过道、咸、同三朝的发展,光绪朝上升到了一个比较高的水平。

不过以全部进士数量来看,由于样本量巨大,湖南在整个清代都比较稳定。据研究,湖南在清代的进士总数居全国第15位。进一步分析,湖南在顺治朝居第14位,从康熙到同治,徘徊于第17、16、15位,光绪朝又升至第14位④。这个名次,说明湖南文化仍有比较大的进步空间。

从文献角度考察,也可以发现湖南在清前期和后期的文化地位大不一样。清初学者刘献廷曾感慨"湖南无半人堪对语",为"荒陋之地"⑤。郭嵩焘也承认:"乾嘉之际,经师辈出,风动天下,而湖以南暗然无知郑、许《说文》之学者。"⑥但这一局面,在清后期得到了彻底改

---

① 《郭嵩焘诗文集》文集卷5《重刻〈安愚斋文集〉序》,岳麓书社1984年版。
② 商衍鎏《清代科举考试述录》,三联书店1983年版。
③ 《清代科举考试述录》。
④ 何炳棣《明清社会史论》。
⑤ 刘献廷《广阳杂记》卷2,中华书局1957年版。
⑥ 《郭嵩焘诗文集》卷21《罗研生墓志铭》。

变。光绪时，湖南地方官不无自豪地宣称："自咸丰以来，削平寇乱，名臣儒将，多出于湘。"[①]先师谭其骧先生称，近代湖南"人才辈出，功业之盛，举世无出其右"[②]。

考虑到关于近代湖南文化研究的论著已经很多，此一时期湖南文化的高光表现有目共睹，基本上已成为学界的常识，在此不赘述。

纵观历代，湖南文化的发展呈现出三个阶段：晋代以前，文化不断发展，地位逐步升高；自南朝至隋代，文化停滞不前，地位相对下跌；唐代以后，文化不断进步，但从宋代到清代中前期，相对地位一直改善无多，清代后期有所提高，但文化基础仍比较薄弱。

---

① 《光绪朝东华录》二十四年二月壬戌陈宝箴奏，中华书局 1958 年版。

② 《近代湖南人中的蛮族血统》，见《长水集》上册。

第二章　湖南文化发展的格局

探讨文化发展水平的分布是中国历史文化地理研究的重要课题。卢云在其《汉晋文化地理》的研究中，总共四章，第一章即是汉晋时期学术文化的区域特征及其变迁。该章通过统计分析，分西汉、东汉、三国西晋三节加以展开，列有15个表格。其所统计的指标，都是根据汉晋时期留存的史料而设计出来的。大而别之，可分为两类：各类文化人物（如西汉时期分士人、博士、私家教授三类，东汉时期分士人、五经博士、三公九卿三类，三国时期仅士人一类），各地产出的文化成果（著作）。笔者认为，对于探讨各地文化发展水平，这两类指标确实非常重要。但同样不可或缺的还应该加上一些文化设施。

因此，本章揭示湖南历代文化发展的格局，就按历代所出文化人物、各地产出的文化成果，以及历史上各地拥有的文化设施三个方面来加以展开。共分六节，前五节作统计分析，最后一节结合文献描述加以探讨。

第一节　正史列传中的湘籍人物分布

正史列传含有多种类型的人物，这一分布可谓是各地综合文化水平的反映。

卢云在《汉晋文化地理》的研究中，也对正史列传人物极为重视。不过为了突出所谓文化，他在统计时用了一个“士人”的概念。其所谓士人，“指各类知识分子”，明确标准有四条：(1)明确记载受过教育，或从事官私教授，或者有所著述者。(2)汉武帝以后在中央政府担任各类文职者，如三公、九卿、尚书令、中书令等。(3)东汉中期以后的世家大族子弟。(4)其他各种类型的知识分子。此外还有一条“个别例外按实际情况处理”。[①]

笔者认为，这样一个处理方式，并不很适宜，有将简单问题复杂化之嫌。首先，经过这四条，特别是“个别例外按实际情况处理”这一补充条款之后，未纳入统计的正史人物显然所剩无几。其次，“知识分子”是一个非常宽泛、模糊的概念，做这个统计既然是为了揭示各地的文化教育水平，显然只着眼于有无“文化知识”。事实上，国史列传人物每一个都不是泛泛之辈，一个人重要到能入国史，却仍然没有“文化知识”，这种情况应该说极为罕见。况且，一些重要人物即使在出生时没有受过多少文化教育，既通达之后，也一定会为所在地方的文化教育环境带来积极影响。因此，本书对于正史列传人物不再纠结其有无“文化”，直接用它作为衡量一个地方综合文化实力的量化指标。

以往不少学者做过正史列传人物分布的研究。除卢云《汉晋文化地理》外，史念海先生发表过《两唐书列传人物籍贯的地理分布》一文[②]。本文对于两汉、唐代正史中的湘籍人物，就直接采用这两项工

---

① 《汉晋文化地理》，第 496—497 页。

② 载《纪念顾颉刚学术论文集》，巴蜀书社 1990 年版。

作,再爬梳《三国志》《晋书》《宋书》《齐书》《梁书》《陈书》《隋书》《新五代史》《宋史》《元史》《明史》诸史加以统计,其结果按清末政区列为表2-1。统计数据包括列传和附传人物。

表 2-1　正史列传湘籍人物分布表

	后汉	三国	晋	宋	齐	梁	陈	唐	五代	宋	元	明
郴州	2							2				1
桂阳										1		3
临武												1
零陵		2								2		1
祁阳										1		
东安												2
道州										1		2
永明										1		
宁远												1
衡阳										1		
清泉		1										
耒阳	1		1									1
衡山										3	1	1
长沙	2	2	9		1	1	2	2		8	2	1
浏阳			1							1	3	1
醴陵										3		
攸县												2
茶陵											4	3
湘潭										1	1	1

续表

	后汉	三国	晋	宋	齐	梁	陈	唐	五代	宋	元	明
湘乡		1										
湘阴												2
益阳												1
安化												1
巴陵										1		2
平江										1		1
华容												3
临湘											1	
邵阳			1					1				
澧州								1				1
慈利			1									1
武陵		3	3	1				2	3	3		7
桃源										1		
靖州												1
合计	5	9	16	1	1	1	2	8	3	29	12	41

资料来源:汉、唐数据分别引用卢云《汉晋文化地理》、史念海《两唐书人物籍贯的地理分布》的工作,《三国志》《晋书》《宋书》《齐书》《梁书》《陈书》《隋书》《新五代史》《宋史》《元史》《明史》诸史系自行统计。

从表中可以看到,全省进入正史列传的人物总数,明显可分为三个阶段:晋代以前不断上升,南朝宋以后骤减至低谷,唐代以后又不断上升。这一变化趋势反映了湖南的文化发展过程,可以与湖南的开发过程、人口增长过程相互印证。

总体的分布状况,唐五代以前,由于人数较少,分布相对集中。宋代以降,人数渐多,从而分布渐为普遍,表明湖南的文化在宋代以后才得到全面发展。

具体言之,晋代以前,以湘水流域数量最多,分布最广,其中又主要分布于中上游。资、沅、澧三流域均只一地,人数则以沅水流域略多。自汉至晋,不仅数量逐代上升,分布地点也同步增长。西汉无人入史,后汉为 4 人 3 地,三国为 9 人 5 地,晋代为 16 人 6 地。

从各地出有正史人物的时代来看,湘水、沅水、资澧二水明显可以分为三个层次,湘水流域的人物始出于后汉,沅水流域始出于三国,资、澧二水流域则于晋代始出人。

晋代以前的发展势头到南朝宋以后突然中断。自南朝至隋,每代人数都在 2 个以下,分布当然也只有 1、2 地,隋代竟然空无一人。唐代虽有所增加,但为数既不多,分布亦不广,总体上尚未恢复到晋代水平。

宋代以后局面大大改观。分布仍以湘水流域为最,但情形已有一些变化。首先是中游邻赣诸县的发展。同下游一样,这里在此前一直默默无闻,宋代以后则发展很快;元代尤为突出,明代仍较明显。继之,下游诸县在明代普遍有所发展,从而使得上游所占比例进一步减少,上下游的对比有逆转之势。

沅、资、澧三流域在宋、元的人数发展不多,明代则有明显进步。虽然其分布依然不广,但与其数量一样,已是以前任意一朝的若干倍,其中大多分布于上下游。

总之,湘水流域出人最早,且一直最为密集,其中五代以前多集中于上游,宋代以后向中下游逆转。其次是沅水流域。资、澧二流域出人较晚且人物稀少。从全省来看,四水下游的洞庭湖区明代以后有所发展。

以具体分布地点而论，全省明显存在两个历代都出人较多的中心：一是东部的长沙，二是西部的常德。其人物数量一直比较突出，尤以长沙为多。所不同的是长沙在元、明两代并不出众；而武陵在沅、澧流域地位始终稳定，明代且为全省之最。

第二节　历代湘籍进士的分布

隋唐以来，科举成为入仕的主要途径。它以考试成绩为标准，面向社会各个阶层，在很大程度上体现了“公平竞争”的原则。因此某地培养科举人物的多少，基本上可用以衡量其文化教育水平的高低。

并且，在历史文化地理的研究中，其他人物如政治人物、军事人物、文化人物、科学人物、经济人物等等，都没有公认的客观标准，其数量确定在一定程度上与研究者的主观认定有关。相对而言，科举人物有客观标准，统计所得数据基本上不以研究者的意志为转移。

科举制度的本义是“分科举士”，历史上一直存在很多科目，但自唐以还，进士科独贵，以得人而言，进士科实可为科举制之代表。故本节仅就历代湘籍进士加以分析(详见表 2-2)。

表 2-2　湖南各地历代进士表

	唐	宋	元	明	清 1	清 2		唐	宋	元	明	清 1	清 2
郴州	2	2		7		4	巴陵	1	5	3	28	12	12
桂阳		3		15	3	1	平江		14	1	1	2	7
桂东					2		华容				33	8	2
兴宁			1	8			临湘				4	4	3

续表

	唐	宋	元	明	清1	清2		唐	宋	元	明	清1	清2
永兴				15	2		邵阳		4	1	11	10	10
宜章		2		3			新化				4	7	10
桂阳州		1		3	1	5	武冈		1		4	1	1
临武		2		2		1	新宁				2		1
蓝山				5		1	澧州	2	2	2	17	5	2
嘉禾					1		安福						2
零陵		7		20	1	3	安乡				3	3	1
祁阳		4		8	6	5	石门						1
道州	1	11		10	2	2	慈利			2	2		
永明		2		5	1	1	武陵		6		33	23	16
江华				1			龙阳		2	2	7	2	3
宁远		5		11	1	1	沅江		1		3	1	1
衡阳	1	3		26	16	8	桃源		2		7	2	
清泉					6	7	沅陵				17	3	3
耒阳		2		7	2	2	泸溪		1		4		
安仁		1		1	3		辰溪				4	3	
酃县				1	3		溆浦				4	3	1
常宁					5		芷江				2		
衡山	1	10	1	5	17	10	黔阳		1		5	2	
长沙	1	20		15	33	79	靖州					1	
善化		2		4	21	57	会同		1			1	
浏阳		3	3	4	4	11	绥宁				1		1
醴陵		8	2	4		1	永顺						1

续表

	唐	宋	元	明	清 1	清 2		唐	宋	元	明	清 1	清 2
攸县		1	1	21	7	5	永绥						1
茶陵		1	3	15	3	7	凤凰						2
湘潭		7	1	16	43	29	宁乡		1		3	15	18
湘乡		2	1	3	10	14	益阳				9	8	14
湘阴		9		14	10	16	安化				2	4	3

说明：(1)“清 1”为清前期，指嘉庆以前；“清 2”为清后期，指道光以后。(2)唐代数据参考张炳生《唐代进士分布图》稿本而有所修正；宋、元、明、清分别据《宋人传记资料索引》《元人传记资料索引》《明清进士题名碑录索引》加以统计。

虽然有人主张科举制度创始于隋，但湖南的资料自唐始。唐五代湘籍进士共有 9 人[①]。若以安史之乱为界将唐代分为前后两期，则湖南 9 人全部为唐后期至五代所出。史称荆州于大中(847—859)以前“每岁解送举人多不成名，号天荒解”[②]。此文虽只言荆州，实亦代表湖南之情形。“天荒”为长沙刘蜕所破，表明湖南文化在唐后期有一定发展。

其中，湘水流域较多(7 人)，澧水流域次之(2 人)，而沅、资二水流域则未出一人。湘水流域的分布较为均衡，反映其文化发展较为普遍，当与其开发较早有关；而澧水流域的分布都在下游，当是移民南来的结果[③]。

须加以说明的是，唐代科举考试还不够公平，士子登第与其时望

① 此数据参考过张炳生所作《唐代进士分布图》稿本。他考得 8 人，未计刘蜕。

② 《北梦琐言》卷 4。

③ 参《唐代安史之乱和北方人民的南迁》。

关系很大[①]。湖南其时缺乏高门甲第,士人仕进难度偏大。宋代采取“糊名”“誊录”“锁院”“别头试”等一系列措施,公平原则才有所保障。

但是宋、元的登科记大多已不存,仅绍兴十八年(1148)、宝祐四年(1256)、元统元年(1333)三份保留至今。此外则有明代朱希召《宋历科状元录》、清代杨庆之《历代鼎甲录》等书可资利用。然而对于湖南来说,其中入选人物过少,不足以深入讨论地域差异。笔者据《宋人传记资料索引》[②]《元人传记资料索引》[③]两书进行统计,得湘籍进士宋代149人,元代24人。

宋代149人,湘、资、沅、澧四流域分别得128、5、14、2人。与唐代相比,澧水流域的地位有所下降,而沅水流域的地位有所上升。但总体格局变化不大,东部的湘、资二水流域集中了89.3%的数量。

湘水流域中,分布相当普遍,尤以中下游最为密集,其次是上游的潇水流域,几乎只有宋代新置的数县未有分布。饶有意思的是,凡出有3人以上的县都沿潇水到湘江干流、湘赣边界两条线分布,反映出沿干流诸县和邻赣诸县有发展较快的趋势。资水流域数量较少,集中在中上游。沅、澧二水流域则都集中在下游。

元代进士的分布,湘、资、沅、澧四流域各得17、1、2、4人。沅、澧二水流域的分布都集中于中下游,犹如唐代情形。但湘水流域的分布则颇为奇特,几乎都分布在中下游右岸邻赣之地,考虑到人物数量,这一趋势更为明显,除巴陵外,三个较多的县(浏阳、醴陵、茶陵)

① 此类资料甚多,如《金华子》卷上云:“崔雍起居,甲族之子,少高令闻,举进士,擢第之后,霭然清名喧于时,与郑璟同为流品所重,举子公车得游历其门馆者,则登第必然矣。时人相语为崔郑世界,虽古之龙门,莫之加也。”(上海古籍出版社1988年版)

② 杨家骆主编,台湾鼎文书局1977年版。

③ 王德毅等编,中华书局1987年版。

都是与江西交通便利之地，这充分反映了在这一时期的湖南文化发展中，江西移民起了相当显著的作用。这种作用甚至改变了原有的文化格局，如作为一方都会的长沙，其进士反不如边境县份之多。

明清两代进士资料保存得比较完整，兹据《明清进士题名碑录索引》①进行统计。明代湖南进士共459人，湘、资、沅、澧四流域各得318、32、87、22人。湘水流域的优势非常明显，其分布普遍而均衡，以中下游的长沙、岳州二属比较密集，其中又以干流所经各县数量较多。上游除桂阳州外，各县水平都相当。

值得注意的是，与元代相比，这里分布的格局有了很大的变化。数量较多的县又分布于自潇水沿湘江干流一线。邻赣诸县中，下游宋元时相当发达的平江、浏阳至此地位大跌，而中上游仍有三县数量较多。

资水流域以中游较多，下游次之，大体也较均衡。沅、澧二水流域则都密集于下游。但引人注目的是，沅水流域中上游也已出有不少，显然与明代开发滇、黔有关。

总体来看，明代湖南各地文化普遍有所发展，以洞庭湖区的进步最为明显。这里已成为全省进士最密集的所在，表明自宋以来经济格局的变化在文化上得到体现。

清代湖南共有进士708人，数量之多，盛况空前，显示湖南文化在清代出现了长足发展。为进一步分析在清代不同时期湖南文化发展的差异，兹以包含有近代史开端（1840年）的道光朝为界，将清代分为前后两期。前期从1652至1820年，凡169年，得323人；后期从1821年至1904年，共84年，得385人。以平均每年所出进士数而论，后期为前期的2.47倍。

---

① 朱保炯，谢沛霖编著，上海古籍出版社1980年版。

分布状况,清代进士主要是出于湘、资二水中下游和沅水下游,其中以长沙、衡州二府最为密集,出现了一些密集带;湘水上游、沅水中游和澧水中下游次之;资、沅、澧三水上游较稀。

相对而言,邻赣诸县已明显衰落。各府州的密集中心大都为其附郭县,数量越多越发如此,说明宋元时期受江西移民影响很大的文化格局已经改变,代之以本地文化发展所形成的格局。

前后两期,湘、资、沅、澧四流域分别出有 244 人/311 人、30 人/39 人、41 人/29 人、8 人/6 人。与前代相比,比较明显的变化是资水流域的地位上升。在此之前,它一直比沅水流域落后,至此上升至第二位。

相对而言,四水流域后期比前期都有所发展,但速率则东西不同。东部的湘、资二水流域后期的绝对数都比前期要多,西部的沅、澧二水则有所不逮。具体说来,增长较多的是长沙、岳州二府,以县而言则首推省会长沙及善化二邑。尤值得称道的是善化,它置于宋,与长沙为双附郭县,但宋、元、明三代其文化都不够发达,进士数很少。不仅善化,就连长沙在元、明两代的人数也不够突出,清代前期双双上升为文化大县,但直到清代后期才独占鳌头。

沅水流域也有在后期绝对增加的,数量不多,意义却很重大。清代新设的永顺府及永绥、凤凰二厅,后期各出有 1、2 人,此属破天荒之举,充分反映了这些少数民族聚居区的文化发展。

纵观各代,湘水流域一直为全省数量最多分布最密的地区;沅水流域在清代以前可居第二,但到清代后期则为资水流域所超越;澧水流域除唐、元二代数量比资、沅二流域略多外,长期为数最少。湘、资二水流域一直以中游最密集,下游次之,上游较稀。沅、澧二水流域则一直密集于下游,由下游往上游渐次变稀。

第三节　湘人著作的分布

一般而言，某地文化发达，势必产生较多的文化成果。在各种文化成果中，著作是最常见、最普遍的载体形式。因此，某地产生的著作数量也是衡量其文化发达与否的重要指标。

笔者对历代湘人著作以书系人，以人系地，进行统计分析。统计依据是光绪《湖南通志·艺文志》。志中单列一书名即计一种。统计时当然进行过适当考订：(1)滥入者径自删去。如子部释家类著录《法华玄义》等42种为“华容释智顗撰”；按智顗虽为“华容”县人，但他生于梁大同四年(538)，其时华容县在今湖北省境，与今湖南之华容县无涉。(2)明显有误者直接纠正。如子部小说家类著录“唐《睽车志》一卷，浏阳欧阳元撰”；此处欧阳元即欧阳玄，为元代人，后人避清讳所改，其人《元史》有传，并有《圭斋文集》行世。处理后的统计结果如表2-3。

表2-3　湖南历代著作分布表

		郴州	永兴	兴宁	桂阳	桂东	宜章	桂阳州	嘉禾	蓝山	临武	永明	江华	道州	宁远	零陵	东安	祁阳	衡阳	清泉
三国	史																		2	
	集															1			1	
晋	史																			
	子																			
	集																			

续表

		郴州	永兴	兴宁	桂阳	桂东	宜章	桂阳州	嘉禾	蓝山	临武	永明	江华	道州	宁远	零陵	东安	祁阳	衡阳	清泉
梁	史																			
	子																			
陈	子																			
隋	子																			
唐	经																			
	史	2																1		
	子	2						1						1	1				4	
	集														2				1	
五代	史																			
	集							3						1						
宋	经							1				2		2						
	史							1						2	1	2	2	2	6	
	子							1					1	1		2		1	4	
	集	6	1								2	1	4	5	4	8		4	2	
元	经											3								
	史										1					1				
	子											1						1	1	
	集							1						1			1			
明	经	13		2	1			6			5			5		10	1		16	
	史	12	2	2	9			6			6	3		1	2	13	1	5	7	
	子	13		2	1			6			1			2	2	20	1	4	21	
	集	13	10	7	3		2	13		1	14	2		4	1	36	2	4	18	

续表

		郴州	永兴	兴宁	桂阳	桂东	宜章	桂阳州	嘉禾	蓝山	临武	永明	江华	道州	宁远	零陵	东安	祁阳	衡阳	清泉
清	经		2	17	1	9	7	4						1		15	1	5	51	5
	史		1	6	1		1	2			1	3		1		2	1	2	19	4
	子			3			3	7				1		1	2	10	2	5	35	14
	集	7	15	4	23	18	9	19	1	1	2	11		5	10	51	3	12	62	17

表 2-3 湖南历代著作分布表(续)

		衡山	安仁	酃县	耒阳	常宁	长沙	善化	湘阴	湘乡	湘潭	宁乡	益阳	浏阳	醴陵	攸县	茶陵	安化
三国	史						1			1								
	集																	
晋	史				1		3											
	子						2											
	集				1													
梁	史																	
	子	1																
陈	子	1																
隋	子	1																
唐	经																	
	史	2					4											
	子	6					6						1					
	集						3						4					

续表

		衡山	安仁	酃县	耒阳	常宁	长沙	善化	湘阴	湘乡	湘潭	宁乡	益阳	浏阳	醴陵	攸县	茶陵	安化
五代	史						1											
	集						8		1									
宋	经	3			1		2		3		3	4		1	2	1	1	
	史	6				1	6				5	2			2		3	
	子	7	1			4	8			5	2	1		1	1			
	集	6				1	12		5	1	3	2	1		1	1	7	2
元	经	3	1						1					3			1	
	史	1	1											14				
	子													1			1	
	集	1	4				2			2				3		2	5	
明	经			3	2	1	2	1			11	2	12		2	3	7	
	史	2		4	1	2	14	5	11	3	5	4	3		4	5	31	
	子	7	2	1	11	2	3	2		1	12	4	10			2	2	
	集	4	2	4	2	1	16	23	16	16	42	12	25		10	22	31	1
清	经	23	8		2	54	30	40	18	35	59	51	22	15	4	17	13	11
	史	6	4	3		24	27	27	9	18	79	33	18	11	5	2	6	8
	子	23	7	7	3	34	54	38	31	38	48	34	15	23	7	5	7	2
	集	64	34	13	3	103	213	131	117	140	367	146	103	29	35	86	76	31

表 2-3　湖南历代著作分布表(续)

		邵阳	新化	武冈	新宁	城步	巴陵	平江	临湘	华容	澧州	安乡	安福	石门	慈利	武陵	龙阳	沅江	桃源	沅陵
三国	史																			
	集																			
晋	史															1				
	子																			
	集																			
梁	史															2				
	子																			
陈	子																			
隋	子																			
唐	经											1								
	史										1									
	子	1									2					1				
	集	1									5					2				
五代	史																			
	集														1	1				
宋	经							2								5				
	史							2								2	1			1
	子							14								1	2		1	
	集	1	1					7	1		2					4	1			
元	经														1					
	史															1				
	子			9				1	1											
	集	1					1	2	1			2			2					

续表

		邵阳	新化	武冈	新宁	城步	巴陵	平江	临湘	华容	澧州	安乡	安福	石门	慈利	武陵	龙阳	沅江	桃源	沅陵
明	经	5	1	2	2		1		1	4	6	4				2	2		4	2
	史	5	1	3			7	5	4	16	6	1	3	1		22	2		7	3
	子	12	2	6	3			3	2	7	1	8		1	1	11			3	
	集	40	15	6	13	1	18	17	6	41	33	12			3	38	10		24	11
清	经	26	66	10		2	24	21	3	3	6	28	1	2	1	22	3	4	2	2
	史	19	42	1		1	7	8	3	2	7	10		5	1	22	3		1	
	子	39	37	9			5	21	2		1	12	1	3	1	16	2			
	集	76	121	19	4	2	28	81	9	11	20	37	4	1	8	69	39	3	17	13

表 2-3 湖南历代著作分布表(续)

		泸溪	辰溪	溆浦	芷江	麻阳	黔阳	靖州	会同	通道	永顺	保靖	桑植	龙山	永绥	乾州	凤凰	晃州	合计
三国	史																		4
	集																		2
晋	史																		5
	子																		2
	集																		1
梁	史																		2
	子																		1
陈	子																		1
隋	子																		1
唐	经																		1
	史																		5
	子																		27
	集																		17

续表

		泸溪	辰溪	溆浦	芷江	麻阳	黔阳	靖州	会同	通道	永顺	保靖	桑植	龙山	永绥	乾州	凤凰	晃州	合计
五代	史																		1
	集																		15
宋	经																		33
	史																		45
	子						1												59
	集																		96
元	经																		13
	史																		19
	子																		16
	集							1											32
明	经				1			1											143
	史		1	1	1			3											255
	子				4			2											195
	集	1	11	4	9		5	2											677
清	经		1	15		2	13		4					2					793
	史		2	9				1	1										469
	子			3	2		5	1	2					1					622
	集	2	15	33	7	2	7	3	10	1	4	3	2	2	3	6	12	2	1014

资料来源：据光绪《湖南通志·艺文志》，以书系人，以人系地加以统计。

表中所列数据始于三国。此前湘人亦偶有著作。据《汉晋文化地理》所考，西汉长沙国出有诗赋略 1 种，东汉桂阳郡出有子部 1 种[①]。

---

① 《汉晋文化地理》第 511、525 页。

光绪《湖南通志》均未著录。

各代的著作总数分别为:三国 6 种、晋 8 种、梁 3 种、陈 1 种、隋 1 种、唐 50 种、五代 16 种、宋 233 种、元 80 种、明 1270 种、清 2898 种。其中可以分为两大阶段:五代以前各代数量都在 100 以下徘徊;宋代以后数量较多且逐代稳步增长。

兹以公元 618、907、960、1279、1368、1644 年分别作为唐、五代、宋、元、明、清各朝的起点,以该志刊刻之年光绪十一年(1885)作为清代资料的下限,则各朝平均每年所出书的种数为 0.17、0.30、0.73、0.9、4.6、13.5,增长的趋势十分明显。而且,基本上每两个数字为一组,每组之间呈跳跃式上升,昭示湖南文化的发展可分唐五代、宋元、明清三个阶段,每一阶段的发展速度越来越快。

三国时期所出书,分布于零陵、烝阳、临湘、湘乡四地,都在湘水中上游。作者为周不疑、刘巴、桓阶、蒋琬。这些著作未见于清人姚振宗《三国艺文志》及侯康《补三国艺文志》。《湖南通志·艺文志》史部四谓于唐以上人皆据本传所载登录。

晋代湘水流域为临湘、耒阳,除此之外,又增加了沅水下游的临沅。南朝到隋,分布范围并未扩大。湘水流域为衡山一地,沅水流域仍为临沅。

唐代的湘人著作有着明显的发展。此前各代都缺少经部著作,直到此时才出现经、史、子、集四部齐全的种类结构。这个迹象颇具意义,经部是儒家文化的理论结集,湖南固非儒家文化策源地,汉代循吏播化于此,湘人从此熏沐华风,但长期无人钻研著述,似乎表明儒家文化的主导地位在湖南尚未确立。唐代湖南开始有经部著作,应该是个变化的标志。著作的分布范围,唐代已扩展至湘、资、沅、澧四流域,尽管仍以湘水流域为主。其中湘、资流域以中上游较多,沅、澧流域则都在下游。五代的格局与此相仿。

宋代以还，湘人著作进入了一个全新的阶段。一方面，总量到宋代才渐次丰富起来。另一方面，地域分布到宋代才遍地开花。

具体说来，宋代湘人著作分布，湘水流域主要分布于中游及上游潇水流域。以各州而言，基本上集中于潭、衡、道、永、岳五州；以各县而言，则以长沙、平江、衡山三县最多。这些州县不仅在整个流域中较为突出，就是在全省也居前列。资、沅二水流域都分布在中下游，上游均为空白。澧水流域分布于中下游的州治。以政区而言，仅鼎州数量较多。

元代湘人著作总数不多，分布范围也较宋代为窄。湘水流域的分布格局仍与宋相仿，但具体分布地点则有明显变化，以中下游邻赣诸县最为突出。如浏阳、茶陵、平江，为全省较多的三县，而长沙的数量却显得平平。资水流域都分布于中上游，沅水流域则一在上游靖州、一在下游武陵，澧水流域都分布于下游。以数量而言，除武冈外，都比较少。

明代以后，无论是著作数量还是分布格局都到了一个更高的水平，著作分布的地点为宋代两倍有余，四水流域中都是由下游向上游渐次变稀。

湘水流域中，以长沙、岳州二府最为密集，总数分别占全省20%、10%，以县平均书数而言，分别为25.4及33种。中上游各府州总数比例和县平均数都差别不大，两类数分别为9%和16%左右。

资水流域密集于中上游，水平与湘水流域相当。沅、澧流域都密集于下游，由此向上游递减。常德府的水平较高，与岳州相当；澧州水平比湘、资中上游略次，而沅水中上游各府州最差。

清代湘人著作数量比明代又有较大上升，出书上百种的县屡见不

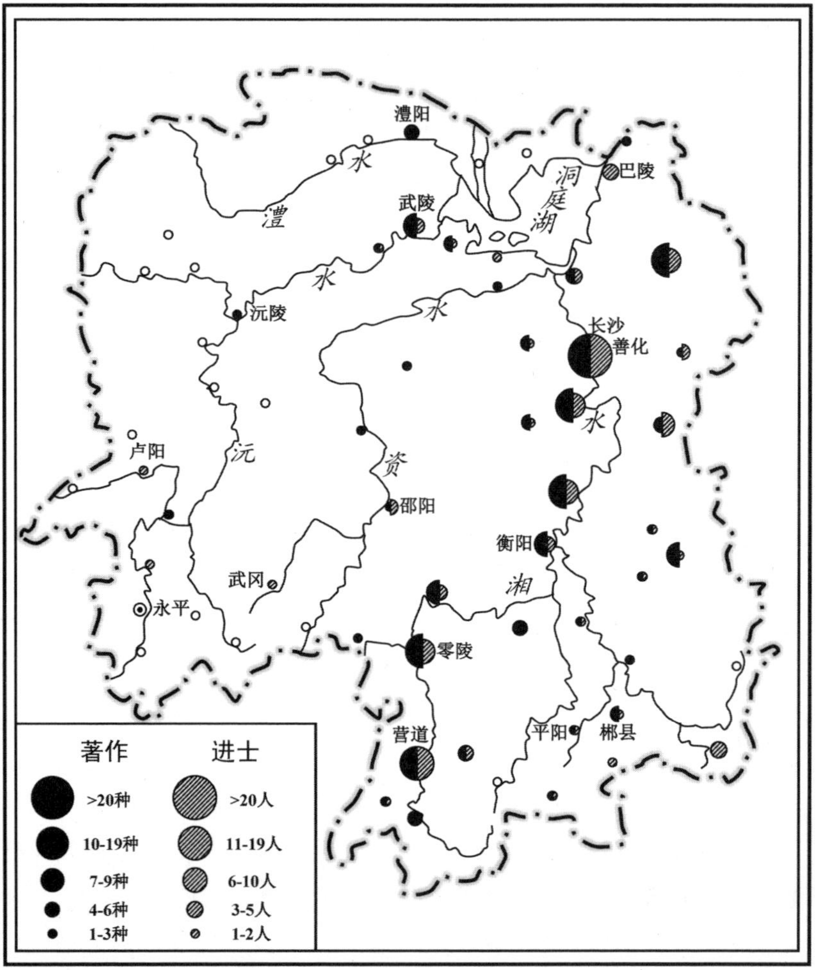

图 2-1　湖南宋代著作进士分布图

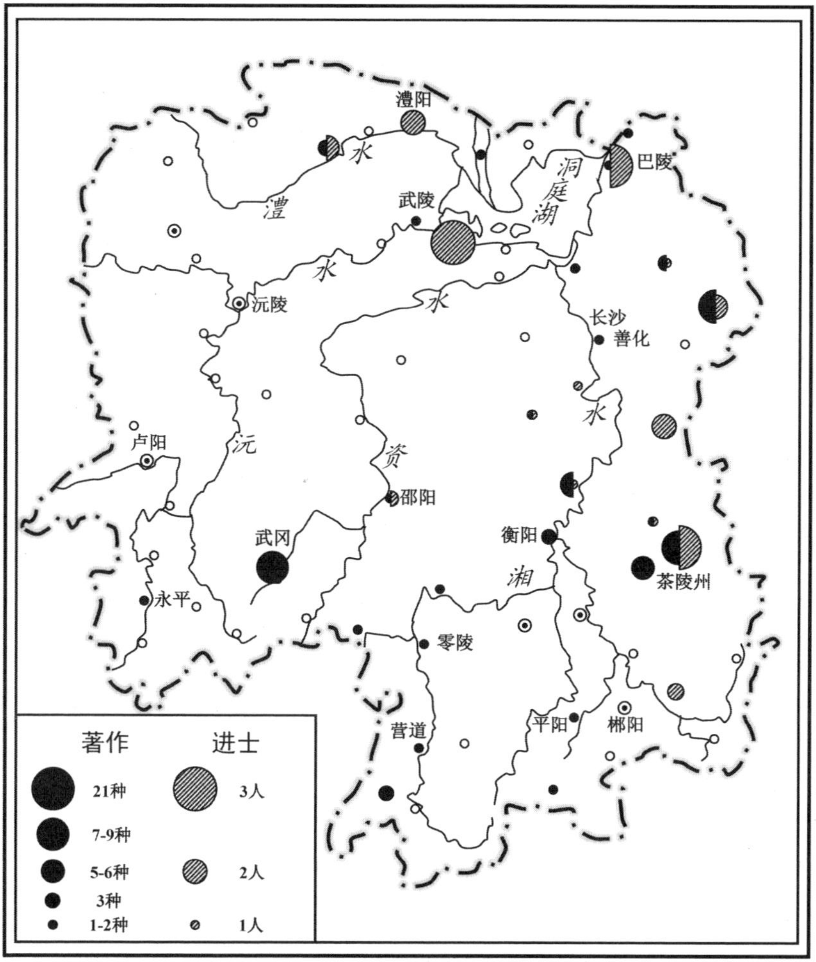

图 2-2　湖南元代著作进士分布图

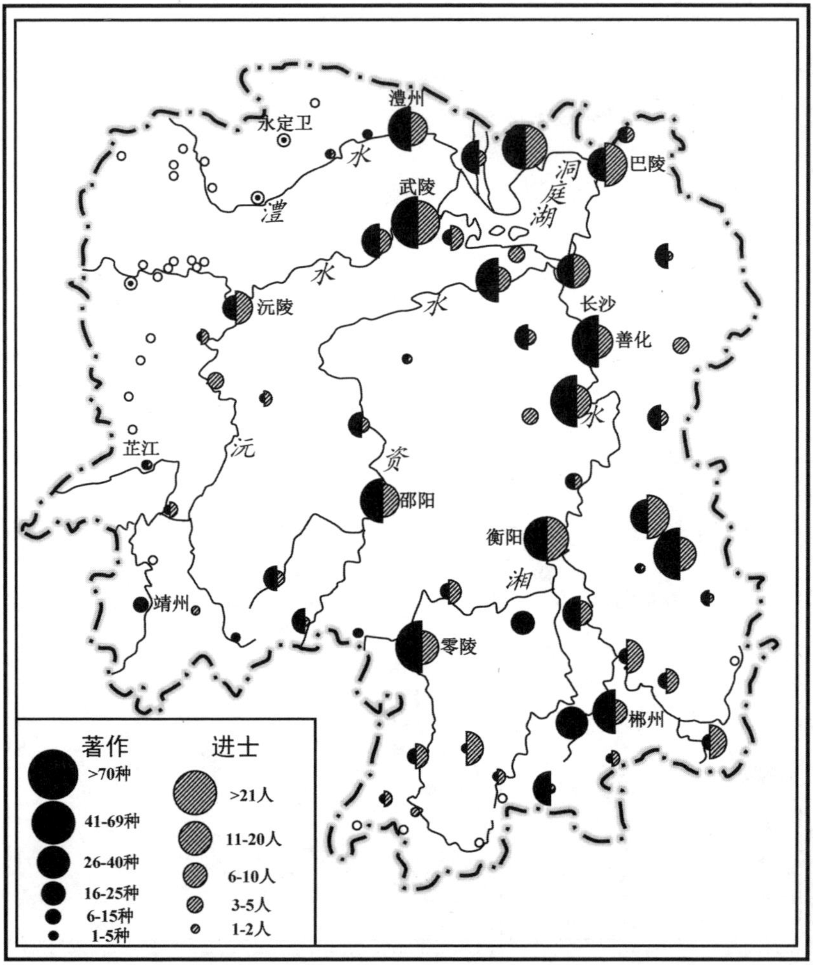

图 2-3　湖南明代著作进士分布图

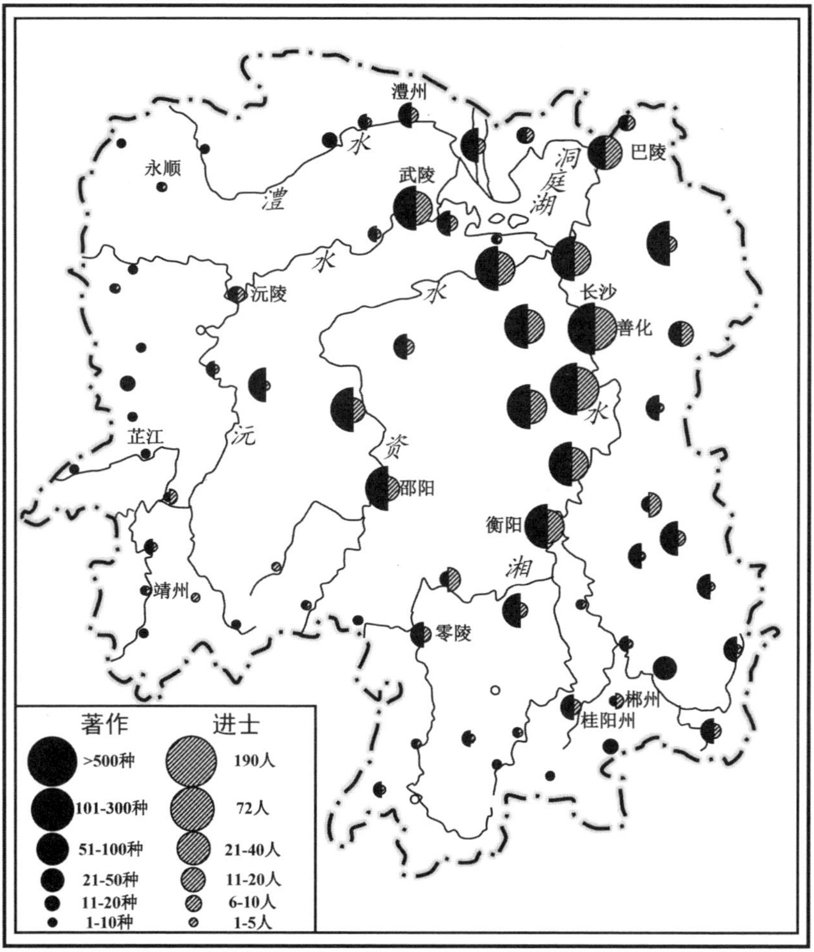

图 2-4　湖南清代著作进士分布图

鲜,最多的长沙、湘潭均在500种以上[①]。分布格局与明代无异,四水都以下游较为密集,由此向上游渐次变稀。每个府州中都有一个出书数量比较集中的县,一般而言都不是该府州的附郭县,只有少数例外。

上述乃就时代而言,若以地域论之,则湘水流域出书始于三国,为全省最早;沅水流域始于西晋;资、澧二流域都始于唐。湘水流域在数量上始终都占绝对优势,其余依次是沅、资、澧水流域。就分布格局而言,湘、资二水流域历来以中上游为最密集,其中湘水流域在宋代以前上游比下游密集;沅、澧二水流域则历来由下游向上游渐次变稀。

第四节 湖南藏书与刻书的分布

一个地域的藏书数量,可以直观地显示其文化底蕴。而出版事业,作为文化成果流通和积累的基础,对于衡量一个地方的文化发达程度也极为重要。这两者互相关联,可以说是一个地方文化设施中最基础的两项指标。本节对湖南历史上的藏书和刻书状况加以探讨。

一、藏书

在论述湖南历代的藏书情况之前,有必要对全国的发展大势作一鸟瞰。

明人胡应麟曾经写道:“魏晋以还,藏书家至寡,读《南》《北史》,

---

① 此处长沙数量为长沙、善化二县之和。

但数千卷率载其人传中。至《唐书》所载，稍稍万卷以上，而数万者尚希。宋世骤盛，叶石林辈弁山之藏遂至十万。”这段话可以说把历代藏书的数量发展大势作了一个提纲挈领的回顾。至于其间原因，他也作了分析：“盖雕本始唐中叶，至宋盛行，荐绅士民有力之家，但笃好无不可致，往往宋世书十卷，其直仅可当六朝一。”[①]就是说，他认为雕版印刷术的发明、应用，是宋代以后藏书数量急速提升的根本原因。明清以后，印刷业进一步发展，藏书规模大大扩展，数十百万者屡见不鲜，藏书事业又进入了一个新的阶段。

宋代以前，湖南藏书家罕见史传，见于记载者自宋始。宋代湖南藏书家有如下五人：

朱昂，字举之，其先京兆人，父葆光“乐衡山之胜，遂往家焉”。朱昂“前后所得俸赐，以三之一购奇书，以讽诵为乐”，有“小万卷”之目[②]。

浏阳李氏遗经阁，三代藏书。杨万里为之记云“遗经阁者，潭之浏阳李氏庋书之地也；重修者，李君之传也……成于隆兴甲申(1164)者，之传乃祖致政君彦从暨乃父德广也……既扁之以三大字，复与侍讲南轩先生张公数十人赋诗以华其纪者，今待制侍讲晦庵先生朱公也”，不苟于厄，淳熙(1174—1189)间改筑，“有日矣，而父祖相继以逝”，绍熙癸丑(1193)始克落之，“牙签万轴，漆书万卷”。致政君名作乂，德广名日南，之传字梦符，“盖三世以学行有称于州里云”。[③]

长沙张用道，字梦卿，建有万卷楼。刘将孙为之撰《长沙万卷楼记》，有曰：“近数十年几不复闻斯文传说佳话，当兴运不宜尔，岂海内

① 《少室山房笔丛》卷4。
② 《宋史·朱昂传》。
③ 杨万里《诚斋集》卷75《李氏重修遗经阁记》。

无好事者，寂寂至此耶？一日，闻长沙新有建万卷楼、藏书如其名者，岂非伟特风致可流传诵咏者哉？又久之，问知楼主人为前管军总管张侯。”①

陈宗说，茶陵人，建汲古阁，藏书万卷。②

谭知言，零陵人，尝筑一堂，丛书于间。③

上述诸人，朱昂、李子传、张用道三位声名稍著，但其藏书在当时的全国并不具有重要地位。宋人周密说：“宋承平时，如南都戚氏、历阳沈氏、庐山李氏、番阳吴氏、王文康、李文正、宋宣献、晁以道、刘壮舆，皆号藏书之富。邯郸李淑五十七类二万三千一百八十余卷，田镐三万卷，昭德晁氏二万四千五百卷，南都王仲至四万三千余卷，而类书浩博，若《太平御览》之类，复不与焉。次如曾南丰及李氏山房亦皆一二万卷……至若余乡故家如石林叶氏、贺氏，皆号藏书之多，至十万卷。其后齐斋倪氏、月河莫氏、竹斋沈氏、程氏、贺氏，皆号藏书之富，各不下数万余卷……近年惟直斋陈氏书最多……至五万一千一百八十余卷。”④这段话中提及的藏书名家，无一在湖南境内，而且从其称引的藏书量来说，也远比湖南诸家为多，由此可知湖南的藏书在当时全国可谓是普通水平。

尽管如此，这对于湖南，意义却很重大。宋代以前，湖南地区藏书甚少，以致未有藏书家见诸史籍⑤。宋代毕竟出现了藏书家，无疑

---

① 刘将孙《养吾斋集》卷21。

② 《宋元学案补遗别附》卷2，《四明丛书》约园刊本。

③ 《诚斋集》卷75《谭氏学林堂记》。

④ 《齐东野语》卷12，中华书局1983年版。

⑤ 关于这点，还有一条资料可供参考。《续资治通鉴长编》卷19载：“建隆初(960)，三馆所藏书仅一万二千余卷，及平诸国，尽收其图籍，惟蜀、江南最多，凡得蜀书一万三千卷，江南书二万余卷。”(上海古籍出版社1986年版)则湖南图籍之少一目了然。

是当地文化上的一大进步。藏书数量在全国虽不为多,但当时藏书上万卷也颇为不易,从上述李、张二人所受到的称道可以看出。

上述五人的分布,都在湘水流域,尤以中下游的潭州境内较集中(4 个),其中两家为邻赣县(浏阳和茶陵),反映了宋代邻赣诸县文化较为发达的现象。

宋代邻赣诸县较为发达的格局在元代依然如此。从藏书家的分布来看,宋代诸家多已失传,而浏阳李氏则仍较闻名。时人咏道:“湘浏望族陇西李,四百余年业诗礼。藏家无金惟有经,建阁储之付孙子。子孙相继百年中,阁毁而复兵再毁。”但“传经有人岂终废”,于是“又见翚飞矗云起”①。

湖南出现在全国较为著名的藏书家,已是到了清代后期。据叶昌炽《藏书纪事诗》②所著录,湖南有刘康、袁芳瑛、方功惠三人,分别为宁乡、湘潭、巴陵人。其中尤以袁、方二人藏书规模较大。近人龙绂瑞称“湖南藏书故家首推湘潭袁漱六先生,所藏多宋元精椠”,而其“次则岳州方柳桥先生”③。

这三位全国级别藏书家的出现,反映了湖南文化的巨大进步。此前湖南藏书家在全国一直没有什么地位,宋代的情况已如上述。明代胡应麟说:“今海内书凡聚之地有四,燕市也、金陵也、阊阖也、临安也。闽、楚、滇、黔则余间得其梓,秦、晋、川、洛则余时友其人,旁诹阅历,大概非四方比矣。”④可见湖南仍不足挂齿。到清后期竟出现了全国知名的藏书家,这不能不说,湖南文化发展到此时,已经是大非

---

① 《至正集》卷 40《题原功舅李氏遗经阁》。

② 上海古籍出版社 1989 年版。

③ 《武溪杂忆录》,载《湖南文献汇编》第一辑,湖南文献委员会 1948 年印行。

④ 《少室山房笔丛》卷 4。

昔日可比了。

清代三位藏书家都分布在湘水中下游,与宋代相比,更靠下游,其中仍以长沙府居多。值得注意的是,长沙本身一直没有成为湖南的藏书中心。

二、刻书

古代的出版业主要是刻书。关于其地理分布,张炳生曾画过《南宋刻书业分布图》《明代印刷业分布图》[①]。由于采用竭泽而渔的资料处理方式,这一专题已无多剩义。本文据之对湖南在南宋、明代两个时期的刻书业分布略作述论。

南宋湖南的刻书业,分布于湘、资、沅三水流域,以湘水流域最广(5县),资水流域次之(2县)。若以数量看,则资水流域为最(103卷),湘水流域反而次之(92卷)。两项指标都以沅水流域较差(1县,12卷)。

湘水流域的分布,除茶陵外都分布于湘水干流一线。分别为零陵(32卷)、衡阳(30卷)、长沙(10卷)、湘阴(8卷)、茶陵(12卷)。资水流域和沅水流域则都在上游。资水流域为邵阳(23卷)、武冈(80卷)。沅水流域仅分布于沅州(12卷)。值得注意的是只有茶陵一地为私家所刻,其他均为官刻。似乎表明邻赣地带文风较盛。

明代湖南的印刷业仍分布于湘、资、沅三个流域,分别有5、1、3县。数量分别为71、4、8卷,澧水流域仍为空白。湘水流域为长沙(39卷)、衡阳(10卷)、零陵(8卷)、郴州(10卷)、巴陵(4卷),资水流域为邵阳(4卷),沅水流域为武陵(4卷)、沅陵(2卷)、靖州(2卷)。

---

① 笔者所见均为稿本。

与南宋相比，明代湖南刻书业分布的变化显然有四点：一是资水中游由最多变得最少；二是沅水中、下游由空白变得各有一地；三是长沙跃居全省之冠；四是郃赣县已没有分布。

还需要指出的是，无论南宋还是明代，湖南刻书业在同期全国都不具有重要地位。

第五节　湘籍学者的分布

如果说，各种文化层次的人在社会上构成一个金字塔，那么，学者作为塔尖人物，其数量多寡可谓是一个地方文化水准的直接标志。本节对历代湘籍学者的分布作一论述。

湖南之有学者，始于唐代。《旧唐书·儒学传上》列有欧阳询、欧阳通父子，潭州临湘（今长沙市）人。传称询"聪悟绝伦，读书即数行俱下，博览经史，尤精三史"，在隋代就曾任太常博士。现在按一般的认知，欧阳询是一位大书法家，传称"询初学王羲之书，后更渐变其体，笔力险劲，为一时之绝。人得其尺牍文字，咸以为楷范焉"。其声名在当时就远播域外，"高丽甚重其书，尝遣使求之"。但在当时，欧阳询的身份是一位学者，"官至太子率更令、弘文馆学士"。其生平主要事业是武德七年（624）奉诏"与裴矩、陈叔达撰《艺文类聚》一百卷"。此书至今仍有流传。其子欧阳通则并无文化业绩，显然是附骥而入传的。

尽管有《艺文类聚》行世，欧阳询在学术上对后世的影响其实甚微。南宋时，张栻就说："湘人以学重于天下者，自濂溪始。"濂溪为北宋周敦颐号，道州营道人。但"濂溪之学不传于湘"[①]。而且濂溪之学

① 王原一《王九溪先生年谱叙》，载《湖南文献汇编》第二辑，湖南文献委员会 1949 年印行。

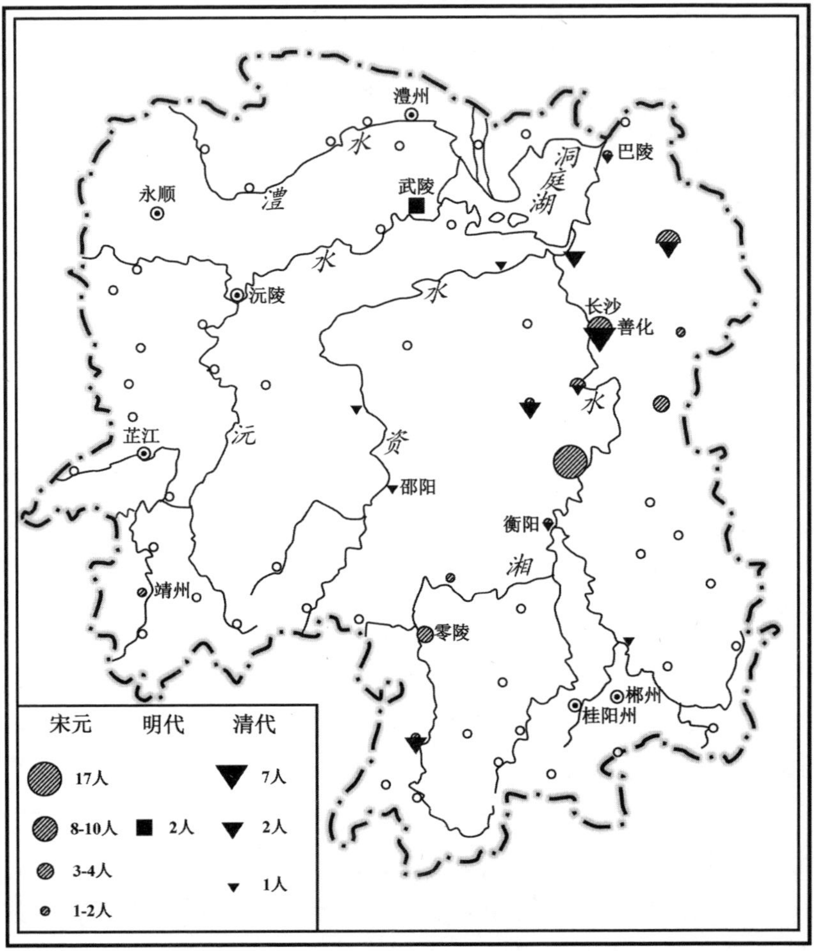
澧州
洞庭湖
巴陵
永顺
武陵
澧水
沅水
沅陵
长沙
善化
资水
湘水
芷江
沅
邵阳
衡阳
靖州
零陵
郴州
桂阳州
宋元
明代
清代
17人
7人
8-10人
2人
2人
3-4人
1人
1-2人

图 2-5 湖南学者分布图

在当时影响也不大，身后才被推为理学开山祖。张栻认为："先生仕不大显于时，其泽不得究施，然世之学者考论师友渊源，以孔孟之遗意复明于千载之下，实自先生发其端。"[①]清人全祖望注意到，尽管"濂溪之门，二程子少尝游焉"，然而"二程子终身不甚推濂溪"，直到南宋，"晦翁、南轩始确然以为二程子所自出，自是后世宗之"[②]。

宋室南渡以后，湖南学者数量大增。《宋元学案》中载有湖南学者56人，大多为南宋人，并形成一个"湖湘学派"，表明南宋时期湖南文化出现了较大发展。

湖湘学派学者的地域分布极不均衡。除1人出于沅水上游的靖州外，其余55人全部分布于湘水流域。并且又集中于湘水中下游，湘水上游只分布于干流一线。以州而言，潭为最（36人），岳次之（12人），永又次之（5人）。以县而言，则衡山（17人）、平江（10人）、长沙（8人）较为突出。

明代湘籍学者又很稀少。《明儒学案》中只有2人，均武陵人，王阳明弟子。内中冀元亨尤为乃师所称道："忠信之行，孚于远迩，孝友之德，化于乡闾。"[③]

清代湘籍学者数量再度大增，据王妙发《清代学者分布图》的研究结果，得23人[④]。关于清代湖南学术的发展，梁启超曾有过一番概述。"自衡阳王船山夫之以孤介拔俗之姿、沉博多闻之学，注经论史"，巍然为一代大师，但因"与东南文物之区不相闻问，门下复无能负荷而光大之者，是以其学不传。自兹以往百余年间，湖南学者无述

---

① 张栻《南轩集》卷10《道州重建濂溪先生祠记》。
② 《宋元学案》卷11，中华书局1986年版。
③ 《阳明全书》卷17《咨六部伸理冀元亨》，《四部备要》本。
④ 笔者所见为稿本。

焉。逮嘉庆中,然后邵阳魏默深源崛起”,此后,道咸之间,“湘学之名随湘军而大振”①。这一观察揭示了湖南文化在清代的发展轨迹。

至于清代湘籍学者的空间分布,湘、资、沅三水流域依次有19、3、1人,分布于9、3、1县;澧水流域为空白。湘、资、沅三流域均集中于中下游。以府而论,长沙为最(13人),岳州次之(3人),宝庆(2人)复次。按县而论,则仅长沙、善化较为突出(共7人),其余均只1、2人。但湘水中下游的长沙、善化、湘潭、湘乡、湘阴、平江、巴陵诸县连续分布,且总数较多(共15人),形成一个密集地带。

第六节　湖南文化发展的时空过程

以上五节利用统计数据对湖南历史时期的各项文化指标作了时空分析,现在利用文献资料,对湖南各地文化发展的空间格局加以探讨。

从前面的统计数据中可以看得很清楚,湖南的文化发展一波三折,经历了三个阶段:从东汉到晋代,稳步向前;南朝到隋,出现倒退;唐代以后,再次上升,而且逐波上涨。这是指发展趋势。如果考虑到发展水平,则五代以前湖南各项文化指标数值一直很低下,宋代以后不断进步,但直到清中叶以后才在全国具有一定地位。其水平上升也经历了三个阶段。

这样一个发展经历,与湖南的区域开发过程是息息相关的。从东汉到西晋,湖南的开发逐步加速;南朝到隋,开发停滞倒退;唐代有所恢复,宋以后不断加速。文化发展完全是这一趋势的直接反映。

---

① 梁启超:《近代学风之地理的分布》,见《饮冰室合集》第五册,中华书局1989年版。

而就经济水平而言，湖南在唐以前一直地旷人稀；宋元时期，外地移民大规模进入；明代以后，经济开发才臻于成熟。文化水平的升降始终受到它的制约。

以下分五代以前、宋、元、明、清五个阶段，展开探讨。

一、五代以前：区位、交通与文化起步

五代以前，湖南的文化格局一直相当稳定。各项文化指标，湘水流域占绝对优势，沅水流域次之，资、澧二水流域较弱。各流域中，湘、资二水流域以中上游较为发达，沅、澧二水流域则以下游较为先进。

这样一个文化格局，显然是由其经济开发过程决定的。而这样一个开发过程，又深刻地受到了区位条件和交通的影响。以下按流域分别加以检讨。

1. 湘水流域

作为湖南自然条件最好的地区，湘水流域的开发出现得最早。秦汉时期在湖南的置县，沿湘江一线分布最多，尤其濒临南岭的耒水、潇水流域最为密集，可谓明证。

湘水流域这样一个开发格局，当与秦代经略岭南有关。此地控扼中原与岭南间的交通咽喉。《淮南子》载秦始皇分兵五道攻取南越，其中四道在湖南，而三道在湘水①。汉初与南越对峙，此地仍是战

---

① 《淮南子·人间训》曰：秦始皇“使尉屠睢发卒五十万，为五军，一军塞镡城之岭，一军守九疑之塞，一军处番禺之都，一军守南野之界，一军结余干之水，三年不解甲驰弩。使监禄无以转饷，又以卒凿渠而通粮道”。（《诸子集成》本）这里明确讲到的交通为四道，“塞镡城之岭”为沅水一道，“守九疑之塞”为湘水上游潇水一道，“守南野之界”为江西赣水一道，“凿渠而通粮道”为湘江上游灵渠一道。另外“处番禺之都”一军行走路线不明，徐俊鸣《广州史话》以为“很可能是从骑田岭隘和连江下来的”（上海人民出版社 1984 年版，第 37 页）。此说甚为有理。如此，则该道在湖南境内系取道湘江上游耒水一道。

略要冲,朝廷自然着意经营。此后整个湘水流域即逐步向下游开发,政区分设也就逐渐向下游展开。

在湘水上游,又以东部耒水流域文化发展较早。其间原因,当属此地为全国南北交通干线所经,在地利上得天独厚。据《汉桂阳太守周府君功勋铭》记载:桂阳“郡又与南海接比,商旅所臻,自瀑亭至乎曲红,一由此(泷)水”[①]。后汉建初八年(83),郑弘为大司农,鉴于以往“交趾七郡贡献转运,皆从东冶(今福州市)泛海而至,风波艰阻,沉溺相系”,郑弘“奏开零陵、桂阳峤道,于是夷通,至今遂为常路”[②]。其中两个峤道,显然是过峤之后即取道耒、潇二水。

显然是正因为交通便利,后汉在桂阳郡推行教化的循吏特别多。除上一章第三节所述卫飒、茨充、许荆三位外,还有一位栾巴。汉顺帝时,栾巴迁桂阳太守,“以郡处南垂,不闲典训”,巴“为吏人定婚姻丧纪之礼,兴立学校以奖进之,虽干吏卑末,皆课令习读”[③]。有这么好的交通条件,又先后有这么多循吏教化,当地文化想要不进步也难。

潇水流域的零陵郡,文化起步比桂阳郡稍晚。它在后汉的文化水平有所不及,但其开发速度令人瞩目。由于上述零陵峤道的开通,此地交通状况改善很快,后汉时省境普遍接受的移民以此为最多。故三国时期其文化便得以发展,出有人物和著作。

湘水中游的文化发展主要沿干流一线。此地为交通孔道,《南齐书·州郡志》称:“湘川之奥,民丰土闲。”所谓民丰,表明此地农业经济水平不错。长沙尤为一方都会,故发展较早,人物和著作分布相对较为密集。南朝时期随着湖南开发的倒退,文化也陡然下坠,而湘水

① 见《水经注》,巴蜀书社 1985 年版,第 587 页。
② 《后汉书·郑弘传》。
③ 《后汉书·栾巴传》。

中游凭借长沙都会和南岳名山的独特条件，文化发展不绝如线。

直到唐代，湘水中上游仍然是整个流域乃至全省开发较好、经济较为发达的所在。王昌龄谓："郴土群山高，耆老如中州。"[①]刘禹锡则称："潇湘间无土山，无浊水，民乘是气，往往清慧而文。"[②]所谓潇湘间，当然主要指湘水中上游。

2. 沅、资、澧流域

沅水流域虽然也与湘水流域一样是秦代进军岭南的交通路线，但中上游河谷狭窄，地势险峻，交通并不方便。相反，其下游平原广阔，自然条件相对较好。又地处要冲，南北、东西向的交通都很发达，从而开发较上游早。这里大规模的开发也始于东汉，接受的移民相当可观，当时民族矛盾的激化，应该正是移民造成的结果。因此三国以后其文化便有明显进步，陆续出有人物和著作，在省境西部最为密集。

尽管近年的考古发现表明，澧水流域早在春秋时便逐渐纳入了楚国的范围。由于地缘近便，其接受楚文化在湖南可谓最早。然而秦统一天下后，此地却并未表现出任何文化上的先发优势。与资水流域一样，澧水流域范围不大，直到三国才单独立郡；其在文化指标上有所表现，已是到了晋代。

所不同的是在流域的地面结构中，资近湘而澧似沅。资水流域位置偏僻，中上游与下游的交通还不如与湘水中上游便利，故其发展深受湘水流域影响，也以中上游较早。而澧水流域的发展与沅水流域相仿，也以中下游为先。

---

① 《全唐诗》卷 140《出郴山口至叠石湾野人室中寄张十一》。

② 《全唐诗》卷 362《海阳湖别浩初师并引》。

澧水流域与湖北交通非常便利,南朝和中唐陆续接受了北方移民,发展速度相当之快。在唐代,其文化且有凌驾沅水下游之势,人称:“郡从兵乱年荒后,人似开元天宝时。”[①]

总体来说,五代以前的湖南文化相当落后,不仅统计数据可以表明,文献记载也有生动说明。《隋书·地理志》曰:“长沙郡又杂有夷蜒,名曰莫徭”,“武陵、巴陵、桂阳、澧阳、衡山、熙平皆同焉,其丧葬之节颇同诸左”;沅陵郡更是“多杂蛮左”,说明当时湖南境内普遍杂有蛮左,居民汉化程度不高。直到“唐末五季,湖南编户,风化凌夷,习俗暴恶,思见儒者之道”,而又“经籍缺少”[②]。其整体文化水准之落后可想而知。

二、宋代:官吏兴学与移民加成

入宋以后,湖南的开发进入了一个新的历史时期。经济不断发展,文化也逐渐进步。这里面,驱动力主要来自两个方面,一是官方的文化政策,二是移民的促进。

宋代在文化上的一大举措是完善了科举考试制度,并且比唐代扩大了取录名额。从而让科举制度成为社会阶层流动的阶梯。由此,整个社会形成崇尚文教的风气。

早在宋初,宋太祖就对包括湖南在内的边远地区士子赴试给予照顾,下诏对西川、山南、荆湖等道荐送的举子给往来公券,以解决其资用或缺的问题[③]。此举当然让湖南士子受惠,不过惠及面有限。真

① 《舆地纪胜》卷70澧州引戎昱句,江苏广陵刻印社1991年版。

② 欧阳守道《巽斋文集》卷7《赠了敬序》。

③ 《全宋文》卷5宋太祖《西川山南荆湖等道所荐送举人给往来公券诏》,巴蜀书社1988年版。

正泽被湖南全域，让各地文化因之得到普遍发展的，是宋仁宗的兴学之举。庆历四年(1044)三月，宋仁宗采纳范仲淹、宋祁等人的建议，“诏天下州县立学”[①]。这一政策得到全面贯彻，时人感觉“州县无大小咸得立学”[②]。自此湖南的文教设施大为改善，文化发展走上一个快速通道。

此前，湖南在五代后期已建有岳麓书院。乃麓山寺二僧人，“割地建屋以居士类”[③]。表明在湖南，社会上早就有培植文教的意愿。但这在空间上只是一个点而已。仁宗兴学后，各地闻风而动，这才形成面状的铺开。不过终北宋一代，不知是否原有基础过于孱弱，湖南文化起色无多。各地兴学资料表明，其到南宋才得以长足进步。兹分地域进行缕析。

1. 湘水流域

湘水流域的中心潭州，当然是湖南全域文化基础最好的所在。此地在庆历四年(1044)便“始建学于定王台之北”。治平二年(1065)，因其“地卑且居西北偏”，地方官又将其移至城东南隅[④]。在建炎兵中遭到毁坏，绍兴六年(1136)，官方又重建[⑤]。乾道五年(1169)进士王炎自称曾“备员长沙郡文学，同舍聚而处者千指，而七闽黄梦符在焉”[⑥]。所谓“千指”，意指百人。作者还在另一篇文章中称长沙泮林“士肄业者逾百员”[⑦]。王为婺源人，从他与七闽的黄梦符

---

① 《宋史·仁宗纪三》。
② 《鹤山集》卷49《潭州州学重建稽古阁明伦堂记》。
③ 《巽斋文集》卷7《赠了敬序》。
④ 《鹤山集》卷49《潭州州学重建稽古阁明伦堂记》。
⑤ 《潭州州学重建稽古阁明伦堂记》。
⑥ 王炎《双溪类稿》卷24《送黄梦符序》。
⑦ 《双溪类稿》卷24《送彭云翔序》。

备员长沙郡文学,似可推知长沙郡学在当时全国已颇有影响。

从史料中还可以看到,南宋时潭州的学校按水准分为三级,构成一个有机体系。“州学生月试积分高等,升湘西岳麓书院生;又积分高等,升岳麓精舍生”,潭州人将这些士子称为“三学生”。并且形成了“潭士以居学肄业为重”的社会风气。①

不仅州城学校规制大张,潭州属下县学也屡有修建。如湘阴县学建于元祐(1086—1093),迁于崇宁(1102—1106),到南宋淳熙(1174—1189)时复建。之后因其位置滨江,“水潦所及,又基址迫隘,介乎馆驿民廛之间”,至景定五年(1264)又尽撤而改建②。这期间,乾道四年(1168)徐梦华知湘阴县,“增葺学宫,严设祠像、祭器、书籍,以次而举选士主之,湘阴于是始兴于学矣”③。这一资料也许不无溢美之嫌,但徐氏此举于当地兴学颇为有利,则是无可置疑之事。

湘水中游的衡州,文教勃兴,石鼓书院的建立,尤堪称儒林盛事。张栻、朱熹均有记文入其文集。刘克庄诗云:“石鼓名天下,州庠尽不如。”④而循吏教化,更是推波助澜,南宋时方应龙铨选于此,“以衡人士多执经授业于其门者,不忍舍其师去,相率裒金买宅一区以家之”⑤。这一事例,反映了衡州作为名山、名书院所在,具有一定的文化吸引力。

耒阳为衡属大县,地当交通要道,自后汉至南朝其地在文化上已颇有表现。孙吴时此地出有九真太守谷朗⑥。撰有《湘中记》,被桓温

---

① 《宋史·尹穀传》。

② 《巽斋文集》卷17《潭州湘阴县学记》。

③ 楼钥《攻媿集》卷108《直秘阁徐公墓志铭》。

④ 《后村先生大全集》卷6《石鼓》。

⑤ 王迈《臞轩集》卷11《莆阳方梅叔墓志铭》。

⑥ 其墓碑《吴故九真太守谷府君碑》为中国书法史上名碑,今存耒阳县城。

誉为“江左之秀”的罗含亦此县人[①]。宋末文天祥称:“按,衡进士姓名可考者,自祥符省元郑向而始。景祐八人俱擢第,郡人侈为浑化,时耒阳居其三;嘉定郡贡十八人,耒阳又半之。”[②]由此可见耒阳科名之盛。

与耒阳相比,衡之安仁乃蕞尔小邑,系北宋时所置,到南宋时竟也有儒风蔚然兴起。绍兴初(1131),周必大之叔父“令衡之安仁,与邑人谷概世平善”,之后谷世平之孙谷若霖便数次赴庐陵与周必大交游[③]。

潇水流域的永州,文风较盛。杨万里称有“零陵谭氏世儒其业”[④]。胡寅说,“永之属邑三,惟东安在西,重山复岭间,境与峒獠接。其风俗鄙陋,无足怪也”,但其县学在宋代也曾数次修建[⑤]。祁阳的情况更有意思,其“县东有先圣庙,与浮屠氏居为邻,浮屠氏怀侵奄之计已久,几废而他徙者屡矣,赖二三学子力争而护存之”[⑥]。表面看来,祁阳县学在佛寺的压迫下简直危乎殆哉,然而每次都有二三学子“力争而护存之”,可见儒风在当地早已经是深入人心。

道州为周敦颐故里,其文化之发达与周氏关系很大。仅周敦颐一家便出有周辅成(敦颐父)、周寿(敦颐长子)、周焘(敦颐次子)、周子亮(敦颐族孙)七进士。此外道州、永明、宁远、祁阳一带进士中周氏颇众,不知其间有无关系。周敦颐身后被推为理学开山祖,对道州

① 《晋书·文苑传·罗含》。按,罗含为湖南历史上首位入选正史文苑传的人物。
② 文天祥《文山集》卷12《衡州耒阳县进士题名记》。
③ 《文忠集》卷55《书赠茶陵谷若霖》。按,此文称谷氏为安仁人,而题称“茶陵”。不可解。
④ 《诚斋集》卷75《谭氏学林堂记》。
⑤ 胡寅《斐然集》卷20《东安县重建学记》。
⑥ 《斐然集》卷21《祁阳县学记》。

人士颇具模范作用。南宋时其故乡为他立祠崇祀,“实绍兴某年向侯子忞所建”,至淳熙五年(1178)再事修葺,“并二陈先生之像列于其中”①。受此影响,毗邻的永州也为之立祠②。

耒水上游的郴州,其文化起步本来甚早,汉代就有不少循吏在此教化,已见于上述。然而到了宋代,其文化已显得相对较为落后。张栻称“郴故有学,迫于城隅,湫隘不治”,到乾道四年(1168),“因得浮屠废宫,江山在前,高明爽垲,乃徙而一新之”。③

从字面上看,郴州州学毕竟已有新建之举,表明当地对于文化不可谓不重视。然而其兴建过程如此艰难,可见其重视程度其实有限。这一点,从郴州属县宜章的情况也可见一斑。陆九渊曾记述道:宜章为“郴之南徼,远于衣冠商贾之都会,其民宜淳愿忠朴颛蒙悍劲而不能为诈欺,不才之吏不能教训抚循其民,又重侵渔之,民不堪命,则应之以不肖”,致使盗孽屡起,“宜章以是负恶声,有自来矣”;到淳熙十二年(1185)此地也兴于学,“廪于学者五十人,自食而学于其间者又数十人”④。陆氏此文中,虽然挖空心思说了几句好话,但“应之以不肖”“负恶声”两句,还是透露出当地的文化发展还任重道远。

与郴州接壤的桂阳军,在“绍兴十二年(1142)五月制诏郡邑崇复庠序”的行政命令下便已经“黉序一新”⑤。不久,乾道五年(1169)又有兴学之举⑥。因“前后臣僚屡言郴、桂之间宜兴学校以柔人心”,于是淳熙八年(1181)又在郴州宜章、桂阳军临武两县“创建县学,所以

---

① 《南轩集》卷10《道州重建濂溪周先生祠记》。

② 《南轩集》卷10《永州州学周先生祠堂记》。

③ 《南轩集》卷9《郴州学记》。

④ 陆九渊《象山集》卷19《宜章县学记》。

⑤ 胡寅《斐然集》卷20《桂阳监学记》。

⑥ 《南轩集》卷9《桂阳军学记》。

劝奖风厉”。然而其效果并不理想。淳熙十四年(1187),陈傅良在桂阳军知军任上奏称:“今来两县虽各有学,然而无训导之官,无供亿之具,名存实亡,不足以仰称明诏”,于是他提出,既然“所在县学多是文具,莫若只就州、军学展套斋舍,增养生员,责之教授诱进,义社豪民或边峒子弟孙侄入学听读,仍以县令佐兼管干,赡学钱粮事”。[①] 从这一资料,大体可以看清当时湘东南一带州县兴学的实际情形。

洞庭湖边的岳州,地处江湖之会,此地在五代以前文化一直比较落后。南宋时此地也兴于学。地方官“奉承诏旨,曾未阅时”便已经“甍宇一新”。但是其效果不得而知。时人所谓“巴陵古郡,地挟湖山之胜,长材秀民,多出其间”[②],不过是一些客气话而已。

2.资、沅、澧流域

资水中游的邵州,其学兴于北宋庆历年间,但为一处恶地,“掩于衙门,左狱右庾,秽喧历年”。周敦颐为守时,“得地东南,高明协卜。用旧增新,不日成就”[③]。但是之后命途多舛。“仅百有余年,而其间兴坏之不常,甚至于循寻常利便之说,徙就他所”,于是到乾道九年(1182)又大兴土木[④]。其属县新化乃北宋开梅山蛮所置之县,到南宋便已经出有儒者。王南美,隐伊溪桂岩,“博通子史,尤长于《易》,远近学者裹粮景从”[⑤]。

资水上游的武冈军,也已经发展了民间教育。有向君敏衡者,曾“筑室,聚书其上以教子弟,因以沅溪书舍名之”,以致有“都梁北乡士

---

① 陈傅良《止斋集》卷19《桂阳军乞画一状》。
② 《斐然集》卷20《岳州学记》。
③ 周敦颐《周元公集》卷2《邵州迁学释菜文》。
④ 《南轩集》卷9《邵州复旧学记》。
⑤ 《楚纪》卷47,《北京图书馆古籍珍本丛刊》本。

多好学”之令誉①。

沅水下游的鼎州，南宋升为常德府。此地在北宋便出现了尊儒之风。例如武陵楚仙乡一位龚姓医生，“接儒生最谨”，其屋壁上不断地增添有儒生题赠的诗篇②。这种文化态度，表明了一种价值取向。此地的文化设施相当优渥，不仅建有府学，绍熙二年(1191)还在治所武陵建有县学，“士民之有力者皆争出财以相其役”③。这种踊跃乐捐的行为并不是在各地都可以看到的。

相比之下，沅水上游的发展状况则相去甚远。靖州虽然早就出现过蛮“酋争遣子入学士科”的现象④，但魏了翁来后仍感慨赋诗云：“何处何时不产贤？黔中故地夜郎天。虽云地脉原无间，欲破天荒未有先。万蚁场中春锁棘，九宾庭下晓鸣鞭。便将正学昭群聩，留取科名万口传。”⑤从中不难看出，当地的文化基础仍然是非常薄弱的。令人感动的只是作者“便将正学昭群聩”儒者理想。

魏鹤山之教化靖州，厥功甚伟，采取了不少实际措施。首先是从经济上加以保障。“靖故有田以给贡士”，但资助额度非常有限，“仅供新士半途之费，而免举者又不及新士十之一”。他“会居积行粮之余，市近郊田，积三岁所入，以给三邑之新旧进士”⑥，资助额度大为提高。另外，他又建鹤山书院以作成多士⑦，从而当地文化进步相当明

① 牟巘《陵阳集》卷6。又，刘辰翁《须溪集》卷4《武冈军沅溪书舍记》亦云：“向氏自芷沅徙居沅溪。”

② 吕南公《灌园集》卷8《赠武陵翁诗序》。

③ 《象山集》卷19《武陵县学记》。

④ 李光《庄简集》卷18《靖州通判胡公墓志铭》。

⑤ 《鹤山集》卷11《次韵靖州贡士鹿鸣宴》。

⑥ 《鹤山集》卷50《靖州兴贤庄记》。

⑦ 《鹤山集》卷47有《靖州鹤山书院记》。

显,《宝祐四年登科录》上此方已有人物上榜。确实达成了上引诗中“留取科名万口传”的理想。

与靖州一样,沅州也是宋代所开初郡,但它与靖州的情形实有不同。靖州“虽多州县,而夷人住坐一皆如故,城池之外即非吾土,道路所由并系夷界”,而“沅州等处昔皆用兵诛锄首领,或徙置内地、荡平巢穴,故所置州县久远得安”[①]。因此,其文化发展比靖州早而且快。熙宁八年(1075)即有地方官奏称:“比建州学,今听读者已多,乞赐国子监书,庶一变旧俗,皆为礼义之民。”[②]宜乎其进士和著作数均较靖州为多。

澧水流域的澧州,北宋曾经兴学,但“中毁于兵”,之后“南渡草创”,又“规制尚简”[③]。绍兴年间,胡份“教授澧州”时,其“生员才十数”[④]。嘉定间“教养之具始备”,但“淳祐乙巳(1245)秋,郡大火,官寺民居半为烟埃,而学复废”,虽不久得以修复[⑤],而其相对发达程度较之唐代颇有所下降。

3.讨论

以上论述表明,湖南在宋代尤其南宋普遍地兴教向学,但区域发展严重地不平衡。湘水上游东部、沅水中上游、澧水流域的发展相对较为有限。资水中游的邵州,胡宏也有“郡产庳下,亵于嚣尘”之叹[⑥]。只有湘水中下游、湘水上游潇水流域和沅水下游进步较为明显,尤其湘水中下游的文化发展水平相对最高。

---

① 《续资治通鉴长编》卷447。
② 《续资治通鉴长编》卷261。
③ 《后村先生大全集》卷89《澧州重建州学》。
④ 《庄简集》卷18《靖州通判胡公墓志铭》。
⑤ 《后村先生大全集》卷89《澧州重建州学》。
⑥ 胡宏《五峰集》卷3《邵州学记》。

这一区域差异,早在当时便有人注意到:"重湖以北,诗书之韵,间有郁而未畅者。"[①]所谓重湖以北,显然指沅澧流域,尤其中上游山区,以该地当时在行政上隶属于荆湖北路而言。

在湘水中下游地区,邻赣诸县的发展尤为醒目。浏阳、茶陵的藏书,平江、醴陵的人物都属全省一流水平。资料中显示,茶陵儒风极盛。周必大称道:"茶陵军虽衡之附庸,然地大,多秀民,登科者相望。"此地出现了不少世家,"绍熙间谭君世选缫厅第进士,乡人称之。犹子知言思继其美,筑学林堂读书著文,曾不少怠"[②]。又如"茶陵陈公俊之曾祖商霖为书堂",公俊改居后复筑,前后数人记之[③]。一个县级大小的区域而有如此盛况,实不多见。

全省文化发展形成这样的格局,主要有两方面的原因:其一是官吏的教化,其二是移民的促进作用。前一点在上述分析中已经可以看得非常清楚,兹不赘述。后一点则需要再作一些分析。

上述在武冈军筑沅溪书舍的向敏衡,其"家故沅",居于此地属于"徙也"。类似的例证,资水流域还有一位李安国,本来是洪都人,"熙宁中徙安化,悦山水灵奇,卜筑伊溪之侧,隐居读书,自号梅山老人"。之后又徙新化,"事母孝,邵人重其行,请入学课子弟"[④]。新化、安化都是北宋开梅山才新设的县,要不是有这样的移民进入,单靠地方官吏的教化,其效果显然是要差很远的。

不光文化基础薄弱的地区如此,文化发达地区同样如此。早在唐末,长沙至衡山一带便接受了一些文化水平较高的移民。如宋初

① 《常德文征》卷2钟蜚英《重修常德府儒学记》。
② 《文忠集》卷55《茶陵学林堂记》。
③ 《须溪集》卷2《茶陵陈公俊汲古堂记》。
④ 《宋元学案补遗别附》卷1。

以诗名的廖氏家族，便是五代时从虔州赣县徙居衡山的①。靖康南渡，此地又聚集了不少外来士大夫②。湖湘学派的兴起便是这次移民的直接结果。湖湘学派的代表人物胡安国、胡寅、胡宏、张栻均非湘人，当地学者均其弟子③。其他文化人物如藏书家朱昂为移民后裔，正史列传的人物中也有不少④。

移民对文化的促进作用，在邻赣诸县的发展中可谓最为突出。《宋史·地理志》载：荆湖"南路有袁、吉接壤者，其民往往迁徙自占，深耕溉种，率致富饶，自是好讼者亦多矣"。反映的正是这一带的情况。从各方面情况来看，实际上江西移民徙居湖南，并不只是袁、吉接壤诸县。沿罗霄山脉从北到南皆然。范致明谓："平江其民善斗讼，有犯辄窜他界，公事比之巴陵诸邑数倍。"⑤以此与前引《宋史·地理志》文相参看，显然此地接受了为数不少的江西移民。有人称平江在南宋的进步是因其"后进受学于朱熹最盛"⑥，看来还只是表面现象。其背后实际上有移民这一深层原因。

三、元代：移民主导的文化格局

元代因时间较短，留下史料不多，湖南各地的文化面目不十分清楚。但总体上仍然有所进步，而且空间特征十分鲜明。《大元一统

---

① 《五代史补》卷 3 记载："廖氏，虔州赣县人，有子三人，伯曰图，仲曰偃，季曰凝。图、凝皆有诗名"，马殷"赐庄宅于衡山"。

② 参吴松弟《中国移民史》第四卷《辽宋金元时期》。

③ 参陈谷嘉、朱汉民《湖湘学派源流》，湖南教育出版社 1992 年版。

④ 朱昂本人即是。这种情况全省共有 7 人。

⑤ 《岳阳风土记》。

⑥ 《宋元学案》卷 25。

志》谓长沙府"渐被胡文定《春秋》之学而士习好文"[①]。胡文定指胡安国(1074—1138),南宋湖湘学派的代表人物。这一评价不仅表明湖湘之间士习尚文,而且形成了独特的地域文化传统。这在湖南的文化史上,完全是一个新气象。

就空间格局来说,此时令人瞩目的是邻赣诸县和沅澧二水下游两个地区,尤其前者。

1. 邻赣诸县

罗霄山脉西侧的邻赣诸县,在元代大放异彩,尤其浏阳、茶陵。

浏阳的表现,许有壬曾写道:"浏阳山水深秀,实最潭属,文风士气,又轧湘部,齐民工巧亦他郡莫及。"[②]此时浏阳出现了一些诗礼世家,如藏书家李氏,为欧阳玄外家,已见上述,欧阳氏本身亦为世家[③],均自宋而传。此地还流传与科举有关的传说:"长沙北十五里,浏水至此折旋,稍南而复北,名骆驼嘴。俗传圆则浏阳得魁。延祐初(1314)其形尝圆,原功,浏阳人,果为魁,人益异之。"[④]此种传说在很多地方都有,本无足怪。但传说须有一定事实作基础,浏阳在元代出现这样的传说,反映其文化底蕴已大非昔比。

茶陵的情况同样耀眼。欧阳玄谓:"国家有科举以来凡七科二十有一年,第一甲置三人,三人者皆赐进士及第,自元统初元之癸酉岁始。南士居第二人而膺是宠者,自云阳李君一初始,以第二人南士初登第入官,即得供奉天子词林、预典制诰修史事,又自一初始,是皆儒

① 《大明一统志》卷63长沙府引。
② 《至正集》卷40《芸窗记》。
③ 《圭斋文集》卷7《防里欧阳氏族谱序》言之甚详。
④ 《至正集》卷19。

者之所难遇也。”[①]一初名祁，欧阳玄的这一串排比，清晰地定位了李祁所取得的文化成就。不仅在湖南属顶尖，在当时全国也有一定地位。此外又有陈氏，李祁云：“乡贡士陈子尚，吾茶陵之英俊者也，其伯父芳洲、父雪野皆厚重老成，有家学，为乡里推敬。”[②]令人想见其发达气象。

茶陵西面的攸县，于元代升为州，此地文化发展很快，也出现了一些世家。如：“攸州之故家雅士，称李君照叔，文献笃守，子孙竞爽，华发雍容，宾客觞咏。”[③]与此同时，也兴办了教育事业，如“古攸兰溪之西北为龙隐山，泉石清越，地志载邺侯尝筑室读书于此，代迁迹熄，僧寺履之，兰溪之姜为著姓”，故修筑邺侯祠[④]。这种情形是前代所不曾出现的。

2.沅澧流域

先请述沅水流域。沅水上游，在元代又有所进步。揭傒斯写道：“自魏文靖公（了翁）窜靖州，士始知学。近来有栗朝仪者，靖之会同之贤者，忧其土地僻陋，去上国遐远，士不典于学，惴惴然恐王化之不流，乃筑书院于居之里，因其乡名曰广德。”[⑤]会同的情况在此前史料中一直不很清楚，至此建造书院，其意义自是不同凡响。

但相对而言，发展更大的是沅水下游。尤其常德府龙阳县，异常引人注目。李祁曾写道：“龙阳为湖北善地，居洞庭上游，其山川辽廓平旷，幽迥演迤，无穷林、大谷、层岩、峻岭之限，故其俗厚以淳，其地

---

① 《圭斋文集》卷 8《送翰林应奉李一初南归序》。

② 李祁《云阳集》卷 1《挽陈子尚并序》。

③ 《养吾斋记》卷 19《晚香堂记》。

④ 《养吾斋集》卷 16《攸州兰溪邺侯祠记》。

⑤ 《揭傒斯全集》文集卷 6《靖州广德书院记》，上海古籍出版社 1985 年版。

多腴田沃壤……故其民富以饶。南宋时蜀之贤士大夫居官避难者多家焉,今其故家巨室率多蜀人,故其士皆文以雅……余往年客是邦,是邦之贤士大夫多予所旧友,是邦之学者多出予馆下。”[①]这一史料中,既描述了龙阳在元代文化发展的盛况,又揭示了其背后的原因,即蜀地高素质移民的迁入。

李祁所言并非孤证,揭傒斯也写过一篇很有意思的文章:“常德之龙阳,居多蜀士,祠事梓潼神甚严。祠前有池曰景星,咸淳癸酉(1273),莲两叶并蒂者六,刘初登进士第。延祐甲寅(1314),两花并蒂,孙以忠登第,天历己巳(1329)花如甲寅,城东三雅湖莲复三花并蒂,海鲁丁获独步,丁冯天泽联贡而获独步。”为此他赋诗云:“龙阳家事梓潼君,花花叶叶梓潼神。好在龙阳士,汝但读书更绩文,为花为叶汝莫论。”[②]

揭傒斯的这一诗文令人骇异。其中所述龙阳的科名之盛,以及此地浓厚的崇文氛围,在湖南历史上可谓得未曾有。

与龙阳同样受益于蜀地移民迁入,此时澧水流域的文教事业也得到明显发展。至元乙亥(1275),有蜀人王氏兄弟,“避地”而至慈利天门山,“开门授徒以自给”,于是有天门书院之建[③]。至于澧州庙学,其在元代经过重建,“谈者举以为可甲湖之南、北诸州”。这背后,是当地经济实力的增长。大德己亥(1299),“料次户口之繁庶、贡赋之征入,澧则亚于长沙,而近湖广省治岳、鄂诸州不能半之”[④]。这一例证生动地阐释了经济基础对于文化事业的支撑作用。

---

① 《云阳集》卷4《送易玉田之龙阳学正序》。

② 《揭傒斯全集》诗集卷7《文瑞图》。

③ 虞集《道园学古录》卷9《慈利州天门书院记》。

④ 姚燧《牧庵集》卷5《澧州庙学记》。

上述材料所反映的元代湖南文化发展格局，与宋代相比，具有明显的继承性。其中移民所起的作用仍相当明显。沅、澧流域的资料已直接言明，湘水流域邻赣诸县的情形亦复如此。如浏阳所出书多系欧阳玄所著，他即为移民后裔，其祖上即迁于南宋①。

值得注意的是，元代长沙在各类文化指标上都表现平平，似乎衰落得很厉害。这里面，比较容易想到的原因是宋末兵兴时，长沙受到的破坏特别严重。史载长沙城陷后潭民"多举家自尽，城无虚井，缢林木者累累相比"②。其中特别是州学、岳麓书院、岳麓精舍三学员生损失惨重。本来，兵兴时"三学生聚居州学，犹不废业"，城破后"多感激死义者"③。后来黄宗羲在《宋元学案》中记述此事，称"岳麓诸生荷戈登陴，死者十九"④。无论这些记述是否属实，总之长沙经此重创后，元气大伤，以至终元一代未及恢复。

四、明代：河谷平原渐兴

明代湖南的人文环境发生了两大变化。一是国家经略滇、黔，湖南为必经之地，湖南的交通地位陡然上升，省域尤其沅水流域的发展大为加速。二是元末明初湖南普遍接受大量移民，经过二百余年发展，湖南的开发基本上成熟，到清初一变而为移民源地，输出大量"湖广填四川"的移民⑤。

这样的人文环境，不可避免地为其文化发展格局带来一些新的

① 《防里欧阳氏族谱序》。
② 《宋史・李芾传》。
③ 《宋史・尹穀传》。
④ 《宋元学案》卷73。
⑤ 参葛剑雄、曹树基、吴松弟《简明中国移民史》，福建人民出版社1993年版。

特点。总体而言,便是之前文化发达的邻赣诸县趋于衰落,其地位逐渐由河谷平原地区所取代。以下分别予以分析。

1. 湘资流域

明代湘水流域最引人注目的是下游平原地区出现了长足进步。洞庭湖北岸的华容,此前一直默默无闻,到了明中叶,李东阳称之"华容文献地,多奇才伟器,登巍科、名列卿者踵相属"①。虽然,这种言辞包含有一定客气成分。但之前,此地就连这种客气话也听不到,而且"登巍科、名列卿者踵相属"这种话总归要有一定的客观事实为基础。即此可见,洞庭湖区的文化发展较之前代已经出现了截然不同的气象。

与此相应的是,湘江河谷平原普遍出现了同步发展。祁阳,本来已是上游山区,但为赴桂要道所经,诗人经过时不禁诗兴大发:"微茫县郭小,树屋递显灭。……入篱闻书声,径就野老谒。……诸生诚朴野,未解习礼节。几壁如涂鸦,指鼻墨尽涅。皆是农家子,释耒甘受业。勿谓此辈愚,田亩有俊杰。"②这首诗中所状为偶然所见,可以说相当于一份随机抽样,由此可见当时这一带的文教已较为普及了。

与之相邻的资水流域,文风也已经浓厚了许多。资水上游的武冈州,在北宋就兴办了学校,"旧在城南兴贤门外,宋崇宁、绍兴凡两迁筑,遭元季兵火乃毁"。洪武庚戌(1370)即旧址筑之,"其功视前为备"。景泰间(1450—1456)、成化壬辰(1472)又两度重修扩建③。中游的新化,史载其庠学"建始于国朝洪武之戊申(1368)",不久就感觉

---

① 《李东阳集》卷2《华容县学重修记》,岳麓书社1985年版。

② 杨基《眉庵集》卷1《晓发祁阳别刘启贤》。

③ 吴宽《家藏集》卷31《武冈州重修儒学记》。

其“规制庳陋，庭宇狭隘”，于是到宣德丙午(1426)再事建造①。这些资料，都不是对文化发展水平的直接描述，但既然文教设施在不断地改善，说明其后面隐藏着一股不断增长的对文化的追求。

然而，几家欢乐几家愁。与上述地区的发展相伴而来的，是湘江流域东部邻赣诸县的大幅度滑落。沿罗霄山脉一线的邻赣诸县，宋元时期以中段为极盛。到了明代，除南端桂阳(今汝城)县外，其他大多表现平平。民国《汝城县志》自称于明盛时“人物科目甲楚南”，其实在全省也只是属于第二梯队，其盛况与宋元时期的平江、浏阳、茶陵、攸县不能相比。

邻赣诸县的衰落，茶陵的情形最为生动。此地虽然“于湖南为文献邦”，在“元季兵革四兴”中，“故家大族悉为丘墟”，其中不少人避地远走；及乱定“辛勤来归”，却已经“故宅靡存”②。李祁曾沉痛地慨叹：“丧乱以来，朋辈凋落已尽，而予独不幸苟存。”③令人不胜唏嘘。经此丧乱，当地的文化发展盛况不再。李东阳说：“百余年来，师不倚席，士不废业，而功效不昔，若至是尤极。”④个中无奈，溢于言表。

茶陵的情况当然不可能是最糟的。其南面的桂东“为郴之属邑”，人称“其俗愿而劲，其事简而易治”⑤，一派落莫景象，宜乎其“乡试不上十人”⑥。

2. 沅澧流域

明代交通滇黔，就地域而言，受惠最直接的是沅水流域。地当

① 李时勉《古廉文集》卷2《新化县重修学舍记》。

② 龚敩《鹅湖集》卷4《南溪旧隐记》。

③ 《云阳集》卷1《挽陈子尚并序》。

④ 《李东阳集》卷2《修复茶陵州学记》。

⑤ 贝琼《清江文集》卷20《送许清夫赴桂东序》。

⑥ 同治《桂东县志》。

滇、黔门户的常德，一跃而成为数省通衢。因而其文化进步相当迅猛。嘉靖《常德府志》称："风气日开，则皆向文绩学，擢巍科、跻膴仕者，项背相望，而应贡纳例胥史之流亦皆争相效应。"[①]这种描述，充分表明此地的文化发展出现了一个前所未有的高度。

受此拉动，澧水流域在明代的开发也大为深入。文化普及率大为提高。明代新设的永定卫，方志中已称其"儒风浸盛，亦彬彬可观"[②]。而石门县本来"俗朴野，行数十里不闻弦诵声"，也有地方官"为之兴学校之教，厚生徒之饩，蠲士人之徭，行乡饮之礼"，由此"民渐知学"。[③]这种情景，特别是"行数十里不闻弦诵声"便大惊小怪，这是前代不可能出现的事。

按理讲，受交通区位条件改善的拉动，受惠最大的应该是沅水中上游。此地在之前长期被认为是"天下穷处"，至此成为通途所经之地。不过，从时人描述来看，此地的文化进步幅度不大。即使是在此写出"地气于今同北土"诗句的薛瑄，也说溆浦县"名士足迹既所不到，古今题咏又所绝无。盖湖北之穷边下邑也"[④]。因而这一带文化水准与其他地方远不能相侔。学使按临此地考试，"惟辰郡与卢、辰二溪能为文句，至溆、沅，则俚歌谣谚杂成之。靖川与洞夷相半，能通《论语》一章者即举茂才"[⑤]，即此可见沅水中上游地区文教水准上升空间之巨大。

不过，透过这种反映当地文化落后的描述，还是应该看到其中的

① 嘉靖《常德府志》卷1《风俗》。

② 隆庆《岳州府志·职方考》。

③ 《古廉文集》卷10《巴陵程大尹墓志铭》。

④ 《敬轩文集》卷18《南轩记》。

⑤ 《西河集》卷78《明正治卿中奉大夫兵部右侍郎徐公传》。

进步。毕竟,当地很多方面是从无到有的。史称,明代的“故事”,“学使者使车仅止义陵,凡义陵以南辰、沅、郴、靖诸地皆就试”。所谓“义陵”实当指常德。之南的府县“从无一按其地者”。到了明后期,便有学使打破惯例,“所至居人惊喜,以为开国来无此事者,远近争来观”①。这种经历,对于当地士子的激励是无法言宣的。

总体来说,明代湖南文化发展的格局较之宋元出现改观,平原地区进步明显而邻赣丘陵山区相对衰落。笔者认为,这是全省文化发展迈上一个新台阶以后的正常表现。平原地区的自然条件比丘陵山区较为优越,其经济文化发展的潜力应该也比后者雄厚。此前湖南文化的发达区域被一些丘陵占据,只能说明平原地区的开发程度还很不够。时代推进到明朝,平原地区的潜力慢慢地释放出来了。

五、清代:整体发展

康熙三年(1664)四月,清廷“命湖广右布政使移驻长沙,辖长、宝、衡、永、辰、常、岳等七府,郴、靖二州”②。自此,明代湖广省开始分为湖南、湖北两省③。雍正元年(1723),又采纳湖南官绅吁请,实行湖南、北分闱而试。至此,湘、资、沅、澧四水流域第一次共同拥有属于自己的高层政区,并且享受相应的文化权力。相对于往古,堪称湖南历史上最为重大的人文环境变迁。

---

① 《明正治卿中奉大夫兵部右侍郎徐公传》。

② 《清圣祖实录》卷11,中华书局1985年影印本。

③ 按,关于湖南分省的时间和过程,近年学界讨论甚多,说法很分歧。周宏伟先生认为:湖南建省的时间,“必然是康熙三年(1664),因为,该年发生了标志性的事件:清廷令原与湖广左布政使同驻武昌的湖广右布政使移驻长沙”,并且“设湖南布、按二司,粮驿盐道”。(见氏著《湖南政区沿革》,湖南师范大学出版社2009年版,第148页。)笔者认为此说令人信服。

处在这样一个时代环境,湖南各地文化进入了一个整体发展的模式。特别是到了清代中后期,普遍都取得显著的进步。当然受制于经济基础和文化传统,发展速率和水准不均衡也相当明显。接续明代的发展势头,清代湖南文化发展的总体趋势是河谷平原地区蒸蒸日上,而丘陵山区则不断滑落。在总体资源有限的农业社会,此起彼落、几家欢乐几家愁大概是一个无法摆脱的宿命。以下分两区加以分析。

1. 湘资流域

湘江流域拥有全省最宽阔的河谷平原。清代湘江流域的发展在全省一直处于引领地位。长沙府的情况,嘉庆《长沙县志》就注意到:"科目优绌,常以地殊,或以时异。近来宾兴,则长沙得隽者为多。"随着时代推移,长沙作为省会以及湘潭作为商业都会,其各方面优势不断辐射到文化事业,此地在清后期的发展更是有目共睹,兹不赘述。

湘江干流河谷平原,文化进步都很明显。下游的巴陵,民国资料称其一直"卓有儒风而不悖"①。中游的衡州,清末郭嵩焘称其科名人物甚盛②。

但丘陵山区则兴衰不一。湘水中游左岸,大多有所进步。如湘乡"家弦户诵",其"儒雅之风,固已蒸蒸日上矣"③。宁乡则曾为"学使者钱沣许为文风冠楚南"④。其右岸虽也有得到发展的,如攸县"人文之盛与衡湘诸邑埒"⑤。但大多相对衰落。如醴陵虽然地处湘赣交通

① 《湖南各县文化调查笔记·岳阳县》。
② 《郭嵩焘诗文集》文集卷11《伦敦致李伯相》。
③ 同治《湘乡县志》。
④ 同治《续修宁乡县志》。
⑤ 乾隆《攸县志》。

要道，晚清民国以来人物之盛在全国范围都引人瞩目，但有清一代二百六十年，“成进士者绝少”，以至有“举人不满桌，进士不开科”之谚[①]。酃县则更夸张，民国资料称当地“清时士子有赴岳麓书院读书者，家人为之环泣不已”[②]。简直令人难以想象。

湘水上游山区衰落得更厉害。江华，虽然“人自为师，家自为塾”，“其贫者半耕半读，颇有负耒横经之意”，但“无藏书籍”，又“僻处山陬”，是故其士子“见闻多陋”[③]。宁远“素重读书，每村社必有塾师”，可惜“恒为家务所牵，因循玩愒，不克力图上进”[④]。永明状况似乎稍好，其“弦诵之泽于今未熄”，而且“向来专治《易》《诗》《书》三经，今则五经杂治，斐然成章”，然而“登仕籍者，稍不及宋明”[⑤]。

郴州号称桂东、桂阳（今汝城）“两桂文风为盛”[⑥]，其中桂阳在明代颇为发达，“乾嘉间乡榜亦繁稠”，但到了清后期，不可抗拒地衰落了，其科举人物至“咸同而后始稀少”[⑦]。桂东的状况更有所不如。《清稗类钞》中有一条史料，称桂东“读书者绝少”，以致“偶有一二生监，其尊无对”。曾有某县令为之撰一联云：“鱼龙鸡凤鸭孔雀，贡阁廪尚童翰林。”[⑧]由此可见桂东文教在外地人眼中是何等水准。兴宁向来不甚发达，读书人“惟讲究先辈，拘守理法，不屑屑事墨艺”，到清后期虽然有所变化，崇尚经书，但“士多懈志，赴闱亦稀”，以至“场中

① 民国《醴陵县志》。
② 《湖南各县文化调查笔记·酃县》。
③ 同治《江华县志》。
④ 光绪《宁远县志》。
⑤ 道光《永明县志》。
⑥ 同治《桂东县志》。
⑦ 民国《汝城县志》。
⑧ 《清稗类钞》第二册，中华书局 1984 年版，第 599 页。

应试,文亦犹人"[①]。

资水流域虽然也多属丘陵山区,但此地在清代的发展相当迅速。新化县"尚读书、工文字"[②]。郭嵩焘称宝庆府科名人物极盛[③]。其上游各县文风稍逊,武冈"精专诣极,宜加奋励",但到清后期已是蒸蒸日上,"每科童子应试与邵阳、新化埒,不下三、四千人"[④]。新宁本来相当落后,科举"自国初以来无中式者",道光以后也破了天荒[⑤]。

资水中下游的安化、益阳二县属长沙府。清后期益阳方志记载:"俗重读书,多乡塾,群尚经义,积学之士尤精通子史百家言。"[⑥]安化方志也自称"声教酝酿,文物彬彬,而浑厚质朴,实甲于诸邑"[⑦]。与中上游相比,这两县的发展速率似乎更快一些。这应该与其行政隶属于长沙不无关系。

2. 沅澧流域

相比于湘资流域,沅水流域在清代的发展速度不能算快,但在空间上相对较均衡,尤其在后期。

沅水下游的常德,作为沅澧流域的腹心,在明代获得飞速发展,入清以后常居不坠。嘉庆《常德府志》云:"近来衣冠都雅,庠序不乏颖茗",以至"山陬水涘,无行三五里不闻弦诵声者,可谓彬彬盛矣"。

沅水上游也不遑多让。靖州"士人敦尚诗书"[⑧]。辰州溆浦"士简

① 光绪《兴宁县志》。
② 同治《新化县志》。
③ 《郭嵩焘诗文集》文集卷11《伦敦致李伯相》。
④ 同治《武冈州志》。
⑤ 欧阳兆熊《水窗春呓》卷上,中华书局1984年版。
⑥ 同治《益阳县志》。
⑦ 同治《安化县志》。
⑧ 光绪《靖州志》。

而质，蓬窗草阁，书声琅然”，每次“应童子试者二千余人”[①]。北部的酉水流域，即宋代所谓“北江蛮”所在，清代改土归流后，文化发展也迅速起步。龙山于“雍正间设学额，乾隆间设廪生额”，自此“人知向学”，无论贫富。“富家以诗书为恒业，穷苦子弟争自濯磨，亦不以贫废读”，到清末时，经过“二百年来涵濡熏染”，已经是“风气蔚然”，并且不时“才俊崛出”[②]。

相对而言，澧水流域在文化上已经优势不再。桑植虽然“闾阎多弦诵声”，且“有古横经负耒风”，但“诸生习尚质朴”[③]。石门甚至有人直言称其地“僻陋，书不可得”[④]。与之前相比，此地文化水准已被周围追平。

3. 小结

从上述分析中不难看到，清代湖南的文化发展，是在明代的基础上，文化重心进一步从丘陵山区下移到河谷平原地区的过程。经过清代的发展，平原地区的文化地位得到稳固。丘陵山区与河谷平原地区的差异愈益明显。

毫无疑问，这是湖南的经济格局顺着明代趋势进一步得到发展的结果。值得注意的是，湖南古代的经济开发以丘陵居民区为先，宋元时期开始被平原湖区逆转，此后丘陵山区不断下滑，人口密度的差距越来越大。但这一趋势在文化上的反映却滞后了一个时间相位。

综观历代，湖南文化发展的格局，明代以前，湘水上游和澧水流域长期较为发达，而资、沅二水中上游荒凉简陋。前代以后，前者水

---

① 民国《溆浦县志》。

② 同治《龙山县志略》。

③ 同治《桑植县志》。

④ 朱克敬《儒林琐记》，岳麓书社 1983 年版。

平渐落,发达地区让位于湘江中下游。

从各流域来看,沅、澧二水流域的格局一直相当稳定,始终以下游较为发达。资水流域的文化发展受湘水流域的影响,其发展格局也改变不多。只有湘水流域的变迁最为显著。其发达区域在唐代以前位于中上游,宋元时期居于中游,明代以后稳定于中下游,逐步下移,次第井然。

第三章　湖南的方言与民歌

语言作为人类的思维工具，对文化形成具有第一等重要的意义。无论从哪个角度讨论文化，语言都是不可或缺的因素。在斯大林提出的划分民族的四项标准（语言、地域、经济生活、心理素质）中，语言便是其中首要的一项①。这早已成为学界的常识。对于文化地理研究来说，语言的重要性同样如此。国外很多经典的文化地理理念，都将语言和宗教作为判断划分文化区的基本指标。这一观念，是直接从文化人类学的理念中生发而来的。

对于中国来说，稍稍有一点特别。由于我们将"语言"看作是民族级别的文化差异，在汉语内部，哪怕再难懂的语言差异都只能被当作"方言"对待。于是本书研究湖南的历史文化地理，只能就方言展开讨论。考虑到民歌与方言有着天然的联系，差不多可以算作是方言的衍生物。故本章对湖南方言和民歌的地域差异加以论述。

---

① 原文是："民族是人们在历史上形成的一个有共同语言、共同地域、共同经济生活及表现于共同文化上的共同心理素质的稳定的共同体。"（见《斯大林全集》第二卷，人民出版社 1953 年版，第 294 页。）

第一节　湖南方言区域的形成

关于湖南的方言，已有不少研究成果①。涉及其历史状况的，则以周振鹤师与游汝杰先生的研究为系统而深入②。本文即在周、游两位先生工作的基础上作进一步的探讨。

现代湖南的汉语方言，大体可分为湘语北片（即新湘语）、湘语南片（即老湘语）、赣客语、官话四个类型。这一点，学术界没有争议。其地域分布，则过去长期分歧很大。按周、游两位先生的意见，沅、澧流域为官话区，以长沙、益阳为中心的一块区域为新湘语，湘水中游、资水中上游为老湘语，邻赣地带为赣客语，湘水上游为官话和老湘语混杂区（见图 3-1）。其实，鲍厚星、颜森两位先生的分区方案与此相去不甚远。

湖南方言出现这样一种地域格局，首先应该与其语言底子有关。早在扬雄《方言》提供的语料中，"江湘之间"与"江沅之间""沅澧之间"的歧异就较为明显。前者殆言湘资流域，后两者则指沅澧流域。在东部的湘资流域中，还可以看到存在一些南北差异，因为扬雄的资料中有"荆衡之郊"与"九疑湘潭之间"之别，表明中上游与中下游地区不尽一致。这方面，语言学界已有大量精细研究可资参考③，在此不重复展开。晋代郭璞《方言注》中亦有"长沙人""零陵人"之异。

这些资料当然很不详细。此后又长期缺乏类似资料。直到晚近

---

① 如杨时逢整理的《湖南方言调查报告》（台北"中研院"历史语言研究所 1974 年出版），鲍厚星、颜森《湖南方言的分区》（《方言》1986 年第 4 期）。

② 《湖南省方言区画及其历史背景》。

③ 参刘君惠等著：《扬雄方言研究》，巴蜀书社 1992 年版。

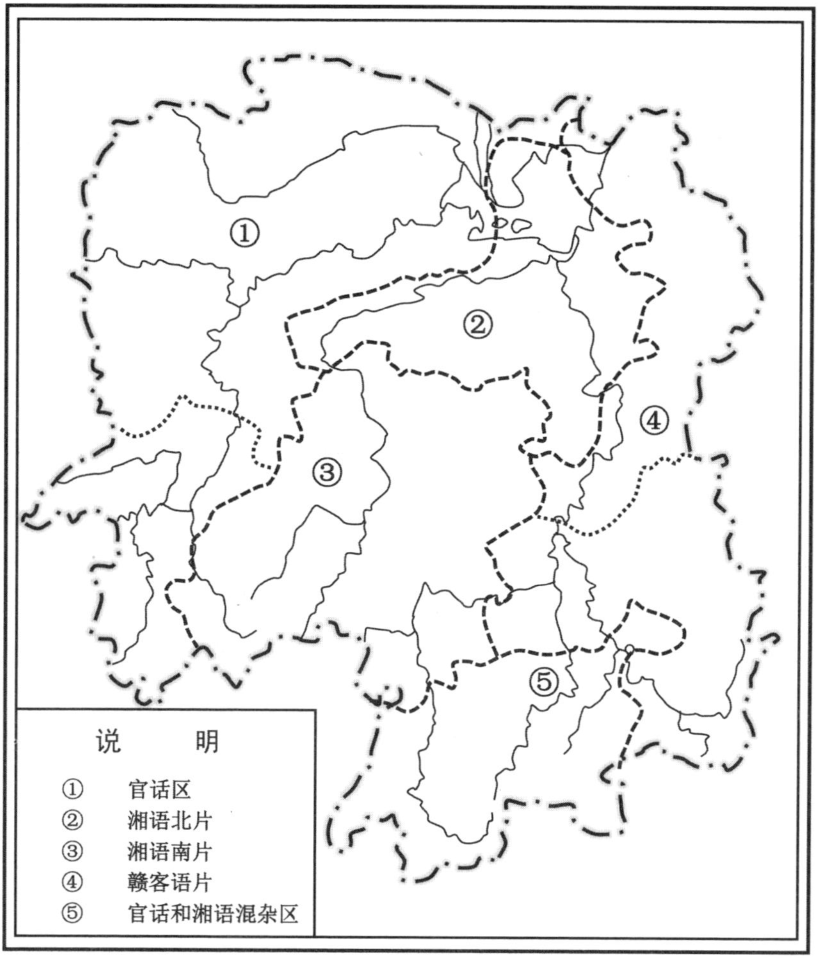

图 3-1　湖南方言分区图

才出现了一些,在此分片展开论述。首先看东部邻赣诸县的赣语区。

醴陵的情况,清末方志只是简单地描写:"城乡亦无大异。大约近萍者类萍,近浏、攸、湘、衡者类浏、攸、湘、衡。所谓路通八省,音混五方是也。"①到了民国年间,方志中的描述便详细得多:"醴陵语言属下江官话区,因山川阻塞,自成系统。"现在看来,这一归属判断受到了当时认识水平的局限。但该志对于醴陵境内方言状况的描述则弥足珍贵:"醴陵僻处湘东,毗连江右,居民祖籍,半属豫章,故其语言习惯,与赣西各县大相类似。下北乡地邻长沙,略带中原之音。其他若东乡音杂萍、浏,上南乡则语混攸赣,下西乡言近潭、衡,各以连壤相接,遂致混淆。要以邑之中部乃纯为土语。凡由闽粤迁来之人,经一两代后,其语言即完全同化。虽间有客姓聚处,无改乡音,而其出接社会,必循县语。西帮则不然,良以语根大致相若,不虞隔阂也。"②

这段概述中信息量很大。萍指江西萍乡,自然是说赣语。浏指浏阳,攸指攸县,实际上也都属于赣语区。醴陵县语,虽四乡不无小异,大体上仍属于赣语。

茶陵,晚清方志称:"音声之异,州东类永新,西类安仁,南北与城中多汉语。"③这一资料是从明代方志中继承而来的。后者称:"音声之异,茶睦类永新,西表类安仁,城中多汉语。"④永新属江西,安仁现代也是赣语,则这里东、西部主要也是赣语。从资料中看,这一格局自明代已然。

衡山,清后期方志称:"兴乐江以北语言近湘乡、湘潭,岳以南近

① 同治《醴陵县志》卷1《舆地志·风俗》。

② 民国《醴陵县志·方言志》。

③ 同治《茶陵州志·风俗志》。

④ 嘉靖《茶陵州志·风俗第六》。嘉庆《茶陵州志》卷6完全承袭这一描写。

衡阳，湘以东近茶、攸，语言差谬不可悉志。”[①]这段话可以说明几个问题：其一，茶陵与攸县的方言是相近的；其二，茶、攸属赣语，则这一带的赣语庶几可以湘江为界；其三，湘乡属老湘语，湘潭属新湘语，表明衡山为赣、老湘、新湘语的过渡地区。

醴陵北面的浏阳，“语言四乡不同，东乡客籍多广东人，尤嗷呀莫辨”[②]，说明其东乡有客家方言。

关于赣语区的形成，周振鹤师认为是江西移民大量迁入的结果，此言诚是。江西移民湖南，始于唐末五代，明代而大盛。而赣语区在宋代似乎尚未形成。刘克庄从江西萍乡进入醴陵后有句云“市上俚音多楚语”[③]，说明醴陵与萍乡二地的方言差别比较明显，否则作为福建人的他难以感觉出来。醴陵一带为湘赣交通便利之处，这里既未流行赣语，则其他邻赣县份均应如此。

至晚在明代，赣语区的格局当已初具规模，上述茶陵的资料可以为证。其形成当在明初的大移民以后。不过明代茶陵“南北与城中多汉语”，表明此地方言还不一致，存在很多“汉语”即官话方言岛。其来源与宋代的军屯有关[④]。现代茶陵县城与四乡方言已无大异，这一方言岛消亡当是清代之事。

再看湘江上游及沅澧流域的官话区。

湘江上游地区，以宜章的资料最为详细。该地乾隆时的方志记载：“民多汉语，亦有乡谈。军音类茶陵，商音类江西，新民音类福

---

① 道光《衡山县志》。

② 《湖南各县文化调查笔记·浏阳县》。

③ 《后村先生大全集》卷3《醴陵客店》。

④ 茶陵于宋代升为军，接纳有不少军人屯垦。薛季宣《浪语集》卷33《先大夫行状》曰：“君初议营田，京率先请茶陵、安仁二县荒田耕种。”

建。”[①]到了民国时期，方志中除照抄前文外，还补充描述：“近城方二十里内皆操官话，惟语尾轻重，章水流域与黄岑水流域稍异。”土话则歧异很厉害，“各区乡各有特殊之土语”；而且其中也掺杂着官话，如“平阿一洞十余村皆土语，其中杨姓独操官话”。[②]

这段话具体地描述了当地方言的复杂情况。所谓乡谈，显系土语，而汉语当即官音，表明这里是土语与官话的混杂区。这种情况在湘水上游的永、桂、郴诸属相当普遍。

郴属除上述宜章之外，兴宁县也是如此，“民多汉语，亦有乡谈”，并且“界某省州县者，则错杂互异，难以义解，难以殚述”[③]。其状况与宜章相仿。

永州江华“民傜杂处”，大体“江华半系傜人半系土著”。其汉人“所说皆官话，明白易晓，其间不同者，则四方杂迹，言语各别，声音亦异，其类甚多”。这一资料在道光和清末的方志中一脉相承[④]，可见这一格局在清中叶以前已经形成。

关于这一地区官话的由来，史籍中缺乏直接记载。笔者认为与宋、明时期屯戍于此的军户有关。上述宜章县军音类茶陵，而茶陵的方言也已述过，除赣语外即是汉语。宜章的资料既能辨别江西音，则军音必非赣语，而应是“汉语”即官话。

从军户的来源也可以得到证明。“在宜章明初迁来的 53 个氏族中，就有 51 族自茶陵因军屯而来”，其中，“来自茶陵的军户非完全是

---

① 嘉庆《宜章县志》卷 7 引丙子旧志。

② 民国《宜章县志·风土志》。

③ 光绪《兴宁县志·风土·方言》。

④ 道光《永州府志》。同治《江华县志》。

茶陵土著，从宜章的氏族记载看，他们多来自浙、徽、鲁、苏诸省区”[①]。既然如此，军户也就不可能讲茶陵方言，而应该是讲官话。

永州府的情况，有一条材料更明确：“州县各有乡谈，听之绵蛮，侪偶相谓如流水，男妇老幼习用之，反以官话为佶屈。惟世家子弟与卫所屯丁则语言清楚，不类缺舌。”[②]这段文字可以说明两点，其一，永州府较早使用官话的是世家子弟与屯丁。世家子弟数量不可能很多，如果是土著那么其官话也是从风而化。而卫所屯丁为数甚众，以至于整个“湘南南宋以后的移民当与政府经略苗地有关”[③]。也就是说，南宋以后湘南所接纳的移民以卫所屯丁为主。由此可见，这里官话流行主要是因为存在大量的卫所屯丁。其二，这里官话的普及经历了一个相当长的历程。直到清代后期零陵北乡“一带土音与近城迥异”[④]。考虑到屯丁戍所乃星罗棋布，这一带的官话当属等级传播。

实际上，官话在这里的传播过程中也有一个与当地乡谈融合的问题。一方面是牵涉到文化本位，如永明“以乡音为直话，它语为曲话”[⑤]。以直改曲究属不便。另一方面则因为各地有其独自的发音习惯，即使是学同一种语言，也会学得各有特色。宜章“操官音者亦积久而讹，骤聆之不解为何字”，便是极好的例证。从而使新传入的官话也出现地域分异。

官话的地域差异在沅澧流域同样存在。如桃源“邑音东近武陵处类武陵，北近慈利处类慈利，但音近正而拖声微长”[⑥]。但在沅澧流

① 《湖南人由来新考》。
② 道光《永州府志》引《旧志》。
③ 《湖南人由来新考》。
④ 道光《永州府志》。
⑤ 道光《永州府志》。
⑥ 光绪《桃源县志》。

域官话最大的地域差异是总体上可以分作三片：一是常德府与澧州，二是辰州、永顺二府与永绥、乾州、凤凰三厅，三是沅、靖二州。其中第三片的官话特征反而比第二片要强①。

关于这里官话的形成，周振鹤师认为："常德一带，自南朝起就有北方方言的侵入"，由于唐代中叶再次接受了大量的北方移民，"常德地区的官话基础也许在此时已经奠定"。又由于历史政区的演变，"使北方方言的影响溯沅水而上，以致整个沅水流域被北方话所同化"。至于第三片官话特征比第二征要强，则是受到了广西和贵州官话的影响②。

笔者认为，周师对官话成因的剖析无疑是正确的，但其具体形成过程还须进一步探讨。上述第一片即常德府与澧州的官话形成经历了相当长一段时间，唐代后期刘禹锡谪官武陵，曾记述当地"华言罕闻"③，他居住十年之后，不仅没有给当地带来影响，反而出现了"儿童习左言"的局面④。所谓"左言"，应该不是"蛮左"之言，而只是与"华言"相对的当地汉语方言。五代时武陵人说话也被认为是"夷音，每呼字多误"⑤，可见其与官话仍有明显差异。直到宋代，常德的官话尚未普及，外地人在此仍不免有"蛮语初未学，崄绝闻人说"之慨⑥。辰州更是"讴歌犹带远人音"⑦。足见其时官话势力不强，沅水中上游所受影响尤其微弱。

---

① 《湖南省方言区画及其历史背景》。

② 《湖南省方言区画及其历史背景》。

③ 《全唐文》卷603《上杜司徒书》。

④ 《全唐诗》卷362《武陵书怀五十韵》。

⑤ 周羽翀《三楚新录》卷2《周行逢传》。

⑥ 赵蕃《淳熙稿》卷3《呈赵常德》四首之四。

⑦ 陶弼《邕州小集》之《辰州》。

那么沅水中上游第二、三片官话是何时形成的呢？笔者认为应当如同湘水上游那样，也是在宋代以降的军事移民进入以后。

首先，从官话特征的分布来看，“靖县（宋靖州治）、芷江（宋沅州治）和晃县（今新晃）三县基本上是官话特征，会同、通道、黔阳三县则带湘语北片特征”[①]。这恰恰是等级传播的表现。明人有诗句反映：“溪峒人家犹异俗，市廛儿女带华声。”[②]两相对照，说明“华声”即官话是从城市到乡村依次传播的。

其次，由宋到明，这里一直都有军事移民。据研究，雪峰山区南宋移民已占相当分量，占8—16%；元及明初迁入占27—39%。这是以氏族而论，如果考虑到近世人口的比例，“显然宋代及十四世纪对湘西的移民是极其重要的，其中尤以明初时间短而移入多，显得最为重要”[③]。沅、靖两州在宋代乃开南江蛮所置，迁入的移民中固多军人，自不必说，就连明初移民中也以军籍为主。如迁入溆浦的明初氏族几乎都是永乐二年（1404）由开泰卫、五开卫（均在今贵州境）等处拔屯徙溆的[④]。

由此可见，第二、三片地区的官话应该也与军户直接有关。这一点，明代有位诗人生动地写道：“边城父老旧乡邻，弭节从容问所因。绿鬓已应辞故里，白头犹解识先人。衣衫尚有唐风旧，童稚皆传楚语新。”说的是作者“过沅州见故乡父老从戍者”[⑤]。这位老军人当然应操官话，童稚辈应该也能讲，但后者的语言已经明显地带上了楚语特

---

① 《湖南省方言区画及其历史背景》。

② 《敬轩文集》卷8《沅州杂诗十二首》之四。

③ 《湖南人由来新考》。

④ 民国《溆浦县志·氏族》。

⑤ 《敬轩文集》卷8《过沅州见故乡父老从戎者与道家乡事多有识先人者因赋此》。

征,这说明此地在官话进入以前应该是流行楚语。当时沅州官话尚未普及,而且官话进入以后还有一个与当地原有楚语相互融合的过程。事实上,迄今为止该区仍有不少地方的语音带有一些湘语特征。

至于第二片的官话特征反不如第三片强烈,也可由此得到一个合理的解释。早在第一片官话形成的时候,第二片地区所受的影响较小。宋代以后,官方经营的重点一跃而至于第三片地区,第二片所受的影响自然不如第三片强烈。

其实第二片官话地区的东西部是有差异的。西部即清代改土归流的地区,其官话特征较为明显,这是因为移民进入的时间比较集中。同治《龙山县志略》称:“近多效客民语言,无鴃舌者。”其中“客民多长、衡、常、辰各府及江西、贵州各省者”,这些人一般而言素质较高,以致“县属巨族,自来客籍为多”,从而他们的文化成为普遍的标准,“服食言动,皆沿华风”。这虽只说明龙山一地,但可作为一般情形的代表。

东部即辰州府如同湘水上游那样,实际上不少地方是双语区,明代有人称辰溪县“榜人皆异语”①。民国时人称泸溪“语言又极复杂”②。现代的调查表明,这里存在着一种乡话,“主要分布在沅陵西南部以及溆浦、辰溪、泸溪、古丈、永顺、大庸等地与沅陵交界的地区”。它“内部差别不大,同西南官话或湘语的差异却很显著,以至不能互相通话”,显然是一种相当古老的土语。它在官话的势力中还能顽强地保存,应该也涉及文化本位。“当地人把湘语和西南官话叫做客话,把自己的土话叫做乡话”③。它的存在表明这里官话的

---

① 《敬轩文集》卷6《辰溪晓泛》五首之三。

② 《湖南各县文化调查笔记·泸溪县》。

③ 鲍厚星、颜森《湖南方言的分区》。

影响还不彻底。

最后看湘语地区。

上文已经述过，衡山县境是赣语、老湘语和新湘语的过渡地带，而“湘潭与湘乡连界之地仅隔一山，而两地之语言各异”[①]。安化“近宁乡、益阳者语似宁乡，近桃源、武陵者语似桃源、武陵，近沅陵、溆浦者语似沅陵、溆浦，近邵阳、新化、湘乡者语似邵阳、新化、湘乡，一邑中不能无殊耳”[②]。这表明老湘语与新湘语在安化境内、湘乡与湘潭之间交界。

自湖南建省以后，湘语的分布有两个变化，其一是因为省内的移民逐渐占到主要地位，大势是由湘、资二水流域和沅、澧二水下游迁往沅、澧二水上游，从而导致沅澧二水上游的湘语特征有加强之势。

另一变化更为显著。在洞庭湖北岸，清末长江入湖水流所携泥沙淤成一大片三角洲，于是吸引了众多的移民。1894 年设南洲厅，1912 年升为南县。五方杂处，百族新开，“向无南县特别土话以之吸收同化，复无外县一致土语以之向慕归化”，故民国时还是“各语其语，莫名其妙”[③]。但因“侨居此者悉属岳、常、澧、衡、宝、长旧郡之人，尤以益阳原籍较多，故其俗习，由复杂而至于整个，由局部而进于同化”，总体讲来是“风俗益阳化”[④]，表现在方言上即以新湘语占主导地位。

---

① 杨昌济《达化斋日记》乙巳(1915)四月五日，湖南人民出版社 1978 年版。

② 同治《安化县志・方言志》。

③ 《南县乡土笔记》。

④ 民国《南县志备忘录》。

第二节　湖南民歌的区域差异

本节的讨论,须分两部分展开。先是从历时角度,检讨湖南古代民歌的地域差异。然后就资料(较为详细的现代资料),对湖南民歌尝试作一个区划。众所周知,民歌是有很强的继承性的。这些资料虽然是现代调查所得,反映的地域格局应该是晚清以前形成的。

一、湖南清代以前民歌的地域差异

湖南历史时期的民歌,最早的记载当推晋代耒阳罗含《湘中记》中所言:"今故老犹弹五弦琴,好为《渔父吟》。"[①]这种五弦琴如今已不知其形制,而《渔父吟》则应即渔夫所唱的歌曲。

到了唐代后期,由于不少文人贬官或途经湖南,留下一些相关记载,这方面的情况始渐趋明了。在湘江流域,比较发达的是在水域环境传唱的民歌。

最著名的是湘江上游潇水一带的船歌,以其有特别发语词"欸乃"而名为《欸乃曲》。柳宗元尝赋诗云:"渔翁夜傍西岸宿,晓汲清湘燃楚竹。烟销日出不见人,欸乃一声山水绿。回看天际下中流,岩上无心云相逐。"[②]这首诗没有对"欸乃"曲的内容和曲调特点作具体描写,从意境和声音特点看,所谓"欸乃"与罗含所言渔父之"吟"当属同类,其中应该存在继承关系。

元结曾对这种歌曲作过词:"大历丁未(767年)中,漫叟结为道

---

① 《宋本太平寰宇记残卷》卷114潭州引。

② 《全唐诗》卷353《渔父》。

州刺史，以军事诣都使。还州，逢春水，舟行不进，作《欸乃》五首，令舟子唱之。”这五首全是四句头，七字句，内容多闲适，“盖以取适于道路云”①。

柳宗元所谓的永州与元结所在的道州相去不远。就诗来看，两位所咏的《欸乃》应该是同一个歌种。其节奏应该是自由、舒缓的，不会太激越。曲调应该是悠扬旷远的，反映一种江阔水深的情景。

湘水上游郴州的民歌也很发达。王昌龄谓“野人善竹器，童子能溪讴”②。所谓竹器，当指竹制乐器。溪讴的本义，则当指在溪边唱的歌。此地上游山区，河谷狭窄，水流湍急，诗人只能根据当地的地理环境，将土人多在河边唱的民歌称作“溪讴”了。从竹器和童子的声音特质加以推测，似乎此地“溪讴”的声音比较高亢，节奏也相对短促明快。无论如何，不可能像《欸乃曲》那样宽博开张。

当时沅水流域的民歌似乎更发达。其歌种相对较为多样。在沅水中上游，王昌龄尝云：“卢溪郡南夜泊舟，夜闻两岸羌戎讴。”③这种歌，从形成环境，应该与耒水流域的“溪讴”比较类似。不过此地之讴应该不是汉族民歌。

在沅水下游，武陵的平原湖区则有比较独特的“菱歌”。戎昱在此作有《采莲曲》云：“涔阳女儿花满头，毵毵同泛木兰舟。秋风日暮南湖里，争唱菱歌不肯休。”④这种《采莲曲》在南朝的吴歌、西曲中就甚为著名。南朝的西曲主要出自江汉平原。此地与江汉平原地域邻接，经济环境也彼此相同，这种菱歌很可能与西曲具有共同的渊源。

① 《全唐诗》卷230《欸乃曲》。

② 《全唐诗》卷140《出郴山口至叠石湾野人室中寄张十一》。

③ 《全唐诗》卷141《箜篌引》。

④ 《全唐诗》卷270。

其色彩明显是欢快活泼的。

除了在水域流行的“羌戎讴”和菱歌，沅澧流域的丘陵山区还有更为著名的民歌。史载朗州“接夜郎诸夷，风俗陋甚，家喜巫鬼，每祠歌《竹枝》，鼓吹裴回，其声伧伫”，刘禹锡贬官于此，“乃倚其声，作《竹枝辞》十余篇，于是武陵夷俚悉歌之”①。

上此资料对于《竹枝》歌起源的记述未必正确，不少资料表明《竹枝》本是巴人之歌②。但武陵等地有所流传则殆是事实，有诗人在此写道：“楚人歌《竹枝》，游子泪沾衣。”③这一点相当重要，它反映沅澧流域存在一些与巴人相同的文化特征。从现存文人所作《竹枝词》来看，均为七言四句，格调大多比较哀怨，人称“巴人夜唱《竹枝》后，肠断晓猿声渐稀”④。其流传的环境应该是在丘陵山区。

当时沅澧流域与京师的文化隔阂相当严重。女艺人泰娘在京师“以新声度曲”，颇受欢迎，其“名字往往见称于贵游之间”。元和以后流落武陵，竟然“无有能知其容与艺者”⑤。此地文化之闭塞落后可以想见。

宋代，湘中民歌资料中已有山歌、渔歌两种。刘克庄曾在湘潭吟

---

① 《新唐书·刘禹锡传》。

② 《全唐诗》卷365刘禹锡《竹枝词引》云：“余来建平，里中儿联歌《竹枝》，吹短笛击鼓以赴节，歌者扬袂睢舞，以曲多为贤。聆其音，中黄钟之羽，卒章激讦如吴声，虽伧伫不可分，而含思宛转，有淇澳之艳音。昔屈原居沅湘间，其民迎神，词多鄙陋，乃为作《九歌》。到于今荆楚歌舞之，故余亦作《竹枝》九篇，俾善歌者飏之。”其中明确讲到是在建平写的。

③ 《全唐诗》卷595于武陵《客中》。

④ 《全唐诗》卷267顾况《竹枝曲》。

⑤ 《全唐诗》卷356刘禹锡《泰娘歌并引》。

道："屈原章句无人诵，别有山歌侑桂尊。"[①]又云"自调欸乃答渔郎"[②]。可见此时已有山歌的名目，而且与欸乃曲并非一类。相对而言，仍是欸乃曲的名气更响一些。《舆地纪胜》载：永州"竟船举棹则有'些'声，樵夫野老之歌则有'欸乃'声"。关于这两个词的用法也有一些记载："'些'，助语，即《楚词》之楚些，'欸乃'即所以发歌，即柳司马所谓'欸乃一声山水绿'者也"[③]。这种歌成了湘中民歌的标志性产品。黄山谷说："欸乃，乃湖南歌也。"[④]

而沅澧流域的《竹枝》歌基本上销声匿迹。黄山谷称："《竹枝》歌本出三巴，其流乃在湖湘耳。"[⑤]似乎说的只是唐代，史料中缺乏此时在湖湘间仍有流传的证据。

明代湘中的欸乃歌仍然有名。诗人咏道："夷女采山蕉，缉纱浸江水。野花满髻妆粉红，闲歌暧乃深峡里。暧乃知自何处生？当年泣舜断肠声。"注曰："暧乃，楚人歌也。《元结集》作'欸乃'，字不同而义一也。"[⑥]从渊源和文化特色上考虑，将此种民歌称为欸乃曲似乎无大问题。不过值得注意的是，元结记载的欸乃曲并不是"夷女"唱的，而且并非在"深峡"环境。而且，元结为欸乃曲所填歌词甚为闲适，并无资料表明其音乐色彩可以与"泣舜断肠声"联系在一起。所谓"断肠声"与《竹枝》歌的情绪较为相似。所以，此时的欸乃曲与唐代相比可能发生了比较大的变迁。

在沅澧流域，唐宋时久负盛名的《竹枝》歌彻底消失。有资料特

---

① 《后村先生大全集》卷5《湘潭道中即事》之二。

② 《后村先生大全集》卷6《湖南江西道中》之五。

③ 《舆地纪胜》卷56永州引柳拱辰《风土记》。

④ 黄庭坚《山谷集》卷5。

⑤ 《山谷集》卷5。

⑥ 杨慎《升庵集》卷55《刘言史诗》。

意辨正:“《竹枝》歌,唐刘禹锡、白居易皆尝赋之,凄婉悲怨,苏长公云有楚人哀屈吊贾之遗声焉。《鹤林玉露》载宋时三峡长年犹能歌之,今则亡矣。”①这其实只是补述。上文已经提及,早在宋代就缺乏《竹枝》歌在湖南流传的实证了。

清代的湖南民歌出现了不少零星材料。如长沙的民歌,清末长沙人周寿昌说:“吾乡土歌有采茶歌、山歌两种……隐语双关,古心艳语,宛然汉魏遗言。”②采茶歌衡阳也有,清初就有记载。王夫之有诗云:“沙弥新学唱皈依,板眼初清错字稀。贪听姨姨采茶曲,家鸡又逐野凫飞。”③比之以野凫,可见其曲调动人心魄。刘献廷说:“旧春上元,在衡山县曾卧听采茶歌,赏其音调,而于辞句懵如也。今又□衡山,于其土音虽不尽解,然十可三四领其意义。因之而叹古今相去不甚远,村妇稚子口中之歌,而有十五国之章法。”④从其演唱场所判断,似乎这种采茶歌已经脱离原生环境,由专人流动作商业演出了。

沅水流域,清初有人咏道:“翎雀弹来新调多,竹枝旧法定如何?居人不解边头曲,只唱西风菜叶歌。”⑤所谓西风菜叶歌已不知究竟,而渔歌仍发达则相当明显。诗人在常德有句云:“酒旗半湿柳花口,渔唱一声牛鼻滩。”⑥只是不知所谓“渔唱”的具体特征如何。

---

① 何宇度《益部谈资》卷下。

② 《思益堂日札》卷6。

③ 《南岳摘茶词十首》之十,《王船山诗文集·薑斋诗集·五十自定稿·七言绝句》,中华书局1962年版,第179页。

④ 《广阳杂记》卷4。

⑤ 《敬业堂诗集》卷2《朗州绝句》四首之一。

⑥ 田雯《古欢堂集》卷12《武陵县》。

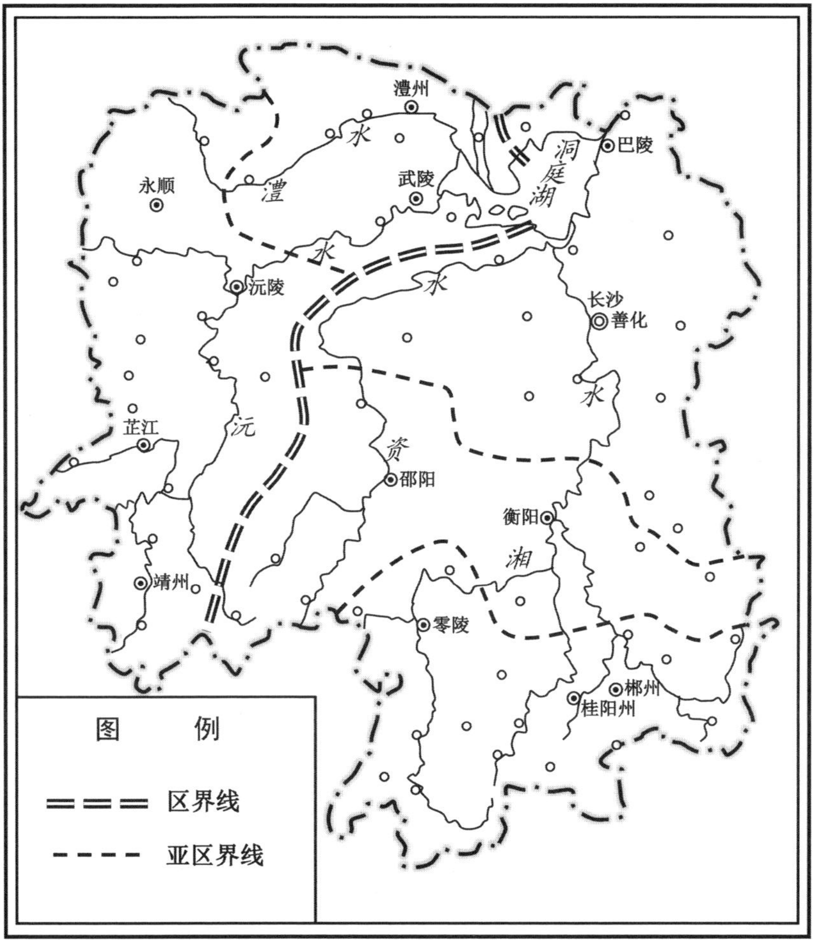

图 3-2　湖南民歌分区图

二、晚近湖南民歌的区划

从以上论述中，已不难看出湘资流域和沅澧流域有所区别。但是对于深度辨别地域差异来说，这些资料无疑还不够详细。接下来利用现代调查材料《湖南民间歌曲集》①，对湖南的民歌区域进行论述。

湖南的汉族民歌大体可分为劳动号子、田歌、山歌、渔歌、小调、灯调、风俗礼仪歌和儿歌八类。其中又各包含若干小类，如劳动号子有船工、排工、搬运、装卸、抬物、背拖、打硪、打夯、石工、林木、榨油、扯炉、抬轿号子等等。山歌有高腔、平腔、低腔（妇女）、放牛山歌，小调可以分为地方小调、丝弦小调、灯调（对子调）等。其中最能反映地域特色的是山歌和田歌。

根据民歌发育的类型，湖南民歌首先可以划为两大区域，一是湘

---

① 关于湖南民歌的调查，1954 年湖南省人民政府文化事业管理局音乐工作组就在普查的基础上出版了《湖南民间歌曲集》（湖南人民出版社 1954 年版），采录的全是湖南民间小调。1956 年，中国音乐研究所和湖南省文化局又联合组织了一次普查，1958 年形成《湖南音乐普查报告》（中国音乐研究所编，音乐出版社 1960 年版）。由于该报告“删除了许多在政治上被认为是有错误而在艺术上确实是有价值的内容”，2011 年，徐美辉先生对其进行修订，列入《湖湘文库》重新出版（中国音乐研究所编、徐美辉修订整理：《湖南音乐普查报告》，湖南人民出版社 2011 年版）。1979 年，文化部、中国音乐家协会联合组织成立《中国民间歌曲集成・湖南卷》编辑委员会，对湖南民歌进行第三次普查。1981 年，调查报告作为内部资料按长沙、湘潭、株洲、衡阳、邵阳五市，岳阳、湘潭、衡阳、郴州、零陵、邵阳、涟源、益阳、常德、黔阳十地区和湘西自治州为单位，出版成十六个分册。十余年后，这些分册被汇总为《中国民间歌曲集成・湖南卷》上、下卷正式出版（中国 ISBN 中心 1994 年版）。2007 年，又经修订被收进《湖湘文库》（湖南省文化厅编：《湖南民间歌曲集成》（1-4），湖南文艺出版社 2008 年版）。令人遗憾的是，当初作为内部资料分册出版时，每个地、市、州分册前面的文字概述，对于本地民歌的历史渊源、各类分布等内容本来阐述得相当细致，合成两卷后，变成一篇笼统的《湖南民歌概述》，这篇文字高度有所提升，但详细程度有所下降。本书后来修订入《湖湘文库》时，又删去图表，修订文字，并删去原第 398 首。可以说资料价值不断下降。

资区，二是沅澧区。后者有相当发达且形式特别的田歌，前者大多没有田歌，或虽有却并不发达。

沅澧区的特殊田歌各地称呼不尽相同，一般称“薅田鼓”，沅水中上游又称之为“茶山鼓”，酉、澧二水流域称“薅草锣鼓”或“挖土歌”。这是一种劳动号子与山歌相结合的田歌[①]，以锣鼓或再加钹作为伴奏，用于山区集体劳动场合。

薅草锣鼓的表演形式，民国《慈利县志》有非常详细的说明：“其假为娱乐，用以节宣劳力。喁于互奏，前邪后许。一唱递和，是为打鼓。四月农忙，薅草分秧。又或植树，采茶条桑。是利用众，击鼓其镗。桴落歌纵，慷慨激昂。搬演故事，贯珠引吭。琐琐琐琐，数如家常。歌声鼓声，乍抑倏扬。鼓奋力奋，厥进排墙。朝暾合作，到夕阳黄。田歌之乐，乐且未央。又可目之为劳力之鞭后。”其中不仅有唱歌，甚至还会“搬演故事”。

这一歌种在沅澧流域分布相当普遍。《黔阳分册》称：“茶山鼓是我区一种劳动号子与山歌相结合的田歌。”《湘西分册》云：“薅草锣鼓流行于大庸、桑植、龙山、永顺、保靖、古丈等县。”《常德分册》载石门等山区有薅草锣鼓。其平原地区虽然没有薅草锣鼓，但当地田歌也相当发达，有插秧、车水等类型，“在插秧、薅稻和锄棉等集体劳动场面时才盛行”。

相比之下，湘资流域的田歌要逊色得多。《郴州分册》和《零陵分册》都没有提及这一歌种。《衡阳地区分册》以为“田歌即指在田间劳动时唱的山歌”。《长沙分册》说，田歌“特点与高腔山歌同”。《涟源

---

① 据《黔阳分册》，它常于劳动时演唱，借以鼓舞干劲。但不与劳动合拍，故与劳动号子有所不同。它类似组歌，可分高腔、平腔两种。

分册》称其田歌节奏自由,“常由一人领、众人和”,具有山歌与号子相结合的意味。《岳阳分册》载其平原地区的田歌也是如此,出现了“领、和两个声部交替出现的演唱形式,齐唱类似劳动号子的和腔”。这些地方的田歌均无伴奏,与薅草锣鼓完全不是同一回事。

值得注意的是,薅草锣鼓并非沅澧流域的特产。它在湖北、贵州、四川均有分布[①]。湖北的调查资料表明,薅草锣鼓在湖北流传很广泛,各地的叫法五花八门。有“栽田鼓”“栽田锣鼓”“栽禾鼓”“插田鼓”“落田响”“畈腔”“田号”“山鼓”“挖山鼓”“山锣鼓”“挖地鼓”“打单鼓”“栽秧锣鼓”“扯草锣鼓”“秧田锣鼓”“薅草赶鼓”“花锣鼓”“吹锣鼓”“叫歌锣鼓”“阳锣鼓”等异称。其题材内容非常丰富,“有唱历史人物的,有唱传奇故事的,有传授农村知识的,也有歌师傅即兴口头创作的”。演唱方法为“一领众和”,一个鼓师叫“打单鼓”,两个歌师叫“双鼓”“担鼓”。各地行腔差异很大,有“锣鼓不出乡,各是各的腔”之说。在咸宁地区、黄冈地区、孝感地区、荆州地区、宜昌地区、鄂西自治州、鄂西北均有分布[②]。其中,汉水中游的鄂西北地区尤为发达[③]

贵州的资料称,薅草歌“又称薅草锣鼓、打闹歌,是流行于黔北、黔东各地农村的一种季节性的农事劳动歌曲”。每当“旱地中耕除草

---

① 天鹰《1958年中国民歌运动》(上海文艺出版社1959年版)已注意到湖北和四川都有薅草锣鼓(第35页)。陈建宪先生在《湖北薅草锣鼓的分布与特点》一文(载《长江大学学报》社科版,2014年第7期,第19—23页)中认为,湖北“很可能是薅草锣鼓这种民间文学形式流行的中心地带”。

② 《中国民间歌曲集成》全国编辑委员会编:《中国民间歌曲集成·湖北卷》,北京:人民音乐出版社1988年版,第43—44页。

③ 参张晓虹:《汉水流域传统音乐文化形成的历史地理背景》,载《黄钟(武汉音乐学院学报)》2016年第1期,第24—35页。

季节”，由歌师（或称歌郎）二人搭档，一人司鼓，一人司锣，在劳动队伍旁边且打且唱，“打、唱、逗、说，插科打诨相间进行”，将鼓动性、娱乐性、表现性有机地融为一体，“成为薅草农事劳动不可分割的组成部分”①。

四川的“薅秧歌”“薅草歌”“薅草锣鼓”也是指农历五六月集体进行薅秧、薅草劳动时，为鼓励劳动热情而在田间地头演唱的大型山歌表演形式，“在四川农村普遍流传”。在各地也有“薅秧号子”“薅草号子”“打闹”“锣鼓草”“打鼓草”“锣鼓腔”等不同称呼。也有人将不带锣鼓伴奏的单曲称为“薅秧歌”“薅草歌”，而将锣鼓伴奏、结构为联曲体的称为“薅草锣鼓”。②

这样一种民歌形式，具有非常古老的起源。1953 年，四川绵阳新皂乡的东汉墓出土一套反映水田劳动的陶俑，其中便有一个击薅秧鼓。1982 年，绵阳市城郊公社高涧槽何家山嘴一座东汉墓又出土一件陶秧鼓俑。这些出土实物表明汉代巴蜀地区已流行在田间击鼓配合劳动的风俗③。北宋王禹偁在商州记述丰阳、上津二县的习俗，也称当地在斫好山田、播种之后，即“酿黍稷、烹鸡豚”，先与亲友相约：“某家某日有事于畬田。”亲友闻讯，“虽数百里如期而至，锄斧随焉”，到了以后“行酒啖炙，鼓噪而作”。劳动时请人在田边击鼓，“援桴者有勉励督课之语，若歌曲然”。④个中情景，与薅草锣鼓十分类同。

---

① 《中国民间歌曲集成》全国编辑委员会、《中国民间歌曲集成·贵州卷》编辑委员会：《中国民间歌曲集成·贵州卷》，中国 ISBN 中心 1995 年版，第 43 页。

② 《中国民间歌曲集成》全国编辑委员会、《中国民间歌曲集成·四川卷》编辑委员会：《中国民间歌曲集成·四川卷》，中国 ISBN 中心 1997 年版，第 26—27 页。

③ 参杨胜兴：《长江流域薅草锣鼓的历史考证》，载《音乐研究》2017 年第 5 期，第 60—67 页。

④ 王禹偁《小畜集》卷 8《畬田词序》。

苏轼在其《眉州远景楼记》中记述:“吾州之俗,有近古者三”,其一是“四月初吉,谷稚而草壮,耘者毕出。数十百人为曹,立表下漏,鸣鼓以致众。择其徒为众所敬畏者二人,一人掌鼓,一人掌漏,进退坐作,惟二人之听”。[①]可见薅草锣鼓的风俗在蜀中甚盛。

湖南的薅草锣鼓资料出现相对较晚,目前所见明中叶才有记载。嘉靖《澧州志》称:“插秧耘草,多打鼓唱歌,鄙俚中亦间有说古道今者。”清代资料渐多。乾隆《沅州府志》谓当地:“树艺之后,薅治不甚用力,农人连袂步于田中,以趾代锄,且行且拔,膝间击鼓为节,徐徐前却,用是芜草皆尽焉。”[②]嘉庆时,石门也出现了类似的记载:“每耕耘时,出入相友,唱插秧歌、薅草歌。树旗打鼓,人力益竞。”[③]不过这种记载都比较零星。直到 20 世纪 70 年代民歌普查,它的分布才比较明朗。

显而易见,沅澧流域盛行的薅草锣鼓这一民歌,表明它与湖北和西南的黔、川具有某些相同的文化特质。这是很容易理解的。在历史上,沅澧流域长期归属于以湖北为中心的高层政区。它与江汉平原毗邻,本身又属于云贵高原。此与湖北、贵州具有这样一种文化相似性,实在是顺理成章之事。

两个大区中,又可以进一步分为若干亚区,依据是山歌的地域特点。山歌在全省都普遍发达,唯其如此,其地域分异不如田歌显著,故以之为亚区划分的依据。

湘资区中,可以划为三个亚区,其一为长岳亚区,即清代的长沙、

---

① 《眉州远景楼记》,《苏轼文集》卷 11,中华书局 1986 年版,第 352 页。

② 乾隆《沅州府志》卷 50。这一内容在同治《沅州府志》卷 19、同治《芷江县志》卷 44 中沿袭不改。

③ 嘉庆《石门县志》卷 18。

岳州二府，其二为衡宝亚区，即清代衡州、宝庆二府，其三为郴桂永亚区，即清代永州府和郴、桂阳二府。其划分依据是山歌的曲体。

在长、岳二府，山歌以五句头为主。《岳阳分册》称其“民歌大都是七字句五句体”。《湘潭地区分册》亦云“湘潭山歌的特点，多用五句式的”。《长沙分册》称其“山歌的词通常是七字一句，多以五句为一首”。

衡、宝二府的五句头山歌也较多，但不占主要地位《衡阳地区分册》称其山歌“多为七字句四句体，但在山歌之乡的衡山、衡东县，更有七字句五句体”。《涟源分册》称其山歌“句子常用七言句，七言四句、七言五句、七言六句”。而在郴、桂、永三属，五句头则相当少见。《零陵分册》《郴州分册》在概述中未提及五句头。检核其所录歌曲，一首五句头都没有，全部是四句头。

沅澧区中，可以划分为两个亚区，其一为常澧亚区，即清代常德府和澧州；其余的辰州、沅州、永顺三府、靖州和乾州、永绥、凤凰、晃州四厅则为辰沅永靖亚区。

由于沅澧流域山歌的地域分异特别明显，此地不需像湘资区那样以曲体为依据。辰沅永靖亚区的低腔山歌和放牛山歌很不发达。《黔阳分册》《湘西分册》未言及此两类，而以高腔最多，平腔也较普遍。以此便可以划分出两个亚区。

湘资区中三个亚区的成因有待进一步探讨。沅澧区中两个亚区的产生则很好理解。放牛山歌是农业较为发达的产物，辰沅永靖亚区农业经济一直不如常澧亚区发达，不少地方长期刀耕火种，也就难以发育放牛山歌。低腔山歌又名哼歌子，是妇女在室内轻声吟唱的民歌形式，它的出现是汉化程度较高的标志。辰沅永靖亚区中少数民族比例较高，他们的妇女可以在自由歌唱，也就无须低腔山歌。

第四章　湖南的宗教信仰

与语言一样，宗教是第一等重要的文化生发器。对于某些宗教来说，信仰不仅影响其信众的思维观念和行为方式，而且是一件关乎其存在、决定其生死的事。在人类历史上，因为宗教信仰不同，暴发过不少影响人类历史进程的战争。中华文化向来追求和谐，对于宗教不很执着。但自汉代佛教传入中国，经过两千年涵濡同化，佛教对中华文化的影响还是深入到方方面面。同时，与之共同起作用的还有一些起源于本土的民间信仰。它们虽然层次高低有别，但对于地域文化的意义大体相仿。本章就湖南的情况对此展开探讨，分佛教和民间信仰两节来揭示其间的区域差异。

第一节　湖南佛教的分布变迁

佛教兴起于古印度北部，大约在公元前后传到中土。佛教传入中国的路线主要有两条，一是从西域经河西走廊的丝绸之路，还有一条是从南亚、东南亚近海到东部沿海地区的海上丝绸之路。此外还有一条是藏传佛教所经的西南丝绸之路。这几条路线，无论从哪一条看，湖南的位置都比较偏远。因此，佛教传入湖南的时间，在全国总体上算是比较晚的。

佛教传入中国，从东汉到西晋，都只是在丝绸之路沿线，长安、洛阳附近，以及东部沿海地区的个别城市传播。影响到的群体也主要是社会上层。永嘉丧乱以后，南方的东晋，北方的五胡十六国，不约而同地，佛教呈现出一波爆发式传播。从地域上迅速覆盖到全国各地，阶层上从原来的社会上层广泛普及到全社会。在这样的背景下，佛法才波及到三湘四水。

一、东晋南朝时期

湖南之有高僧活动，据可靠记载，始于东晋。其时高僧的活动只分布于两地，一在长沙麓山，一在武陵平山。

梁释宝唱所撰《名僧传》卷八有《晋长沙麓山寺释法崇传》，传文已不得而见[①]。而《高僧传》卷四有《晋剡葛岘山竺法崇传》，称之“尝游湘川麓山，山精化为夫人诣崇请戒，舍所住出以为寺。居之少时，化洽湘土”。如此则麓山寺当为竺法崇所建。两部僧传所载之“释法崇”与“竺法崇”应即同一人[②]。

《名僧传》卷二十八目录又有《晋武陵平山惠原传》，而《高僧传》卷十三也有《晋武陵平山慧元传》，也应为同一人[③]。《慧元传》载他“晋太元初于武陵平山立寺，有二十余僧；太元十四年(398)卒，沙门竺慧直居之”。则武陵平山之香火，似不减于麓山。平山地在今常德县西三十里，一名河洑山。

---

① 目录见《名僧传钞》，《卍续藏》。

② 按晋代僧人之姓氏尚未形成定俗，姓“竺”者自可姓“释”。而僧传目录所称之某僧住锡地，亦无严格标准，“葛岘山竺法崇”亦可称“长沙麓山寺竺法崇”。

③ “惠”“慧”本同，“元”“原”同音。

南朝时期高僧活动于湖南的记载则渐多,分布地域亦稍广。除上述晋代二地外又增加了南岳。武陵之高僧活动于南朝前期,《名僧传》卷二十八目录有《宋武陵显宋寺慈钦传》,足见南朝初期驻锡该地之僧侣仍有闻人。

活动于长沙的高僧数量最多,《高僧传》中有《刘宋长沙麓山法愍传》,称他"隐迹于麓山,终身不出"。另外还有不少高僧来此进行过其他形式的弘法活动,刘宋有 6 人,齐、梁二代各 2 人[①]。以此观之,南朝前期湖南的佛教中心无疑在今长沙。活动于衡阳的高僧直到陈代始见于记载。光大年间(567—568),慧思将四十余僧径趋南岳[②],南岳就此成为一佛教要地,在南朝后期成为湖南的佛教中心。

僧人之出家,乃是当地民众的佛教信仰到达一定程度之后的反映。晋代湖南尚未出有高僧,南朝时期则渐见于史籍。天门澧阳有慧成[③],长沙有慧命[④],衡阳湘乡有僧景[⑤]。另外,道盛"幼而出家,始住湘州"[⑥],是其出生应在长沙;又僧馥为澧泉人[⑦],应指天门,如此则湖南一共出有 5 人。

寺院的分布可以从另一个角度来反映佛教活动的分布。晋代湖南所建的寺院,可以坐实的仅有两处,一为长沙麓山寺,一在武陵平山。平山之寺,见于上引《慧元传》,但确切寺名已不可考。麓山寺之建造,见于前引《竺法崇传》,此后历代均见于史乘,其建造时间,传未

---

① 《高僧传》本传,上海古籍出版社 1991 年影印版。
② 《高僧传》本传。
③ 《高僧传》本传。
④ 《高僧传》本传。
⑤ 《广弘明集》卷 23,上海古籍出版社 1991 年版。
⑥ 见《高僧传》本传。
⑦ 见《高僧传》本传。

明载，当在四世纪末至五世纪初①。

南朝时期，湖南寺院分布于武陵、长沙、衡阳、巴陵四地。武陵之寺，即《名僧传》所载显宋寺，是否与晋代平山寺有关，已不可知，然“显宋”之名有谀主意，则其修造当在刘宋。即使建于此前，刘宋时亦必有更名之举。长沙除麓山寺外，还有果愿寺、石槨寺②。

衡阳虽有慧思将四十余僧弘法传教，然而僧传中并未有关于其所住寺院的记载，倒是宋代史籍中出现了一些南朝时期的寺院名称，计有岳禅寺、西禅寺、南台寺、方广寺、法轮禅寺、会善寺、景德寺 7 座③，这些寺院多分布在南岳。巴陵并未有高僧活动，然而该地寺名可考者却有 2 个④。

佛法的传输，是靠僧人的活动来实现的。东晋南朝时期湖南佛法的传输，比较重要的是来自北方和东方。武陵平山慧元本为河北人，则其来自北方，已不待言；建麓山寺之法崇，未详何处人，其所从来则是江东⑤。南朝时期僧人活动记载渐繁，来往线路较为清楚。入湘僧人多来自荆州与建康二地⑥。离湘僧人所经路线情形较为复杂，

---

① 晚近方志悉称麓山寺建于泰始年间，如乾隆《长沙府志》称建于泰始四年(268)，《大清一统志》称建于泰始元年。实际上，有关麓山寺建造之记载，最早为《竺法崇传》。法崇之生卒年不详，然传文载其“与隐士鲁国孔淳之相遇”。孔淳之《宋书》有传，元嘉七年(430)卒，时年五十九，则其生年当在公元 371 年。法崇与孔淳之相遇，在元嘉(424—453)略前，法崇叹曰：“缅想人外，三十年矣。”则法崇之生当在四世纪中叶。

② 《慧命传》载，其年十五从果愿寺能禅师出家；《梁书》卷 55 载信州刺史鲍泉讨湘州刺史河东王萧誉，军于石槨寺。

③ 《南岳总胜集》，《大正藏》。

④ 《续高僧传》卷 25 有《巴陵显安寺释法施传》，是知该地有显安寺。《艺文类聚・内典》载陈代阴铿有《游巴陵空寺诗》，是知陈代巴陵人空寺。

⑤ 细玩《法崇传》文，他在麓山为时不久，而“后还剡之葛岘山”，由此可知此前当在江东活动。

⑥ 来自荆州者，有慧琳、慧安、僧慧；来自建康者，有白头达、法安、昙迁、昙智、慧澄等。另有法愍来自江夏，慧思来自光州。

但去向仍以此二地为多①。

在慧思入驻南岳之前,外来僧人多已学成,而湘土所出诸僧又均往外地以求深造,说明此地佛法以接受为主。此后外地僧人纷纷来此受业,声教所及且达域外②。

与毗邻的今湖北、广东、江西三省相比,湖南其时尚相当落后。南北朝僧人有出生地可考者凡 513 人,湖南仅得其 5;僧传列名者 291 人,湖南仅得其 2;寺名可考者 816 个,湖南仅得 16;三项数字均少于上述三省。而且对于佛教发展极具意义的佛典译撰,上述三省均有,湖南独为空白③。

二、隋唐时期

隋唐是我国佛教发展史上的鼎盛时期,关于其地理方面的研究已经出现了一些成果,但基本上都是全国范围的④,故此以湖南一省加以论述。

(一)高僧籍贯

隋唐时期湘籍高僧共有 7 人,见于《求法高僧传》的有澧州僧哲和大律;见于《宋高僧传》的有桂阳道行(今郴州)、益阳齐己 3 人,另外慧云湖湘人,确切地点不明。碑铭见于《全唐文》的则有零陵日悟

---

① 澧阳慧成,前往十住寺受业,寺在当阳。澧泉僧馥则远达建康,居道场寺、南林寺。活动于长沙的志安还返江陵,道盛、白头达、慧琳及同学慧度俱适京师建康,而昙智、昙超皆游吴;衡阳湘乡僧景初至江陵、后入庐山,而受业南岳之慧耀则先至巴丘、后沿江西上。此外有法安自长沙往番禺,慧命自衡阳至沔阳,玄光则自衡阳返锡江南。

② 如慧耀为襄阳人,玄光为新罗人。

③ 参拙文《南北朝佛教地理的初步研究》上、下篇,载《中国历史地理论丛》1991 年第 4 期、1992 年第 1 期。

④ 如:李洁华《唐宋禅宗之地理分布》,《新亚学报》第 13 卷;辛德勇《唐代高僧籍贯及驻锡地的分布》,载《唐史论丛》第四辑,三秦出版社 1988 年版。

和潭州惠闻。从流域上看湘水流域多一些，次为澧水流域；以政区而言则只有潭、澧二州稍多(各 2 人)。

所出高僧如此之少，在当时的全国可谓微不足道。

(二)弘法活动

对高僧的驻锡地点进行统计，《续高僧传》与《宋高僧传》中驻锡湖南的高僧列传者 27 人，附见者 13 人，另外驻锡外地的高僧中还有 5 人早年曾来湖南求法。这些数字与上述高僧籍贯在全国的地位相比，大大地出超。

驻锡湖南的高僧，27 人中有 5 人籍贯不明，其余 22 人只有 1 人为本省人，其余 21 人全属外省，分别来自今福建、江西、陕西、江苏、湖北、广东、山西、浙江、山东、四川诸省。此外《全唐文》中还有 8 位高僧的碑铭，其 4 位可知籍贯者，有 2 人为本省籍，另 2 人来自今广西、四川二省；怀素《自叙帖》称其家长沙。这些可视为《高僧传》的补充，表明湖南已是一个具有全国性影响的弘法区域。

所有这些高僧，驻锡于衡州的最多(19 位)，潭州次之(7 位)，澧州又次之(5 位)，朗州(3 位)和岳州(2 位)较少。即都在湘水中下游及沅、澧二水下游。

衡州之所以能独占鳌头，是因为它境内有南岳衡山。驻锡衡州的高僧，几乎全在南岳，这里的法集规模很大，不仅为湖南之最，而且还是当时全国有数的佛教名山之一，堪与媲美的大概只有清凉、嵩岳、天台、终南诸山。

南岳佛法之兴肇始于慧思，门下最知名者智顗后居天台，而南岳“徒众不异大师在时”[①]。唐代中叶又有新的发展，先天二年(713)怀

① 《国清百录》，《大正藏》。

让来到南岳,广德二年(742)希迁接踵而至,经过希迁半个世纪(742—790)的弘法,南岳成为南方的佛教中心之一。史称"自江西主大寂(道一),湖南主石头(希迁),往来憧憧,不见二大士为无知矣"[1]。

会昌五年(845),唐武宗下诏毁法,佛教遭遇了中国历史上最大的厄难。南岳自不例外,如昂头峰日照,只好"深入岩窟,饭栗饮流而延喘息"[2]。但就总体而言,会昌灭佛对南岳带来的好处甚至还超过了害处。此前南岳以禅宗盛,不过为众多名山之一而已。会昌以后他宗衰微,禅宗独盛;禅宗中北秀一派也式微,曹溪一派独盛;曹溪门下他支亦式微,独洪州、石头两宗大盛,被视为曹溪正统。这两宗都与南岳有很深的因缘,南岳的地位愈加崇隆。

与衡州相比,在潭州活动的高僧虽然数量有所不逮,但其分布却广泛得多。州城有延寿院、东寺,州城隔湘水有岳麓山,此外有大沩山、石霜山、道吾山等处。

麓山寺为南朝名刹,仁寿二年(602)曾建舍利塔,表明当时在全国较有地位。长沙东寺的如会得法于马祖道一,"自大寂去世,其法门鼎盛,时无可敌,谚谓东寺为禅窟"[3]。园智"居长沙道吾山,海众相从,犹蜂蚁之附王焉"[4]。

随着佛教的兴盛,原来介于文化结点之间的一些空白地区也逐步受到濡染,如大沩山(今属宁乡市),本来"蟠林穹谷,不知其岚几千百重",荒无人烟,"虽夷人射猎虞迹樵氓不敢田从也"。但自从灵祐栖止此山,"其徒稍稍从之,则与之结构庐室,与之伐去阴黑,

---

① 《宋高僧传》卷9本传,中华书局1987年版。
② 《宋高僧传》卷12本传。
③ 《宋高僧传》卷11本传。
④ 《宋高僧传》卷11本传。

以至于千有余人”[①]。

会昌灭佛，潭州进行得相当彻底，焚撤书像殆无遗者，故复法以后道林寺释疏言北游太原，往求释氏遗文，“凡得释经五千四十八卷，以大中九年(855)秋八月辇自河东而归于湘焉”[②]。又值“湖南观察使故相国裴公休酷好佛事”[③]。潭州佛教渐复于旧，晚唐时仍有外地僧侣前来求法，如“释宗合，闽越人也，游岳泛湘以求知识焉”[④]。

岳州在唐代也栖有高僧，前期有法施，后期有无姓和尚法剑。当时，“河东裴藏之举族受教，京兆尹弘农杨公某以其隐地为道场，奉和州刺史张惟俭买西峰广其居。凡以货利委堂下者不可选纪”。[⑤]可见其法集影响不小。

澧州的高僧活动相当频繁，唐代初期是本地高僧出外求法[⑥]，中叶以后才有高僧来此栖息。慧演住澧阳，“江南得道者多矣”[⑦]。元安入灭已将近唐末，他主要是参文字禅，史载其“答酬请益，多偶句华美，为四海传焉”[⑧]。

朗州与潭州一样，也是省内佛教分布较早的地方，唐代后期又有3位高僧弘化于此。慧昭住开元寺，极有感通。《宋高僧传》称其生

---

① 《全唐文》卷820郑愚《潭州大沩山同庆寺大园禅师碑铭并序》。

② 《全唐诗》卷566李节《赠释疏言还道林寺诗并序》。

③ 《潭州大沩山同庆寺大园禅师碑铭并序》。按此事《宋高僧传》本传称：“遭会昌之澄汰，又遇相国崔公慎由崇重加礼。”以为崔慎由事，考《旧唐书》卷177，崔于大和六年(832)已故，误。

④ 《宋高僧传》卷22本传。

⑤ 《全唐文》卷587柳宗元《岳州圣寺无姓和尚碑铭并序》。

⑥ 《大唐西域求法高僧传校注》(中华书局1988年版)载有僧哲、大津。

⑦ 《宋高僧传》卷29本传。

⑧ 《宋高僧传》卷12本传。按今本《宋高僧传》似已将慧演、元安二传编排次序互倒，今慧演传列入卷29“杂科声德类”，然传文所及皆坐禅事，元安传列入卷12“习禅类”，而传文所及又为声德。

于梁普通七年(526),殁于元和十年(815),活了二百九十岁[①]。简直不可思议。宣鉴本来居于澧阳,咸通初(860)始居德山,传称“其道芳馨,四海禅徒辐凑,伏腊堂中常有半千人矣”[②]。

以上是根据高僧活动的分析,此外根据寺院的分布,可知在湘水上游亦有佛教信仰。日悟和尚开元中“居本郡龙兴寺”[③],所谓本郡,应指零陵。而《景德传灯录》卷24载郴州有太平院。

(三)佛教宗派

隋唐时期,佛教宗派大兴,湖南有天台宗、律宗、净土宗、禅宗四宗。

1. 天台宗

湖南佛法之兴,与天台宗大有关系。天台宗有一段很重要的传承是:慧文——慧思——智颤。慧思中年以后驻锡南岳,湖南佛法由是而兴,可以说,湖南自思师入住南岳以后所兴起的佛教便是属于天台宗[④]。慧思于陈太建九年(577)卒,身后法脉流于湖南者均不显,其名号仅藉智者天台一脉得以流传。

唐人有不少认为天台宗是佛教正宗,“佛道逾远,异端竞起,唯天

---

① 《宋高僧传》卷18本传。又《太平广记》卷92引《宣室志》云:“唐元和中武陵开元寺有僧惠照……好言人之休咎而皆中。”当即此人。

② 《宋高僧传》卷12本传。

③ 《全唐文》卷587柳宗元《南岳般舟和尚第二碑序》。

④ 有人意见与此相左,郭朋认为“不仅慧文同天台宗没有什么关系,就是慧思,同天台宗的关系也并不多”(见氏著《中国佛教简史》,福建人民出版社1990年版,第176页)。但这种说法并不稳妥,因为其立论的基点便是“智颤立天台宗”。汤用彤指出:其实“智者在世不但无自立宗派传统之意见,而且其遗文中亟叹无可传法之人”,直到智者弟子灌顶,始“渐有法统思想”。而且从宗教理论上看,智颤虽为天台教主,但其法脉直接传自慧思(见氏著《隋唐佛教史稿》,中华书局1985年版)。在唐代,思、智二师对天台宗具有同等的地位,由圆仁《入唐求法巡礼行记》(上海古籍出版社1986年版)可见一斑。

台大师为得其说”。唐后期岳州圣安寺有无姓和尚法剑，“绍承本统，以顺中道，凡受教者不失其宗”。其弟子之首曰怀远师，后来“居长沙安国寺”①。此后天台宗在湖南便再无闻人。

2.律宗

唐代后期刘禹锡说：“佛法在九州间，随其方而化。中夏之人汩于荣利，破荣莫若妙觉，故言禅寂者宗嵩山。北方之人锐以武力，摄武莫若示现，故言神通者宗清凉山。南方之人剽而轻，制轻莫若威仪，故言律藏者宗衡山。是三名山为庄严国。”②此语简而得要，充分肯定了南岳在律宗方面的地位。

大约在唐中叶以前，衡山律门却并不发达。柳宗元称：“佛法至于衡山，及津大师始修起律教，由其坛场而出者为得正法。”③遗憾的是于津公其人不甚明了。幸而刘禹锡曾记载：“南岳律门以津公为上首。之后云峰证公承之，证公之后湘潭俨公承之。星月丽天，珠玑同贯，由其门者为得正法焉。”所谓俨公即智俨，登坛莅事三十八载，为公元780—818年④。云峰证公即云峰寺法证，《全唐文》中有其碑铭两通，莅事凡五十年，为公元751—801年⑤。

号称为津公大弟子者又有日悟和尚，柳宗元称其“尽得师之道，次补其处，浮图者宗”，处坛场三十七年，约当公元767—804年⑥。如此则津公约于公元767年前后归殁。也就是说，津公登坛，约在开元至大历间。

---

① 《全唐文》卷587柳宗元《岳州圣安寺无姓和尚碑铭并序》。

② 《全唐文》卷610刘禹锡《唐故衡岳律大师湘潭唐兴寺俨公碑》。

③ 《全唐文》卷587柳宗元《南岳般舟和尚第二碑并序》。

④ 《唐故衡岳律大师湘潭唐兴寺俨公碑》。

⑤ 《全唐文》卷587柳宗元《南岳云峰和尚碑》。

⑥ 《南岳般舟和尚第二碑并序》。

津公弘法的状况已不得而知。云峰证公则史称其徒“凡三千余人”,又从其所命而度者凡五万人[①]。智俨则度万有余人,传律弟子有中巽、道准[②]。

此外还有两位律师。其一为希操,曾与李泌(722—789)同时,“会南尼戒法坏而复正,由公而大兴;衡岳佛寺毁而再成,由公而丕变”[③]。其二是惠闻,乾元元年(758)“命衡山立毗尼藏,诏选讲律僧七人,师应其数”,据说前后“被教戒为学者数万”[④]。

上述诸僧均未见于《高僧传》记载,似乎反映南岳戒法在全国并无地位。《宋高僧传·明律篇》载有衡岳寺昙清,学于吴县北院道恒宗师,后留南岳化徒。其行年无考,已到了唐代后期。元和中他曾与义嵩辩论,时“故相令狐楚犹为礼部外郎,判转牒据,两街传律断昙清义为正,天下声唱”。赞宁系之曰:“清公南山宗崛起别峰,人咸景仰。”[⑤]可见他所弘为南山宗,且在全国很有地位。

3.净土宗

湖南之有净土宗,主要是在南岳衡山。

承远和尚,在广州师从慈敏三藏,“依《无量》授经,修念佛三昧”,得法后于天宝初年(742)还居衡山。开始还只是独自修行,“居靡童侍,室无斗储。一食不遇则茹草而过,敝衲莫完而岁寒自若”。永泰中法照来师从,从此“远近聆风,归依载路”;承远“大建法宇,以从人欲,轮奂云起,丹刻化成,走檀信于十方,尽庄严于五会”[⑥]。所谓五

---

① 《南岳云峰和尚碑》。

② 《唐故衡岳律大师湘潭唐兴寺俨公碑》。

③ 《全唐文》卷591柳宗元《衡山中院大律师塔铭并序》。

④ 《全唐文》卷587柳宗元《南岳大明寺律和尚碑并序》。

⑤ 《宋高僧传》卷15本传。

⑥ 《全唐文》卷630吕温《南岳弥陀寺承远和尚碑》。

会，即五会念佛道场，谓五日为一会。据传“衡州举郭咸见弥陀佛与文殊、普贤一万菩萨俱在此会”[①]。

大历末年法照与同志数人北谒五台山，“北辕有声，承诏入觐”，并且“奏陈师德，乞降皇恩”，于是“道场有般舟之号”，贞元中又赐额弥陀寺[②]，以致于“南极海裔，北自幽都，来求厥道”[③]。

承远没于贞元十八年(802)，已于南岳弘化六十来年。据载“度生二七，会供千人”[④]，但是弟子知名者只有法照。

此外又有日悟和尚，上述戒律的内容中已经提及。他既是一位律师，又弘净土教门。他曾求法于庐山，“执业于东林恩大师，究观秘义”，然后又“服勤于紫霄远大师，修明要奥”。开元中诏定制度师，他便“居本郡龙兴寺”，当是回到故乡永州；“肃宗制天下名山置大德七人，兹(南)岳尤重，推择居首”[⑤]，从此居留南岳化众。

日悟的修持方法与承远的五会有所不同。他曾“道场专精，长跪右绕，不衡不倚凡七日者百有二十”，表明他所奉的乃是《般舟三昧经》。经过他的努力弘化，“凡南方人颛念佛三昧者，必由于是”，寺也被“命曰般舟台焉”。身后“有弟子曰景秀，嗣居法会”[⑥]。

4. 禅宗

禅宗传入湖南，当始于善伏和尚。善伏《续高僧传》卷二十有附传，载他曾到“蕲部见信禅师，示以入道方便”。所谓信禅师，乃指禅宗四祖道信。善伏后居南岳，但看不出他产生过多大影响。

---

① 《宋高僧传》卷 21 本传。并称其时为大历四年(769)。

② 《全唐文》卷 630 吕温《南岳弥陀寺承远和尚碑》。

③ 《全唐文》卷 587 柳宗元《南岳弥陀和尚碑序》。

④ 《全唐文》卷 630 吕温《南岳弥陀寺承远和尚碑》。

⑤ 《全唐文》卷 587 柳宗元《南岳般舟和尚第二碑序》。

⑥ 《全唐文》卷 587 柳宗元《南岳般舟和尚第二碑序》。

善伏的生卒年不详,只能推断他大概活动于唐前期。继之来到南岳传播禅宗的是怀让,据称“远自梁益,近从荆吴,云趋景附,风动川至,灵山圣会,今古一时至矣”①。但他的弟子产生影响并不在湖南。马祖道一从怀让得法,振鼓于洪州,目为洪州宗,其弟子四处弘化,法孙又影响到湖南潭州。

真正让湖南禅宗兴盛起来的是石头希迁。他初入曹溪慧能门下,后来“闻庐陵清凉山(行)思禅师为曹溪补处,又振衣从之”。天宝初(742)入住衡山,号石头和尚②。其弘法盛况上文已述,后人称其法门为石头宗。

从怀让到希迁,都是曹溪法门。希迁法脉流播于外地,衡岳则有昙藏、皓玉、全玼较为著名。昙藏“得禅诀于大寂之门,后见石头希迁禅师”③。皓玉“于荷泽会下大明心印”④。全玼则为径山法济大师之后⑤。

除了曹溪法门,岳中也有渐门。澄心“参玄于秀师高足门下,了其法要”,稍晚于石头来止衡岳,“请益之僧摩肩骈足”⑥。唐末又有高僧日照“游嵩岳,问圆通之诀,欣然趣入”。嵩岳本来是北秀渐门化

---

① 印顺《中国禅宗史》认为:怀让“当时只是与少数学人,度着禅的生活,没有公开的开法传禅”(上海书店1992年版,第322页)。其依据是《园觉经大疏钞》载:“让和上是六祖弟子,本不开法,但山居修道。”但《宋高僧传》卷9希迁传载:“初,岳中有固、瓒、让三禅师,皆曹溪门下,佥谓其徒曰:彼石头真师子吼,必能使汝眼睛清凉。由是门人归慕焉。”这里固师未知谁指;瓒师殆指明瓒,即俗传所谓懒残;而让禅师则指怀让,其有门徒显然可见。故笔者认为问题是对“开法”的理解,让师诚未开法立宗,但不能即此断定没有传禅。否则对让法师脉衍为洪州宗这一史实便无法解释。

② 《宋高僧传》卷9本传。

③ 《宋高僧传》卷11本传。

④ 《宋高僧传》卷29本传。

⑤ 《宋高僧传》卷30本传。

⑥ 《宋高僧传》卷29本传。

地，日照得法后便居南岳昂头峰，其时大约在公元825年。后来遇上了会昌灭佛，上文已述，大中衡岳佛法复兴，颇赖其力。日照传法可能颇有其自己的特点。史载“天下谓其禅学为昂头照”[①]。惜乎及身而没，未有知名弟子。

会昌灭佛以后，佛教他宗均告式微，只有禅宗大盛，与南岳关系甚深的洪州、石头两宗，被认为禅学的主流。但这两宗在南岳却再未出高僧。

以上所述乃是以南岳为中心，兹再就潭州展开讨论。

潭州禅宗之弘始于唐中叶。恒月挂锡望湖山翠微院，“四方学者如蜂得王，翕然盛化”。他行年与希迁相仿佛，但法门迥异。他从京师得度后“造嵩山禅会，便启发心要”[②]。显然到潭州来弘化北秀渐门。稍后来到潭州的高僧是如会，更晚的有园智，其弘法情形上文已述，均为南能顿门。

禅宗南能北秀两宗在潭州并存，虽未见重大冲突，但颇使一些人无所适从。如龙安就认为：“由达摩至忍五世而益离，离而为秀为能，南北相訾，反戾斗狠，其道遂隐。”[③]于是他企图合而调停，“北学于惠隐，南求于马素，咸黜其异，以蹈乎中。乖离而愈同，空洞而益实。作《安禅通明论》”。龙安这一想法可谓宏伟，可惜南顿北渐势如水火，他既缺乏足够的威望，又没有光大师门的弟子[④]，终至影响有限。

元和末年(820)灵栖止大山，他是马祖道一的再传。大沩山弘法的盛况，上文已述，他与弟子仰山慧寂被目为沩仰宗。也在唐晚期，

---

① 《宋高僧传》卷12本传。

② 《宋高僧传》卷10本传。

③ 《全唐文》卷587柳宗元《龙安海禅师碑序》。

④ 《龙安海禅师碑序》。

庆诸来到长沙石霜山,他"往嵩山受具戒,便就东洛学毗奈耶,既知听制,终谓渐宗"[1],表明此时长沙仍有南顿北渐两宗的活动。

澧州的禅风也很盛。慧演"参荷泽祖师,通达大观",为神会一宗[2]。崇信本渚宫胡饼师之子,从希迁神足天皇道悟得法后往龙潭栖止,其后德山宣鉴出其门,宗风大盛。

稍晚有道行,"于南岳般若道场受学,于钟陵得诀",就澧阳西南方丈而居,太守苦召居州开元寺[3]。又昙晟,参见百丈海禅师,历二十余年,继受药山(惟俨)举发,居澧阳云岩寺。他承石头、洪州两宗之后,"全了无疑,化徒孔勤,受益者众"[4]。法脉流为曹洞宗。

唐末又有元安,上文已述,是一位对南北禅宗兼收并蓄的文字禅僧。

朗州与澧州壤地相接,其间禅宗也大有关系。龙潭崇信是石头再传,而药山惟俨则是石头高弟。后来药山法门传于云岩昙盛,而崇信法门则又播于德山。

惟俨入住药山之时,碑铭所载在贞元初(785)。此前药山未有佛法,他"披榛结庵,才庇趺坐",影响在当时可能就比较大,"游方求益之徒知教之在此,后数岁而僧徒葺居禅室,接栋鳞差,其众不可胜数"。碑铭称:"吾道之明于药山,犹尔(儒)教之阐于洙泗,智炬虽灭,法雷犹响。"[5]

唐末来到朗州弘法的又有宣鉴,他师从崇信三十余年,会昌前夕

---

① 《宋高僧传》卷 12 本传。

② 《宋高僧传》卷 29 本传。

③ 《宋高僧传》卷 20 本传。

④ 《宋高僧传》卷 11 本传。

⑤ 《全唐文》卷 536 唐伸《澧州药山故惟俨大师碑并序》。按药山在今常德市北九十里,地介唐代朗、澧二州之间,故此称澧州,而《宋高僧传》卷 17 本传称朗州。

居止澧阳，大中后居朗州德山，法集鼎盛上文已述，后世遂形成云门、法眼两宗。

5.各宗综述

中土佛教宗派本来为数不少，其中于民间影响较大的只有天台宗、净土宗、禅宗。天台宗特奉的观世音菩萨救苦救难，禅宗则因为其简便易行，而净土宗则兼有以上特点。故湖南佛教只有这三宗另加律宗。

需要说明的是，各宗派之间并非总是森严壁垒，而时有融摄现象发生。可以净土宗为例，承远当初本是禅徒，后来却改弘净土。而且对于民众来说，更不管其宗派如何，只要能够寄托情感便一律兼收并蓄。这一方面隋唐时期的材料不多，但怀让大师之事可为一例。他属于南禅顿门，这一宗本来不立文字，为教外别传，但他来到南岳以后，“时有僧玄至拘刑狱，举念愿让师救护。让早知而勉之，其僧脱难，云是救苦观音，得斯号也亦由此焉”①。此事生动地说明，民众只要求能救苦救难，对于宗派之类并不怎么重视。

上述湖南的四宗，天台宗的活动最早，其销匿亦最早，律、净土两宗都只在唐中后期活动过，禅宗从唐前期起便源源进入，到唐中叶始大盛，会昌以后，他宗式微，唯禅为盛。

地域分布的差异相当明显，沅水中上游、资水中上游两地，似乎都与佛法无缘；湘水上游的耒、潇水流域未见高僧活动，但出有高僧；佛法比较集中分布在四水下游及湘水中游的衡、潭、岳、朗、澧五州。

朗、澧二州只有禅宗，都是曹溪法门；会昌以前澧州较盛，此后则不如朗州。岳州只有天台宗，长沙亦有天台宗，但以禅宗较为发达，

---

① 《宋高僧传》本传。

南顿北渐兼收并蓄。四宗具备的只有南岳,该地天台宗隋代以后不显,律、净土两宗只盛于唐中后期,禅宗从唐前期传入而至中期大盛。会昌以后潭、衡二州均只有禅宗弘布,与澧州相异的是,这里顿、渐法门都有。

附带一论,隋唐湖南已有一些佛教撰述。注文一类不论,龙安撰有《安禅通明论》,惟劲撰有《宝林传》《南岳高僧传》,表明湖南已有佛教学术活动。

三、小结

根据唐代以前湖南佛教发展的地域差异,湖南省境可以划分为三个区域:佛教不发达区,包括沅、资二水中上游;佛教次发达区,包括郴、道、永三州;佛教发达区,其中又可以分为四个亚区,其一为唐代朗、澧二州,其二为岳州,其三为潭州,其四为衡州。

宋代以后,佛教经典已基本定型,本身再无多大发展。它已经成为我国传统思想意识的组成部分。

湖南的情形也不例外,例如"郴人事湘山佛,及有马岭,苏仙上升处,号九仙一佛",就连勉励士子赴举都号称:"湘山点化名千佛,郴岭飞升效九仙。"①佛教还发展为农民起义的组织纽带,元末"浏阳有彭和尚,能为偈颂,劝人念弥勒佛号,遇夜燃大炬名香,念偈拜礼,愚民信之,其徒遂众"②。

就应用层面而言,佛教最广泛的适用场合可能还是在丧礼上。宋乾道七年(1171)吴猎之父卒,他"执丧一循古制,不用浮屠",据称

① 赵汝鐩《野谷诗稿》卷6《郴州鹿鸣宴》。

② 叶子奇《草木子》卷3上,中华书局1959年版。

"湘中士大夫丧礼黜浮屠自公始"[①]。此语表明，其时湘中丧礼用浮屠其实很普遍。这种状况在湖南得到长期维持，一直到现当代。即使在唐代尚未有佛教分布的沅水上游，同治《芷江县志》载："丧礼，郡中缙绅礼法家有依《家礼》行事者，其他于始死之时，率延僧道殡殓，诵经改忏度，每七日一祭，至四十九日而止，或有延僧道做场功德者，亦有百日、期年及禫祭时行之者。"可见不依《家礼》的其实是多数。这种状况在全省非常普遍，不胜枚举。

既然如此，本书对于宋以后湖南的佛教不再讨论。

第二节　湖南的民间信仰

与上一章的民歌相类似，研究湖南历史时期的民间信仰，最理想的是将其中的时间序列和空间序列同时揭示出来。可惜史料无法满足。只好退而求其次，从史料的实际状况出发，先就湖南历史上两个比较重要的信仰——南岳朝香、杀人祭鬼作单项分析，然后以晚近资料为主，对湖南民祀的地域差异展开讨论，并尽可能地揭示其形成过程。

一、南岳朝香

朝山进香，全国各地所在多有，对某座山岳的共同崇祀，反映了一种文化上的认同。南岳朝香在当地又可简称朝岳、进香，是信士亲身到南岳衡山烧香许愿、还愿的行为。这在湖南是一个很有特点、很有影响的民间习俗。

---

① 《鹤山集》卷89《敷文阁直学士赠通议大夫吴公行状》。

南岳朝香始于何时,已难悉知,至迟宋代便已有之。戴复古曾于湖南旅次咏道:“一棹无情度碧湘,行行不脱水云乡。旗亭少饮村醪酒,田舍新炊晚稻香。箫鼓远来朝岳去,包笼争出趁虚忙。”其具体地点不明,题为《湘中》,以集中前后诗篇次第考之,当在今醴陵或株洲一带①。从诗中看来,晚稻已获,当在秋季。信士成群结队,还有箫鼓相伴,由“远来”二字,显示并非当地百姓。可知朝岳一俗当时已在湘中盛行。

历来关于南岳朝香的记载都很少见,直到晚近才有一些。嘉庆《浏阳县志》称:“每岁七月,邑人往祷南岳者,斋宿戒行李,以八月朔谒岳庙进香,又有沿途拈香且祝且拜,以三、五、七步为节,至庙方止者,谓之‘烧拜香’。”

同治《续修宁乡县志》亦载:八月“人多谒南岳神,曰进香南岳。红布抹额,三步一叩头、五步一叩头,号佛之声载道,曰朝拜香”。

道光《衡山县志》云:“八月初一日,衡人竟往南岳庙烧香,有沿路跪拜而往者,有至庙长跪两廊烬一烛始起者。祈禳之事,此为尤虔。”清人黄本骥亦曾在此看到:“牧竖骑牛云际出,山腔演唱进香歌。”②

光绪《邵阳县志》曰:“八月朔至望,多诣岳、平顶及佘湖山、白云岩供佛。”

这些记载都是点状信息,主要分布于湘资二水中游。据此显然无法复原南岳进香习俗的地域分布。实际上该项习俗的分布范围远不止此。例如,笔者老家安仁县,赴南岳烧香的习俗一直十分发达。在传统时代,但凡有本地各种神祇解决不了的大事,都是去南岳解

① 戴复古《石屏诗集》卷9。

② 光绪《南岳志》卷4《到岳诗》四首之二。

决。民国时一位长辈为了求子,曾单手提一片铁瓦,中途不换手,步行数百里去南岳烧香。很多老人一辈子走过最远的路,便是去南岳。然而这样一项重要风俗,在当地历史文献中居然找不到记载。类似的地方无疑还有不少。

由于长途进香大多是成群结队,旅途乏味,于是衍生出唱朝香歌的习俗。而朝香歌的分布,由于有民歌普查资料,可以复原得比较清楚。在此以朝香歌为线索展开探讨。其结果应该相当于朝香习俗分布的近似值。这些资料虽然是当代调查所得,所反映的风俗应该是相当长一段时间以来所形成的。

据《湖南民间歌曲集》[①],朝香歌的分布地域颇为广泛。

长沙市:“朝拜歌又称‘嚎福’”,是“解放前因祈求消灾免祸或还愿而去(南岳)朝香时所唱的一种曲调”。

湘潭市:“朝南岳时唱的拜香歌、扶香歌……就是人们渴望圣帝保佑,去南岳路上以及上山、下山唱的朝拜歌。”

株洲市:“拜香调,解放前,善男信女还愿(亦称还香)时请歌手(扶香者)所唱的歌……贯穿从出发地到目的地(如南岳大庙)的始终,由一二支唢呐随腔伴奏。假若不请扶香者,由还愿者本人唱,则用跑香调。”

郴州地区,风俗歌曲中有烧拜香歌。

邵阳市,风俗歌曲中有朝圣歌,盖以南岳神号司天圣帝而名。

邵阳地区:“洞口的南岳歌是人们(一般老年人)朝南岳求香时所唱。”

涟源地区:“拜香歌,旧社会每年秋收后村里的农民成群结队到

---

① 下引文字均出自该书各相应分册,不复赘注。

衡山县南岳山上，烧香拜佛还愿……往往由一人起腔，大家齐唱。”

上述材料来自于各册的概述。若以各地实际收录的进香歌言之，则分布范围包括长沙县、望城县、湘潭县、湘潭市、株洲市、衡阳市、衡山县、衡南县、常宁县、汨罗县、娄底镇、邵阳县、洞口县、隆回县、新化县，即湘、资二水流域，尤其中游地区的分布较为普遍。以清代政区言之，长沙、衡州、宝庆三府的朝香歌最为发达。

当然，没有朝香歌分布的地区不等于就没有朝香习俗。例如浏阳县并无进香歌，但上述文献资料证明当地存在朝香习俗，便是一证。笔者老家安仁县也未见收录了朝香歌。此外据笔者访知，今桂阳、华容等县也有朝香习俗。但至少可以认为，朝香歌分布的地区乃是朝岳习俗比较发达的所在。上述文献史料就基本上位于朝香歌的分布范围，可为一证。

黄本骥说：“湘俗秋后男女杂沓赴岳进香。”[①]这一“湘”字显然并非指湖南全省，而仅特指湘水流域。《中华全国风俗总志》亦载：“每至秋季，各处进香者相望于道，衡城尤多。”[②]民国时期编成的《湖南民情风俗报告书》在讲到“朝拜”时说：“近省各属以朝南岳者为多。”而与此相对的是：“临湘朝大云山，慈利、安福朝五雷山、太浮山，武陵、龙阳朝五雷山、西竺山。”该报告书讲到：“朝南岳为独盛。每值秋深冬初，斜风细雨，俗谓之朝拜天。五男三女，望衡九面，命俦遵陆，则有香头以领之。凡合数十人进香，须举一二人为之指导，曰香头。树帜浮湘，则有香船以别之(凡朝香之舟，书黄旗为号，谓之香船)。惟

① 光绪《南岳志》卷5《和曾宾谷韵》。

② 胡朴安编：《中华全国风俗总志》下编，河南人民出版社1986年版，第331页。

岳降神，皈依恐后，盖犹属神权之迷信云。”[1]从中可以看到湘水中游经济文化发达地区对于南岳朝香习俗之讲究。

从以上所述可以得出一基本结论，南岳朝香作为湖南较为典型的一种信仰习俗，其分布范围主要是湘资流域。这是一个非常有意思的现象。个中原因，可能与湘资流域在历史上长期共处于同一个高层政区，与此同时沅澧流域却在行政上长期隶属于湖北深有关系。

二、杀人祭鬼

杀人祭鬼是一种以人为牺牲进行祭祀的习俗，不见于秩典，是一种非常残酷的淫祀。

这一习俗起源非常古老。《左传》载：“宋公使邾文公用鄫子于次睢之社。”杜预注云：“此水次有妖神，东夷皆社祠之，盖杀人而用祭。”[2]楚地也很早就有关于这一习俗的记载。《后汉书·巴郡南郡蛮传》称：“廪君死，魂魄世为白虎，巴氏以虎饮人血，遂以人祠焉。”《续高僧传》载南朝时“楚俗尚巫，杀为淫祀”[3]。应该说，这是一个比较原始的习俗，在一些初民社会分布很广泛。

湖南在古代并无类似史料。到了宋代，关于这一风俗的记载突然间大量涌现。《续资治通鉴长编》载天圣九年（1031）夏四月壬子“诏：如闻荆湖杀人以祭鬼，自今首谋若加功者凌迟斩之，募告者悉畀

---

① 湖南法制院编印：《湖南民情风俗报告书》第八章第三节第二款“朝拜”，湖南教育出版社 2010 年版，第 185 页。

② 《春秋左传正义》卷 14 僖公十九年夏，《十三经注疏》下册，上海古籍出版社 1997 年影印版，第 1810 页。

③ 《惠普传》。

以罪人家赀,官吏捕获者其赏与获全伙劫盗同”[①]。表明荆湖地区不仅早有此俗,而且还不是个别现象,否则不足以惊动宋仁宗下诏严禁。

这件诏书称所祀的是“鬼”,此外也有讲是“妖神”的。宋人笔记《墨客挥犀》中记载一个故事:“湖南之俗好事妖神,杀人以祭之。凡得儒生为上祀,僧为次,余人为下。有儒生行郴连道中,日将暮,遇耕者……曰:‘前有猛兽为暴,不宜夜行,此村下有民居,可以托宿。’生信之,趋而前。始入,一荒径诘屈,行者甚少,忽见高门大第。主人出见客,甚喜……既夕,有妇人……欣然而就……留连数日……乃私谓生曰:‘是家将谋杀子以祭鬼,宜早自为计,我亦良家子,为其所劫至此,所以遣妾侍君者,欲以缀君留耳。’生闻大骇,乃夜穴壁,与妇人同出。比明,行四十里,投近县,县遣吏卒捕之,尽得奸状,前后被杀者数十人。前所见指途耕者亦其党也。于是一家尽抵极法,生用赏得官,与妇人偕老焉。”[②]

此事显然是上述诏书颁布之后发生的。这条记载表明,所谓鬼就是一种妖神。看起来这种信仰有一定的团体,活动也比较隐蔽。当然隐蔽这一点也许与官府的禁止有关,但事涉人命,即使不禁止也不大可能肆无忌惮。这也是这类记载总体上比较少见的根本原因。

上述故事中还说明,对用作牺牲的人很有讲究。而且把那位儒生暂时供养起来,表明祭祀的时间也有约定。关于后者下文再讨论,而前者则《夷坚三志》中也有一段记载可以参看:“杀人祀鬼之奸,湖北最盛,其鬼名曰稜睁神。得官员士秀,谓之聪明人,一可当三;师僧

---

① 李焘著、黄以周等辑补:《续资治通鉴长编》卷110,上海古籍出版社1986年影印版,第982页。

② 彭乘《墨客挥犀》卷2。

道士,谓之修行人,一可当二;此外妇人及小儿,则一而已。”[①]所谓湖北,乃是荆湖北路的简称。这条材料不仅说明了对牺牲者分等的观念,还说出了鬼的名号。

但关于鬼的名号也有不同的说法。《续资治通鉴长编》载:景祐四年(1037)“澧州逃卒匿民家,佣以自给。一日,诬告民家事摩驼神,岁杀人十二以祭。州逮其族三百人系狱,久不决。诏遣御史台推直官方偕就劾,偕令卒疏所杀主名,按验皆亡状,事遂辨”[②]。

这是一件诬告案,因此在分析时要特别慎重。但一般而言诬告也不会完全信口雌黄,总要讲得入情入理,煞有介事。如神号果系“摩驼”便大可不必捏造;“岁杀人十二”也正好是平均每月一个,这些都不妨存以待考。而至少有一点则可以肯定,澧州一带发生这种事情还是完全可能的。

《续资治通鉴长编》还记载,熙宁十年(1077)四月癸卯,“上批李舜举面奏姚兕捕获贺富杀人祭鬼证左甚明,潭州推治灭裂,全出其罪。宜下朱初平取案牍看详,别选官劾之。既而初平再劾,所获户乃阿邓之夫刘文,非贺富杀人也,乃止。”[③]表明潭州境内也存在这种风俗。

以上都是北宋时期的材料,相比之下南宋的材料更多。绍兴十九年(1149)二月丁丑,“禁湖北溪洞用人祭鬼及造蛊毒,犯者保甲同坐”[④]。所谓湖北溪洞,当特指沅、澧二水流域。魏了翁亦称靖州祀事往往用尸[⑤]。

---

① 《夷坚志·三志》壬卷4《湖北稜睁鬼》,中华书局1981年版。

② 《续资治通鉴长编》卷120。

③ 《续资治通鉴长编》卷281。

④ 《宋史·高宗本纪》。

⑤ 《鹤山集》卷47《黔阳县学记》。

洪迈说,在潭州醴陵道中,有一客店主人“盖因三世事妖鬼,岁以一人祭之,往过遭害,不可胜举”。而且这还不是个别现象,“湘中风俗大抵皆然”①。结合前述几条材料,可见在当时,这一风俗在整个今湖南省境分布确实普遍。宜乎时人称:“楚俗淫祠,其来尚矣,惟是戕人以赛鬼,不宜有闻于圣世。”②

杀人的时候非常残忍。曾有十岁男孩在沅州郊外被杀,“腹以遭剖,肺肝皆空,而实以米饵,盖为恶徒杀以祭鬼也”③。牺牲的来源,从上述资料中可以看到有不少是外地过客,也有不少是从外地贩买来的。《宋会要辑稿》记载:“湖外风俗,用人祭鬼,每以小儿、妇女,生剔眼目,截取耳鼻,埋之陷井,沃以沸汤,糜烂肌肤,靡所不至。盖缘贩弄生口之人,偷窃小儿妇女,贩入湖之南北,贪取厚利。”④此文所说的杀人方式与前述男孩的死法又不相同。值得注意的是,此文表明实际上被杀的多是儿童和妇女。

祭祀的时间也有所选择。上述澧州逃卒诬告良民“岁杀人十二”事属乌有,所言时间规律未必可靠,也有资料讲是遇闰年则祭。《建炎以来系年要录》载:“右朝奉大夫傅宁知沅州还,言湖南、北之俗,遇闰岁则盗杀小儿,以祭淫祠,谓之‘采生’。望令逐路监司帅臣严责巡尉,如一任之内纠察采生七人,依获强盗法推赏。因事发觉,则巡尉坐失捕之罪,庶几其弊可革。从之。”⑤

这份奏书又见于《宋会要辑稿》,文字略有不同,后者说是“每遇

---

① 《夷坚支志》癸卷4《醴陵店主人》。

② 《宋会要辑稿·刑法二》,第130页,中华书局1957年影印版。

③ 《夷坚支志》庚卷4《李成忠子》。

④ 《宋会要辑稿·刑法二》,第122页。

⑤ 《建炎以来系年要录》卷162。

闰月之年，前期盗杀小儿”[①]。但所言行事周期则完全一致。从逐路监司帅臣每任要纠察七人才能得赏，可见一任期间有所发现是不足为奇的，同时还说明超过七人的情况也不会太多。这种祭祀的动机尚不明白，但既以闰年为周期，则当与闰月的禁忌有关。《荆楚岁时记》称“闰月不举百事”，因为它不是正常的月份，“无中气也”。这表明楚地很早就存在关于闰月的禁忌。既然闰月来临，则不免要祈神禳灾。

从上述各材料来看，杀人祭鬼似乎只是荆湖南北路、尤其是今湖南省境的风俗。其实不然，此外也有不少地方有此一俗，不过是于斯为盛而已。而且在南宋呈蔓延之势，分布有所扩大。洪迈说：“杀人祭祀之奸，湖北最盛……此风浸淫被于江西抚州。”[②]因地域已在本文范围之外，兹不详论。

上述乃是以宋代为言。元代揭傒斯称：“沅湘之间用人以祭非鬼、求利益，被刑厚罚而不怨恚。”[③]表明其时仍然存在。《元典章》也载：“元贞元年(1295)湖广行省准中书省咨御史台呈行台咨湖北道廉访司中：体访常、澧等处人民，多有采生祭鬼、蛊毒杀人之家，比之故杀，情罪极重。”[④]从这条材料来看，似乎此时这一陋俗已萎缩至沅水下游与澧水流域。

自宋而元，上述材料表明官府一直都在致力于此俗的革除。明代以后，类似记载转少，当是该俗已经消亡。

---

① 《宋会要辑稿·刑法二》，第152页。

② 《夷坚三志》壬卷4《湖北稜睁鬼》。

③ 《揭傒斯文集》卷3《赠医者汤伯高序》。

④ 刑部三阙文，兹据陈垣《元典章校补》阙文卷二之十三，见《励耘书屋丛刻》中册，北京师范大学出版社1982年影印版，第885页。

三、民祀的区域差异

所谓民祀,指的是与宗教相对而言的民间信仰。在此从三个方面加以展开。

1. 湖南古代的民祀特点

湖南的民间信仰自古以来便很有特点。王逸《楚辞章句》称:“昔楚南郢之邑、沅湘之间,其俗信鬼而好祠,其祠必作歌乐鼓舞以乐诸神。”①《汉书·地理志》载,楚地“信巫鬼,重淫祀”。《隋书·地理志》也说:“大抵荆州率敬鬼神,尤重祠祀之事。”

唐代如柳宗元所云:“惟是南楚,风浮俗鬼”,以致仅永州一地,“擒戮妖师,毁戮熏蒿淫昏者”便多达“千余室”②。皇甫冉称:“吴楚之俗与巴渝同风,日见歌舞祀者。”③元稹则为此写了一首长诗,沉痛地描述:“楚俗不事事,巫风事妖神。事妖结妖社,不问疏与亲。年年十月暮,珠稻欲垂新。家家不敛获,赛妖无富贫。杀牛贳官酒,椎鼓集顽民。喧阗里闾隘,凶酗日夜频……贫者日消铄,富亦无仓囷。不谓事神苦,自言诚不真。”④所谓妖神,显系不入秩典的不经之神。

宋代依然如此,至被文人渲染为:“荆、交之间淫祠如织,牲牢酒醴日所祈赛,诘其鬼,无名氏十常六七。”⑤长沙知县王师愈上疏云:“荆楚之俗自古信师巫,然而近世为尤甚,其最为害者,有所谓把门师是也,言一家之事皆由其掌握也。有嫁娶不暇问媒妁,专信其勘婚,

① 《楚辞补注》卷2《九歌章句》,中华书局1983年版。

② 《全唐文》卷589《唐故散大夫永州刺史崔公墓志》。又《全唐文》卷581有其《永州龙兴寺息壤记》云:“永州居楚越间,其人鬼且禨。”

③ 《全唐诗》卷249《杂言迎神序》。

④ 《全唐诗》卷398《赛神》。

⑤ 郑侠《西塘集》卷3《英州应龙祠记》。

稍奉之不至，则离间两家，致嫁娶失时者多矣。有疾病不敢求医药，专信其下禁，稍奉之不至，则恐动其亲属，不令侍奉，至有饥渴而死者多矣。比其死亡，则专掌其择地选日，稍奉之不至，则托以山川之不吉，年月之未利，动经数岁不获葬埋，钤制其家嫁娶者又多矣。愚民无知信其邪说，甘受此害而不悟，惟恐奉之不厚，以是师巫家无非温户。”[①]这一描述真是细致入微，将民间信仰对于日常生活之影响揭示得活灵活现。

元代的情形，揭傒斯说：“楚俗信巫不信医，自三代以来为然，今为甚。凡疾不计久近浅深，药一入口不效，即屏去。至于巫，反复十数不效，不悔。且引咎痛自责，殚其财，竭其力。卒不效，且死，乃交责之曰：‘是医之误，而用巫之晚也。’终不一语加咎巫。故功恒归于巫，而败恒归于医。效不效，巫恒受上赏，而医辄后焉。故医之稍欲急于利，信于人，又必假邪魅之候以为容，虽上智鲜不惑。”[②]这还只是形象地描写了治病一端，其余方面自然不在话下。

揭傒斯所言稍嫌空泛，具体情形也有不少记载。如陈孚在长沙所见有“丛祠无数舞婆娑”[③]。而永州则出现了禁毁淫祀之举：“永尚巫鬼，里社异土木偶相，晨昏服食，其具以侈相夸，民坐凋匮，公白樊侯毁淫祠数百区，以窒其妄。”[④]

但在产生这种信仰的环境未有改变的情况下，单靠行政命令来禁止显然是不可能奏效的，最多只是暂时的一变。到了明代，情况依然故我。李东阳回茶陵老家，看到的是：“刲羊击豕禳瘟鬼，击鼓焚香

① 《历代名臣奏议》卷 214 知长沙王师愈《乞禁止师巫疏》。
② 《揭傒斯文集》卷 3《赠医者汤伯高序》。
③ 陈孚《陈刚中诗集》卷 2《潭州》。
④ 叶盛《水东日记》卷 31《圭斋许氏赠公碑》，中华书局 1980 年版。

赛土神。"[1]谢肇淛说:"楚蜀之间,妖巫尤甚,其治病祛灾毫无应验,而邪术为祟往往为之。"[2]可见此风仍去古未远。

直到清代,依然改变无多。时人所见"辰、常之间人多尚鬼,祭必巫觋,如《离骚》所载、《九歌》名号,称神称鬼,不一而足。所谓习俗移人,贤者不免。故秩典所不载而庙貌翼然者,比比而是"。[3]这里所讲的是沅水流域。其他地方这种现象也相当普遍。

湘水流域如衡州府安仁县,有资料称其"桥南村覆船岭下居民十数家共祀一塑像,神曰高长官,无祠宇,每岁轮流迎至民家奉祀焉。昕夕然香灯维谨,饮食必祝之,次年复送至邻家,迎送俱用鼓乐导从,周而复始,至今罔懈"[4]。道州"家奉神像,往往不知其名,各庙亦多不载祀典,犹曰敬神也。至于人有疾病,不信医而信巫。延至家中,满堂供设神鬼,吹角鸣鼓……愈则归功于巫,不愈则委咎于命"[5]。这种情况与上述宋元资料简直毫无二致。

资水流域,新宁县的风俗便是要在"冬至择吉招巫入门,吹牛角歌唱旋舞庆贺室神,谓之酬宝山愿,亲友饷之酒肉,则于毕事日相邀群饮"[6]。澧水流域,慈利县的风俗也是"凡男妇辈遇有休咎,诣庙叩神,谓之焚香,或有病剧者,命巫人代祈,谓之求福。至广集巫众,酬神了愿,谓之还傩愿"[7]。

通过上述可以看出,湖南在古代一直信巫好鬼,几乎无大改变。

---

① 《李东阳集》卷1《茶陵竹枝歌》十首之二,岳麓书社1983年版,第641页。
② 《五杂俎》卷6人部二。
③ 许缵曾《东还纪程》。
④ 同治《安仁县志》卷末引《居游见闻录》。
⑤ 光绪《道州志》。
⑥ 光绪《新宁县志》。
⑦ 同治《续修慈利县志》。

可惜限于资料，难以将其中的地域差异揭示出来。这一情况到清后期发生了重大改观。此一时期的各州县志，普遍都有民祀或祠祀专篇，相当于保存了当时各地的普查资料。兹以这些资料为据，对湖南民祀的地域差异进行探讨。

2.沅澧区与湘资区的差异

笔者将清代中后期湖南各地方志中的民祀加以爬梳排比，结合稽查所得零星记载，发现其中有着明显的区域分异。首先可以分为两大区域，一为湘资区即湘资流域，二为沅澧区即沅澧流域。主要根据有两点，一是在沅澧区中，历史上对于马援的崇拜非常发达；二是在沅澧区中，历史上曾普遍地存在对于竹王的崇拜。而这两种信仰在湘资区中都不存在。

这两项指标深刻地反映了两大区域历史时期的文化差异。对马援的崇祀，起源于马援征五溪的史实。沅水流域乃汉代五溪蛮故地，澧水流域与此壤地相接，虽然马援在征伐五溪蛮的那场战争中大败，但当地居民对他的畏惧，却深深地铭刻在记忆中，世代相承，成为五溪故地的信仰特征之一。

早在唐代，沅水下游的朗州便已有关于祠祀马援的记载。刘禹锡于此作有《经伏波神祠》的诗篇云："蒙蒙篁竹下，有路上壶头。"[①]宋人范致明称："马援征诸溪蛮，病死壶头山，民思之，所到处祠庙俱存，至今妇人皆用方素蒙首，屈两角系脑后，云为伏波将军持服。鼎澧之民率皆如此。"[②]表明在沅水下游和澧水流域，当时这一信仰相当重要。

---

① 《全唐诗》卷362。

② 《岳阳风土记》。

元代王沂送友人赴官常德,在诗中咏道:“伏波祠畔青枫晚。”[①]亦把伏波祠当作该地的地方性特征。清初徐炯从这里经过,看到“自入武陵境,村里每立马伏波庙”。这一点给他留下非常深刻的印象:“马援征五溪蛮于此,故民皆祠之。”[②]

沅水中上游地区,辰州“府城南有伏波将军庙,在山麓……有山谷老人题字画,奇宕可爱”[③],表明其来久远。明代薛瑄在《汉伏波将军马公神庙碑》中写道:“今辰即五溪故地,距公没垂千年而野夫女子犹知道公之威名,在在有庙以祀公……我皇明大秩群神,公庙之在辰者独登秩典。”因此“有水旱疫疠则祷焉”[④]。清代资料更多,田雯《麻溪伏波祠》诗有句云:“村庙尚存香火地,五溪蛮不负将军。”[⑤]更有诗人总括性地记此地风俗云:“祖每尊盘瓠,祠皆祀伏波。”[⑥]

靖州有马王庙,“宋元丰间本州奏其神即马伏波将军,夷人畏信之,乞加爵封昭灵王”。由于五代时割据湖南的也为马氏,故后世以讹传讹,已有不尽相同的说法,“或云庙本湖南马氏所创”,但“马氏自谓伏波后裔,欲以夸示蛮夷,弹压溪峒”[⑦]。归根结底其实仍与伏波崇拜有关。

由上述可见,自唐以降,整个沅澧区关于伏波祠的记载都相当普遍。与此大相径庭的是,这一信仰并不见于湘资流域。

---

① 王沂《伊滨集》卷9《送赵德翁教授常德州》。

② 徐炯《使滇日记》,上海古籍出版社1983年版,第190页。

③ 包汝楫《南中纪闻》。

④ 《敬轩文集》卷21。

⑤ 田雯《古欢堂集》卷14。

⑥ 《清诗别裁集》卷15陆次云《五溪杂咏》,中华书局1975年版。

⑦ 光绪《靖州直隶州志》。

所谓竹王崇拜即对竹王三郎的崇祀，这是夜郎故地的古俗遗存[①]。这一信仰在沅澧流域也非常发达，普遍有所分布。

唐代刘禹锡曾在朗州留下“俚人祠竹节”的诗句[②]。所谓竹节之祠显然即竹王三郎之祠。而既为俚人之俗，表明整个沅澧流域都应如此。

晚近资料更加丰富。清代有人咏辰州云：“竹郎祠外昏山雨。”[③]咏黔阳又谓：“细雨黄丝驿前过，丛祠香火竹三郎。”[④]此外还有人在黔阳留下“铜鼓山头祀竹王”之句。[⑤]

此外，沅水中上游还有一种名为天王庙的分布，显然是竹王崇拜的流变。

关于天王神的由来，异说颇多。清人严如熤曾经考证：“五溪蛮所祀白帝天王神三人，面白、黑、红各异，报赛甚丰。苗民畏之，各书载神名姓、事迹不同。”其源有三说，“《辰州志》以为汉田疆之三子，分居中城、上城、下城自保以拒王莽者”，严氏认为此说未可据。“泸溪各志述《史记·西南夷传》剖竹中得小儿，长为夜郎侯，汉武诱杀之。子三人皆蛮夷所推，而第三子万雄勇，后人以竹王非血气所生，有神灵，为立庙以祀”。严氏注意到“今庙中神状，三郎尤猛烈，为苗所畏，当即此也”，但严氏觉得“夜郎地在楚蜀之间，为今施南一带，去五溪尚远。又蛮民所虔者竹王，亦不宜舍竹王不祀”。于是他觉得此说亦

---

① 《后汉书·西南夷列传》云：“夜郎者，初，有女子浣于遯水，有三节大竹流于足间，闻其中有号哭声，剖竹视之，得一男儿，归而养之。及长，有才武，自立为夜郎侯，以竹为姓。武帝元鼎六年平南夷为牂柯郡，夜郎侯迎降，天子赐其王印绶，后遂杀之，夷獠咸以竹王非血气所生，甚重之，求为立后，牂柯太守吴霸以闻天子，乃封其三子为侯，死配食其父。今夜郎县有竹王三郎神是也。”

② 《全唐诗》卷362《晚岁登武陵城顾望水陆怅然有作》。

③ 汤右曾《怀清堂集》卷6《辰州江楼》。

④ 《怀清堂集》卷7《黔阳绝句》之十。

⑤ 《清诗别裁》卷9曹禾《黔阳怀古》。

未可据。第三说是“《沅州志》中言有辰州人杨名濑者,兄弟三人,皆为宋骁将,当苗出没,领众击之”,后同时俱殒,即为此神,据说其时“乃小暑节也,今此节为苗中所最重”,虽可为一证,但可靠与否,严氏未下结论。[①]

天王像有三尊,故又称三王庙,或三侯庙。同治《乾州厅志》载,三王庙“旧名天王庙”。同治《芷江县志》称,其三侯庙为天王庙。此神在沅水中上游甚为普遍,人称“楚之西所在有庙”[②]。确有不少地方以为是杨氏兄弟,同治《会同县志》引《于志》云:“公黔阳托口人,兄弟三人平苗有功,没后敕封为神。沅、辰、靖皆立祠祀之。”

但也不少有资料表明三王(侯)乃夜郎三子。同治《沅州府志》载:“竹王庙,土人称天王庙,多见辰、泸地方。”说得相当肯定。

笔者认为这最后一说颇为有理。首先,王之称“天”,表明其地位异常崇隆,若非特殊原因不至于此。竹王乃夜郎族源所自,足以当之。其次,天王神乃三位,与竹王三郎之数正合。其三,竹王三子之称王称侯,其来甚古。其四,与天王庙相联系的还有一种百神堂,乾隆《泸溪县志》称:天王庙“中列神像王,前厅三间,名百神堂”。

据研究,百神祠在川中颇多,“其中所列供杂神数十,当即古巴蜀巫师及民间所崇之神”,其来源“当与大巴山龙系巴人有关”[③],而夜郎与巴蜀同俗,此神也是夜郎故地的信仰特征之一。明乎此,可知天王本系竹王三郎简直昭然若揭。

关于杨氏兄弟的传说,显系后起附会所致。传说中的杨氏兄弟也是其母有感而不知其父,也是三兄弟,但其时代甚晚,应是当地居

---

① 《三王杂识》,见同治《乾州厅志》。

② 同治《乾州厅志》。

③ 王家祐《道教论稿》,巴蜀书社 1987 年版,第 6 页。

民以之与旧有天王即竹王三郎信仰合而为一之后的传说。

要之，晚近沅水中上游普遍分布的天王（三王、三侯、杨公）神，其原型即竹王三郎，此种信仰与夜郎族源相关，表明沅澧流域古代民族与古夜郎乃至巴渝的民族颇有联系。

马伏波和竹王三郎两种信仰，可谓是一个特征的两个方面。它们都与沅澧流域的古代民族有关，因而只分布在沅澧流域，与此相对的湘资流域均无此俗。由此可见湘资流域与沅澧流域在民祀文化层面各自为一个独立的区域。

3. 亚区的分异

进一步分析，两个大区又可以各自划分为若干亚区。兹先讨论沅澧流域。该区可以包括两个亚区，一为常澧亚区，即清代的常德府和澧州，二为辰沅永靖亚区，即辰州、沅州、永顺三府，靖州和永绥、凤凰、乾州、晃州四厅，依据有两个方面。

其一是在辰沅永靖亚区，竹王崇拜不仅长期遗存，而且还发展为天王（即三王、三侯、杨公）神，已如上述。但此神在常澧亚区并不发达，当是此俗渐趋消亡。

其二是在常澧亚区中，历史上曾发展过与楚相关的信仰，唐代刘禹锡说沅水下游“俗尚东皇祀”[①]。所谓东皇，显然指《九歌》中的东皇太一。当时该地还有对于伍子胥的崇拜，刘禹锡《汉寿城春望》诗云：“荒祠古墓对荆榛。”并自注曰：“其下有子胥庙兼楚王故坟。”[②]澧水流域也有所分布，“伍相公员也，庙在澧江之渚”[③]。此外又有舜帝二妃之祠。元人称：“二妃之祠湘中，原世云然，亦尚矣哉，惟沅洞莫知所

---

① 《全唐诗》卷362《武陵书怀五十韵》。

② 《全唐诗》卷359。

③ 《全唐文》卷829李善夷《重修伍员庙》。

始。尝火于宋,民雷立倡郡人复宇之。宋德夫为郡,病其专祠二妃而遗帝,始大其宫而合食焉。"①这些表明当地饶有楚风。而宋代辰沅永靖亚区中尚未及开发。

总的来说,常澧亚区显出开发较辰沅永靖亚区为早的特征。

上述为沅澧区的情况。湘资区内可以划分为三个亚区:一为长衡岳亚区,即长沙、衡州、岳州三府;二为郴永桂亚区,即永州府、郴州和桂阳州;三为宝庆一府。

整个湘资区,除上述的南岳进香习俗外,缺乏像沅澧区那样遍布于全区而又能显示出区域特征的信仰,区内信仰的地域分异比较发达。在郴永桂亚区还基本上存在共同信仰的神灵,宝庆亚区中则带有沅澧区的某些特征。其余则为长衡岳亚区。

郴永桂亚区中分布较广的神名叫总管。同治《桂东县志》载总管祠祀"李、杨、林三神"。民国《蓝山县图志》、光绪《宁远县志》亦载有总管庙。道光《永州府志》称:零陵"总管庙有二,一祀三国邢道荣,一祀唐顾关西,死衡州者"。虽然这些同名祠庙的神主不尽相同,但既然都以总管为名,表明其观念当互相类似。

宝庆亚区地处资水中上游,与沅澧区毗邻,因而兼有湘、沅二水流域的信仰特征。但相对而言,其所具湘水流域的特征更为明显,按区域共轭性原则,以之作为湘资区中的单独亚区。

该亚区所具的湘资区特征,首先是沅澧区中普遍发达的伏波崇祀在这里并不明显,其次是湘资区所特有的南岳进香习俗在本亚区中也相当显著。

与此相反,该亚区所具的沅澧区特征并不均衡。南部的武冈州

---

① 《牧庵集》卷5《武陵县重修虞帝庙记》。

及所辖的城步、新宁二县该特征较为强烈。这里具有沅澧区中的天王信仰，分布于武冈和城步。同治《城步县志》载天王庙“甚灵异”。同治《武冈州志》亦载：“武冈祀四郎神最虔，有大郎、二郎、三郎之称。”其说所本，也以为是竹王三子，“今辰、溆、乾、绥间尤敬奉之，俗所称白帝天王是也，红苗更极崇信”。饶有兴味的是天王本只三人，沅澧区或称三王、或称三侯，而武冈称之四郎，说明此地对该神的观念或许已与沅澧区小有不同。此外，这里还存在沅水上游特有的飞山神。该神“自有靖州以来已著灵迹”[①]，“凡水旱灾厉，有祷克应”，因而“虽深山穷谷中莫不有庙”[②]。新宁、城步均有分布。

宝庆亚区北部的邵阳、新化二县，其所具的沅澧区特征相对较少，而表现为对张飞的信仰。

湖南为三国争战之地，故对三国诸将的崇祀相当普遍。早在唐代，刘禹锡便已注意到：“行到南朝征战地，古来名将尽为神。”[③]可见此风由来已久。清人周寿昌道：“吾楚湘、汉间沿江一带，多祀三国时吴将丁奉、甘宁、陆逊诸神，并传有神鸦送客之异。”[④]实际上不独沿江一带为然，湖南全省普遍存在此类祠宇，只是神主不一，大体言之，湘水流域有吕蒙、庞统、诸葛亮、鲁肃等人。几乎没有崇祀张飞的，因张飞与该地区并无联系。

但在沅水中上游，对张飞的信仰则比较普遍，尽管张飞与该地区也无联系。同治《芷江县志》载有张桓侯庙三座，并称作白马庙，其来久远，“明初赐额”，虽然后来由于整顿神秩而不见称于祀典，但这一

---

① 光绪《靖州直隶州志》卷 11 谢繇《飞山神碑记》。

② 光绪《靖州直隶州志》卷 11 倪镇《重修飞山神碑记》。

③ 《全唐诗》卷 361《自江陵沿流道中》。

④ 《思益堂日札》卷 6，中华书局 1987 年版。

信仰并未有减,“里人祈报甚肃”。明代薛瑄为沅州所作祈雨告神文五首中即有告于“汉车骑将军张公之神”者[①]。何以如此呢?同治《武冈州志》说出了原因:“张桓侯,蛮人舒氏所奉。”且名其祠为“雄威”。原来这一信仰也与当地的民族有关。

邵阳县也有对于张飞的信仰,说明它亦具有沅澧区相同的某些信仰内容。但总体来看宝庆风俗郡邑相去不远,故作为一个亚区是完全可以成立的。

长衡岳亚区为长沙、衡州、岳州三府,这里尽管缺乏三府独特的神灵,但也有其内部的一致性,上述南岳朝香习俗即是一端,故亦可划为湘资区内的一个亚区。

总而言之,湖南的民祀可以分为两个区域,湘资区可以分为三个亚区,沅澧区可以划为两个亚区。

---

① 《敬轩文集》卷20《沅州祷雨告神文五首》之四。

第五章 湖南的民风

对于国外很多地区来说，研究其文化地理，抓住语言、宗教两项主导因素差不多就大功告成了。但是在中国，方言和宗教两项指标都有点软。方言在地域上的分布基本上是渐变的，很少有截然分开的语言界线。而宗教信仰，中国人在这方面尤其喜欢兼容并蓄。以这两项指标来考察文化的地域差异，显然很不够。因此不能不加上其他指标。而这两者之外的文化差异，基本上都可以归结为风俗的范畴。

在中国传统概念中，风俗并不是一个单独的词，它是由风和俗两部分构成的。本章先对湖南历史时期的民风加以讨论，分四节展开。先讨论民风的含义，并对以往学界关于湖南历史时期民风研究的成果加以检讨，然后对湖南历史时期的民风分两个层面加以剖析，最后讨论湖南历史时期的士习与文风。

第一节 概念与学术史检讨

由于汉语的构词特点，“风俗”一词有时候可以分成“风”和“俗”两个部分。“风”“俗”两个词在古代经常被单独使用。“风”“俗”“风俗”三个概念在相当多场合下彼此可以互通。唐代学者孔颖达注意到:“风与俗对则小别,散则义通。”[①]然而其间如何“小别”,历史文献中众说纷纭。

以往讨论风、俗的学者,经常引用应劭《风俗通义序》所谓:“风者,天气有寒暖,地形有险易,水泉有美恶,草木有刚柔也;俗者,含血之类,像之而生,故言语、歌讴异声,鼓舞、动作殊形,或直或邪,或善或淫也。”[②]这段文字其实并没有定义概念,只是排出来两串比喻,似乎是认为风与自然因素有关,而俗属于因之而产生的文化差异。到了元代,李果在为该书题辞时又称:“上行下效谓之风,众心安定谓之俗。”[③]相对而言,李果的表达更清晰一点。即认为风属于自上而下的教化,俗则是教化的结果。李果对“风”的这一说法其实有着悠久的渊源。早在《诗经》中,将十五国的民歌称之为“风”,即是此义。《毛诗·关雎序》谓:“风,风也,教也。风以动之,教以化之。”[④]可以说是一个很恰当的阐发。

以上这些解释,其实都未得要领。最主要的问题在于,“风”有多个义项。它有时指“风教”,有时指“风气”。显然,这两种“风”其实完全是两回事。而本书要讨论的“民风”之风,又是另外一回事。它既不完全是“风教”之“风”,也不完全是“风气”之“风”。

《汉书·地理志》对于“风俗”也有个解释:“凡民函五常之性,而其刚柔缓急音声不同,系水土之风气,故谓之风;好恶取舍动静亡常,随君上之情欲,故谓之俗。孔子曰:移风易俗,莫善于乐,言圣王在

---

① 《诗·小雅·谷风》疏。
② 应劭撰,王利器校注:《风俗通义校注》,中华书局 1981 年版,第 8 页。
③ 应劭撰:《风俗通义》,上海古籍出版社 1990 年影印版,第 1 页。
④ 《毛诗正义》卷一之一《周南·关雎》,《十三经注疏》上册,第 269 页。

上，统理人伦，必移其本而易其末，此混同天下，一之乎中和，然后王教成也。”这段文字，写作时代较应劭稍早，而内容比应劭所言清楚得多。班固认为，所谓风，指刚柔、缓急、音声；而俗，则指好恶、取舍、动静。用现代语言表达，民风应该是特定区域内的居民群体性格，而民俗则指居民的习惯性行为。班固认为，民风的形成，“系水土之风气”，即受到自然环境的影响；而民俗则往往“随君上之情欲”，主要是一种社会约定。二者之间，是一种风为本、俗为末的关系。

衡之以具体史料，不能不认为，班固的这个理解，相对来说最为深刻，具体操作起来也比较切实。近代西学东渐以后，源自英国的民俗学(Folklore)其中并无中国传统的民风概念，只重视风俗、习惯、歌谣、故事等具体的民俗志资料[①]。因而关于民风的研究，也就成为一个主要受到历史学者关注的问题。

1980 年，史念海先生在中国唐史研究会的学术讨论会上报告论文《唐代前期关东地区尚武风气的溯源》[②]。史先生从永嘉乱离后关东羌胡诸族杂居地区的坞壁组织讲起，通过籍贯分布考察北魏、北齐将帅武臣，从魏齐到隋代参预中枢的关东将军，从而揭示了唐前期关东地区的尚武风气及其由来。这是一项较大地域范围的断代研究。着眼于一个中等尺度区域、长时段民风变迁的，苏州大学王卫平先生关于吴地民风嬗变的系列研究令人印象深刻[③]。在该系列论文的第

---

① 钟敬文：《民俗学与民间文学》，载《钟敬文民间文学论集》上册，上海文艺出版社 1982 年版。

② 史念海：《唐代前期关东地区尚武风气的溯源》，载《中华文史论丛》1982 年第 3 辑。后收入《河山集》第五集，山西人民出版社 1991 年版。

③ 王卫平：《从尚武到尚文》，《苏州大学学报》1992 年第 3 期；《明清时期苏州社会风气的变迁》，《历史教学问题》1993 年第 4 期；《清代吴地赌风述论》，《苏州大学学报》1993 年第 3 期。

一篇《从尚武到尚文》中，作者指出，从东晋末年到宋代，吴地民风发生了从尚武到尚文的转变。

上述两个研究案例，大体仍属于“社会风气”。而本书在此要讨论的，则是湖南这一地域的群体性格。这一问题在以往关于湖南地域文化的研究中，已经有比较深厚的学术积累。

近代以来，湖南人具有一种比较鲜明的群体性格，早在清季便引起了世人的注意。光绪时湖南巡抚陈宝箴在上奏中称：湖南“民气之勇、士节之盛，实甲于天下”[①]。这堪称一个高度概括。

关于这一民风的形成，台湾学者张朋园先生在所著《中国近代化的区域研究：湖南省1860—1916》一书中作了一个集成性的讨论。他先对前人的说法加以评述：“解释湖南人的性格，以血缘说及地理说最为常见。”前说以为是不同民族通婚的结果，后说则主张地灵人杰。鉴于“苗民性格柔弱，历史上鲜有表现”，张先生认为“湖南人之剽悍似与苗民无关”，即血缘说并不可信。同时“地理与性格的关系”，张先生也认为“似乎并不在山明水秀”，即地理说也失于简单。由此，张先生提出：“湖南人具有相当特殊的性格，其形成的因素与地理有关，与历史上的移民、经济斗争有关。”前者在于“交通之是否方便”，后者则指“大量移民的结果，斗争激烈，生存不易”。[②]

张朋园先生的这一见解其实仍偏重于地理方面，只是较以往的地理说已有所发展。在导出见解的过程中，他认为湖南人自古以来便非常强悍。这一看法不能令人满意。

近代湖南文化的耀眼表现，与湖南人的群体性格深有关系，也是

---

① 《光绪朝东华录》二十四年二月壬戌，中华书局1958年版。

② 见张朋园《中国现代化的区域研究：湖南省1860—1916》第五章第一节专论湖南人的性格；“中央研究院”近代史研究所1983年版。

无可否认的逻辑前提。如果湖南自古以来便具有近代湖南人的这种性格,那么湖南文化就应该自古发达。可是湖南文化在漫长的古代一直默默无闻,直到近代才在全国占有一席之地。如果说古代的湖南人也具有近代湖南人的这种性格,这中间显然无法解释。

基于近代湖南的文化表现与其在古代迥然不同,林增平先生提出了一个新的看法。他从居民成分的变化着眼,认为近代的湖南人其实已不同于古代的湖南人:

> 近代的湖南人,是经历元末明初、明末清初两次大移民,在族源和血缘方面同清代以前湖南居民基本上没有联系的新居民。全省人口素质实现了更新,带来了移民所具有的开拓精神和进取心;又因与苗、瑶、侗、土家族等族联姻,吸收了这些少数民族强韧、犷悍和刻苦的习性,从而在湖南渐次形成了一种有别于他省的朴实勤奋、劲直勇悍、好胜尚气、不信邪,甚至流于褊狭任性的乡俗民气。①

这一观点,林先生自况为"文化断层说"。实际上也可谓是一种新的血缘说。它对于湖南文化在近代的横空出世比较有解释力。

林增平先生赖以立论的依据,是先师谭其骧先生的两篇论文《湖南人由来考》《近世湖南人中的蛮族血统考》。从这两篇论文,较难导出林先生的上述结论。首先,林先生对于湖南移民史的把握不无偏差。近代湖南人诚然绝大部分属于移民后裔,谭先生的结论是:

> 湖南人来自历古,五代至明居其什九;元明又居此诸代之什九;而元末明初六七十年间,又居元明之什九。②

---

① 林增平《近代湖湘文化初探》。

② 《长水集》上册。

这一结论与林先生的结论已不尽相符。况且谭先生的结论在后来得到了修正,曹树基先生的研究表明,在1947年的湖南人口中,各时代移民后裔所占比例依次为:唐6.5%、五代10.7%、北宋18.7%、南宋20.5%、元10.8%、明初23.6%、明中后期3.7%、清前期4.4%。[①]这样,林先生讲近代的湖南人"在族源和血缘方面同清代以前湖南居民基本上没有联系",也就难以成立。其次,正如上述张朋园先生所指出的,所谓苗、瑶、侗、土家族"这些少数民族强韧、犷悍和刻苦的习性",从历史上看来也不尽如此。

由于林先生在湖南的崇高地位,加之适逢文化研究的热潮,林先生上述文章产生了巨大的社会影响。自该文发表以后,一时间关于湖湘文化的研究蔚为风气。其中有不少涉及近代湖南的群趋性格,还有专门讨论这一问题的文章发表。但这些讨论并没有对林先生的学术观点予以足够尊重,甚至尚未领会他何以要提出"文化断层说",于是所有的论调又都回到上述张朋园先生的主张,即认为湖南人自古便非常强悍。而具体的论述过程中,既没有提出新的论点,也没有贡献新的有价值的材料。

问题的症结已非常明显:对古代情形注意不够。当初张朋园先生旨在探讨湖南近代的社会状况,未对古代情形作足够说明。林增平先生将湖湘文化的源头上溯到南宋的湖湘学派,但他对明清以前湖南的社会状况也挖掘得有限。其后学者均未能就此有所突破。正是这一点阻碍了讨论的进一步开展。

笔者在研究湖南历史文化地理的过程中发现,湖南的群趋性格在古代并非"劲悍尚气",恰恰相反,而是趋向于"怯懦"的。与此同

---

① 曹树基:《湖南人由来新考》。

时，还有一个很重要的问题，便是由懒惰向勤奋的演变。这两者都是湖南群趋性格的重要内容。前人对后者全未措意，同时又将士习与民风混为一谈。接下来分三节展开探讨。

第二节　从怯懦到强悍

近代以来，湖南的地域文化光焰万丈。世人习知湖南人有一种独特性格，这种性格，既像曾国藩所说的那样，“扎硬寨，打死仗，好汉打脱牙和血吞”，也正如谭嗣同所表现的那样：肯牺牲，敢死。很多人以为湖南山明水秀，这种性格自古已然。揆诸史料，其实未必。本节对此分四个时段加以讨论。

一、唐以前：人气和柔

有关湖南民风的记载，最早可追溯到《史记·留侯世家》所云“楚人剽疾”。这是很多学者耳熟能详的史料。湖南地处南楚，自当具有这一特点。

关键在于对这句话的理解。以往学者都以为“剽疾”即“强悍”之意[①]，这是大成问题的。综合各种资料来看，当时所谓的“剽疾”，仅仅只是以性格急躁、反应较快而为言。《史记·货殖列传》称：南楚“其俗大类西楚”，而西楚“其俗剽轻，易发怒”。很明显，其中的“剽轻”只是“易发怒”的意思。这种“剽疾”“剽轻”与近世湖南群趋性格中的“强悍”其实不同。众所周知，后者指的是遇事果敢且毅力坚韧之谓。当时湖南居民虽然性格急疾，而于坚韧一端实所未闻。

---

① 张朋园先生即已如此，俟后研究近代湖湘文化的学者基本上均沿袭这一理解。

据《汉书·地理志》载:楚地之人"呰窳偷生"。应劭注曰:"呰,弱也。"晋灼注曰:"呰,病也。"师古注曰:"呰,短也;窳,弱也。"诸家对于文字的解释虽不尽相同,但总体意思则相去不远,都说明楚地之人大多呈现出一种病弱的状态,以此而求其性格强悍未免过于勉强。

当然还有更明确的资料。《后汉书·许荆传》称,桂阳"郡滨南州,风俗脆薄"。《汉书·萧望之传》苏林注则谓:"楚人脆急。"这两条记载都可以参读。薄,犹言轻也、急也,乃是与厚重相对而言的。脆,《说文》曰:"小耎易断也。"《管子·事语篇》注曰:"不坚也。"以此观之,脆急适为坚韧之反面。宜乎《汉晋春秋》中有云:"吴楚之民脆弱寡能,英才大贤不出其土。"这些都清楚地证明了汉晋时期湖南居民的群趋性格是以"脆弱"为特征的。

南朝时期史籍中留下了具体事例。《梁书·杨公则传》说:"公则所领多湘溪人,性怯懦。"此文虽只以溪人为言,但其时溪人在省境分布相当广泛[①],这一资料其实可以反映全省普遍的状况。这与近代"无湘不成军"的情形正好是一个鲜明的对比。

梁代伍安贫作《武陵记》,谓该地"人气和柔,多淳孝,少宦情,常弹五弦之琴,以黄老自乐,有虞夏之遗风"[②]。其中"人气和柔"一句,与后世习于争竞的情形相比简直不啻霄壤。

值得讨论的是《隋书·地理志》中的一条记载,曰:荆州"其人率多劲悍决烈,盖亦天性然也"。这也是一条经常被用作证明湖南民风自古强悍的资料,"劲悍决烈"与近世湖南人的"强悍"无疑应为同类性格特征。

---

① 周一良:《南朝境内之各种人及政府对待之政策》,见所著《魏晋南北朝史论集》,中华书局1963年版。

② 《舆地纪胜》卷68常德府引。

但其中也有商榷余地。该志所谓“荆州”乃是本《禹贡》为言，其壤地辽阔，内部宜有差异，不能一概而论。《隋书》各志原名《五代史志》，反映的是南北朝后期至隋代的状况。这一时期的“荆州”范围内，襄阳一带的民风确实强悍。《梁书·武帝纪上》有“荆州本畏襄阳人”的资料可以为证。而其他地域则看不到类似记载，上引时效与此相同的梁代伍安贫《武陵记》的资料甚至与此截然相反。因此笔者认为《隋志》此文乃是以襄阳一带为言，并不反映今湖南的状况。《武陵记》的资料所言地域更为具体，无疑具有更高的可信度，应该可以反映沅水流域一带的状况。至于湘资流域，《隋书·乞伏慧传》有曰：乞伏慧“领潭、桂二州，总管三十一州诸军事，其俗轻剽”。可见湖南当时的整体状况仍与《史记》所言相去不远。

更值得讨论的是湖南自后汉便存在不少反叛活动的记录，尤让人觉得湖南当时民风强悍。在《后汉书·南蛮传》中，蛮夷的叛乱活动遍布今湖南全省，其中沅、澧流域的武陵蛮和澧中蛮作乱分别达 4、7 次。到唐代又出现了关于寡恩趋竞的记载。柳宗元曾以湖南郴州一带的风俗为素材写过一篇著名的《童区寄传》，劈头便说：“越人少恩，生男女，以货视之，自毁齿以上。父兄鬻卖，以觊其利。不足，则盗取他室，束缚钳梏之。至有须鬣者，力不胜，皆屈为僮。当道相贼杀以为俗。幸得壮大，则缚取幺弱者。汉官因以为己利，苟得僮，恣所为不问。以是越中户口滋耗。少得自脱。”[①]既然“当道相贼杀以为俗”，很容易给人以民风“强悍”的印象。类似的资料也出现于道州，元结在该地上奏时称：“臣州僻在岭隅，其实边裔，土风贪于货贿……兵兴

① 《全唐文》卷 592。

以来,人皆趋竞,苟利分寸,不愧其心。”[①]这些资料具有与反叛记录相等的意义。仅仅以此着眼,不难得出其时湖南民风强悍的结论。

但是必须看到,这些现象其实都是在生存欲望的驱迫下发生的。南方少数民族的“叛乱”有一个规律,就是以汉族势力的进逼为诱因,所谓“不来不乱,小来小乱,大来大乱”。湖南在后汉时蛮叛频仍,是其开发陡然加速的反映;此后自三国历南朝至隋代,由于开发势头减缓,相当长的时间里蛮叛的事件便少发生。因而蛮叛并不能作为民风强悍的反映。寡恩趋竞的资料也是如此。杜牧曾注意到“湖湘旱耗百姓饥荒”与“遂有奸凶敢图啸聚”之间的关系,其实不过是“敢因艰食”从而“渐诱饥人剥乱乡闾,陵惊郡邑”,以致“湖岭之外人不聊生”[②]。这一观察是很说明问题的。

心理学的研究表明,生存为人类最基本的欲望。因而仅仅为生存而争,不可谓之强悍。在平常时期,柳宗元称道州“人无争讼”[③],这便反映了当时的一般状况。况且,从越人寡恩的资料中还可以看出,虽然其风俗中存在弱肉强食的机制,但群趋性格却缺乏尚气这一特征,受到欺侮后不敢奋起抗争,只不过找更弱小者出气。欺弱怕强,按近世的观念仍属于“无用”之列。

二、宋元:得人则安

上述状况从宋代开始有所转变。此时的资料中言及湖南人喜斗好争者颇为不少,以至于讼狱渐兴,这表明湖南古代居民的脆弱性格至此已有所强化。当然强化的进程并不均衡,其中有较明显的区域

---

① 《全唐文》卷381《举处士张季秀状》。

② 《全唐文》卷750《贺生擒衡州草贼邓裴表》。

③ 《全唐文》卷587《道州文宣王庙碑》。

差异，兹论列如次。

强化最显著的当属湘水流域的首府潭州。此地在北宋时已有“民最喜讼、号难治”的名声[①]。以致整个湖南都蒙上恶谥：“荆湖之南，地远而多险，民悍而喜讼。”[②]到了南宋，相关资料更加密集，在此聊举数例。

曾协《谕州县官僚》称：“潭之为州，蛮舶萃焉，犀珠宝货，见者兴羡，而豪民巨室，有所讼诉，志在求胜，不吝挥金，苟非好修自爱之士，未有不为所污染者。”[③]

卫泾《潭州劝农文》谓：“今或十金之未偿，或一语之不顺，便相杀害，不死不休，累及干连，荡破家产……争田者不明指所争之因，但以强耕盗种劫夺禾谷为名，争地者不明指所争之界，但以发掘坟墓暴露骸骨为主……强暴之男略人之妻以资嫁卖，富豪子弟诱人之女以为淫奔。”[④]

李曾伯《潭州谕俗文》曰：“每阅案款，中间或因盗资财、争田产，兆祸于帏薄，启衅于杯酒。或本无深隙，拳手遽交，小有间言，挺刃相向。而至有亲戚变仇雠，卑幼犯尊长。率以一朝之忿，陷在三尺之科……习使之然，良可叹者”[⑤]

这些资料都是地方官员的告示，无疑具有相当强的可信度。从中可以看出，此时长沙的民风已有一个很明显的特征，即尚气。很多事做起来都是因为“一朝之忿”，而做出事来便“不死不休”，这正是尚

① 郑獬《郧溪集》卷19《先公行实》。

② 《栾城集》卷29《张绶湖南提刑》。

③ 《云庄集》卷7。

④ 《后乐集》卷19。

⑤ 《可斋续稿》后卷12。

气的典型表现。值得注意的是第一篇告示中有“习使之然、良可叹者”之语,令人觉得已“冰冻三尺非一日之寒”。而此前的史料中找不到类似记载,资料的缺漏固然有可能是一个原因,笔者更倾向于相信这种情况的出现还为时不久。因此,各属县中除醴陵有“民喜斗讼”的资料外①,其他县份便缺乏同类记载。

另一个引人注目的地方是处于江湖之会的岳州。人称“违法不顾,惟岳州四县为甚”,四县之中“临湘尤甚”②。这表明该地的民风相当强悍。有人在临湘咏道:“草生弃地没牛深,岂是膏腴亩一金?野老双蓬俱半脱,尚凭蜗角起争心。”③从中确实可以感到一种强烈的尚气品质,与此前湖南的文化形象迥然不同。但该地的官员同时又有其“民讼又且至少”的印象,称“固有终日坐于庭而无一纸牒诉入者”④。这说明该地的强悍程度仍较有限。

曾有人以岳州的另一属县平江为言,称:“湖外俗简朴畏事,而平江喜讼善逃,与江浙嚣县比。”⑤ 这条资料非常珍贵,它准确地反映了湖南当时与发达地区相比的大致状况。由此可以更好地理解前述“荆湖之南”其“民悍而喜讼”之类史料背后的真实含义。

除潭、岳两州外,湘、资二水中游也有一些关于民风强悍的记载。如衡州属县耒阳“素号难治”⑥;而宋代的《邵阳志序》称:“其人尚气而贵信,喜直而恶欺,节俭而不奢,朴厚而不佻。”⑦与此同时,这些地方

① 《欧阳修全集·居士集》卷28《陇城县令赠太常博士吕君墓志铭》。
② 《双溪类稿》卷20《上刘岳州》。
③ 王炎《双溪类稿》卷5《出郭视田讼三绝》之三。
④ 《双溪类稿》卷20《上卢岳州》。
⑤ 《叶适集》第174页《平江县王文正公祠堂记》。
⑥ 《文忠集》卷145《同诸司列荐陈自修苏森奏状》。
⑦ 《舆地纪胜》卷59引《邵阳志序》。

也有一些反面的资料。从《寰宇记》到《舆地纪胜》都称衡州“地有舜之遗风，人多纯朴”[①]。这显然不是照抄前人的虚文，其时文化相当发达的茶陵，尽管有“猾吏文雅善交结，胁持横甚”的记载，总体上仍有“邑大俗朴”之目[②]。

上游各地便只有清一色的反面资料。湘水上游的桂阳军“淳朴近古，畏法少讼”[③]；资水上游的武冈军“风俗陋俭，狱讼希简”[④]；而沅水上游的靖州，“为天下之穷处”，其“士风不恶，民俗亦淳”[⑤]。故时人对湖南的总体印象仍有云：“惟是湖湘之遐，民习险陋之故，犴狱所寄，得人则安。”[⑥]可谓是持平之论。

当时湖南从军的风气不盛，史载“湖北兵与湖南并将因更戍岭外”，因“涉横、钦、廉、象四州之境多死亡者”，便出现了“难于招募”的局面[⑦]。这与湖南近世的情形仍差异很大。

上述那些愈益激烈的争讼，主要是出于经济上的驱动力。前述唐代史料就已经表明，百姓饥荒时便“遂有奸凶，敢图啸聚”，到了宋代，显然是由于人口增长，生存压力加大，因经济纠纷而导致的争竞日益常态化。

当时很多地方官对此有清醒认识。真德秀就曾在一篇青词中写道：“念湖湘之凋瘵，迥殊江浙之富饶，频年皆稔则氓俗粗安，一日告

---

① 《舆地纪胜》卷 55 引《寰宇记》。

② 《卢溪文集》附录《行状》。又见《文忠集》卷 29。

③ 《方舆胜览》卷 26 引《桂阳志》。

④ 《舆地纪胜》卷 62 引《都梁记・风俗门》。

⑤ 《鹤山集》卷 34《答任总干》。

⑥ 《栾城集》卷 29《王兢湖南提刑》。

⑦ 邹浩《道乡集》卷 35《中大夫直龙图阁知青州军州事王公墓志铭》。

饥则事变百出。”[①]另一位官员也在诗中悲悯:“湘俗日窳敝,嗜恶甘如饴。良心岂初然? 物欲或迫之。”[②]

所谓物欲,在湖南这样一个农业地区,当时主要有两个方面,都与田有关。一是想方设法占有田产。当时湖南各地的争讼,最尖锐、最常见的都是争田产。相关史料车载斗量。潭州管下,湘乡“有豪民夺其侄之地而诬以他事”[③]。衡州有“大姓尹氏者,欲买邻人田,莫能得,邻人老而子幼,乃伪为买券,及邻人死,逐其子。二十年不得直”[④]。郴州“宜章民执伪券夺人田,更数狱莫能辨”[⑤]。

还有一种不是争田产,是退而求其次,争田产收益。尽量将赋税转嫁出去。这方面因性质不如前者严重,因而事例更多。岳州,有地方官感慨吟诗:“湖山政俗殊,疆理罕凭藉。壤赋无定书,民田互欺诈。所急井田均,争心难讵化。”[⑥]茶陵,也有资料称:“湖南田赋不均,茶陵尤甚,富者受田不受税,以避力役。”[⑦]至于永州,零陵“民税久不均,田在左乡率籍于右,又皆寄产旁邑,谓之侨户,豪民猾吏相表里,赋役病焉”[⑧]。

上述资料都是荆湖南路的,荆湖北路也是如此。曾有地方官作过概括性的描述:“重湖以北,民间利病其最敝者,田亩赋役之无法,豪姓得志而贫弱被害。自税籍坏亡数十年来,在籍之田视昔不能十

① 真德秀《西山文集》卷48《青词》。
② 廖行之《省斋集》卷1《寿湖南宗宪》五首之三。
③ 陈元晋《渔墅类稿》卷6《广东主管帐司元公墓志铭》。
④ 张镃《仕学规范》卷15。
⑤ 《郧溪集》卷19《先公行实》。
⑥ 《省斋集》卷1《送岳阳陈倅秩满还朝八首》。
⑦ 《卢溪文集》附录《王庭珪行状》。又见《文忠集》卷29。
⑧ 《文忠集》卷33《靖州太守李君发墓志铭》。

之一。豪民强有力并包隐占漫不可考,而下户仅守其业,往往又为故田讼最多,且久而不决。”[①]貌似情形比湖南路严重得多。不过当时荆湖北路管辖范围不仅包括今湖南的沅澧流域,更主要的是包括今仍属湖北的江汉平原,因而这条史料究竟主要指哪个地方恐怕还须进一步讨论。

元代时间较短,存世史料不多。资料中所见,与南宋相去无几。

此时资料分布仍以湘江中下游地区为多。天临路治下的湘乡,“其民顽悍,素号难治”,特别是“田政久不理,大家与胥吏并缘为奸利,诡匿其税额以避徭役,而受役者多闾左之民”。[②]茶陵此时已升为州,直隶于湖广行省,“州之赋役视亩地之多寡以为户籍之上下,而贫富相倾,每不得其实,至有产业俱尽而赋役不减者”。[③]颇令人奇怪的是,面对这种利益,就连四大为空的出家人也不淡定,“衡石鼓书院故有田在属邑茶陵者”,只因“不幸庄近灵岩寺”,寺僧居然“恃地阻险而去衡又远,校官力勿能制”,而“数夺有其田”,并且“前后数十年,田三复书院而三夺之”[④]。

之前衡州的属邑常宁,此时也升为州,“既生齿日庶,数窜易其户籍”,天历初(1328)发生饥荒,“民多死徙,吞并之家并缘为奸利,往往私取其田而虚其赋入之数,于公其无所于征”,由此“富多田者虑害之及辄诡析户,徙役贫者”[⑤]。

这种环境,导致田产争讼愈益增多,而且一些官司旷是持久。文

---

① 《省斋集》卷5《论湖北田赋之弊宜有法以为公私无穷之利札子》。

② 王袆《王忠文公文集》卷22《元中宪大夫佥庸田司事致仕王公行状》。

③ 《云阳集》卷4《茶陵州达噜噶齐托音善政序》。

④ 《傅与砺文集》卷5《衡府判于公复学田记》。

⑤ 《傅与砺文集》卷3《常宁州义役钱记》。

献所见“湖南大豪朱总管夺民田,讼有司,久弗决”,官司一直打到湖南道宣慰使手上才告完结[①]。

这种争竞,是一个漫长的锻炼过程。自宋元以降,湖南兼并资料不断增多,表明湖南民风出现了强化之势。

三、明代:气习日移

明代由于相关史料增多,可以看到湖南居民的群体性格较之宋代又有所强化。尤其值得注意的是,从资料中可以看到一个动态的变化过程。

此时当然仍有不少湖南民风怯懦畏事的记载,全省均有分布,上游山区尤为密集。《天下郡国利病书》在长沙府下有一条非常生动的史料:

> 长沙土野沃衍,下有洞庭之输,泉源瀵瀵出山阯,故鲜水旱,称善郡。其民袯襫而事钱镈,以殖衣食,无所仰于四方。乃他方游民,徒手张颐就食其间,居停之家,初喜其强力足以任南亩,往往僮客畜之。久而游民多智辨,过其居停主人,其主人亦逊谢以为不及,因请诸赋役愿与共治,或就硗确荒芜田予之垦,而代缮其赋,不以实于官。及其久也,游民或起家能自稼穑,异时居停者或稍陵替,致相倾夺,间有田则游民业也,而赋役皆主者任之。故土户强则役客,客户强则累土,讼狱兴而不可止者,其来渐也。[②]

这段文字简直像在说故事,只差没有给角色安上姓名。文中所

---

① 程钜夫《雪楼集》卷8《梁国何文正公神道碑》。

② 《天下郡国利病书·湖广备录上》,见《顾炎武全集》第16册,第2749—2750页。

谓他方游民，显系自发移民，“多智辨”，能力很强。而居停主人则颇有所不及。这条材料形象地说明，客民进入，一定会出现土客矛盾。这种矛盾，直接的表现便是讼狱屡兴。长沙是湖南的腹心之地，此地土著居民如此柔弱，足见前述宋元时期渲染湖南“民悍而喜讼”的史料可能未免夸张之嫌。长沙府属的湘阴，嘉靖《湘阴县志》也载其民“耻浮靡，不好争”。

《天下郡国利病书》中还有一段描写衡州府的史料：“湖南奥区称衡州焉，乃其俗杂三方，地纡溪箐，岩居谷饮之子，狃习穷僻，惮于检柙，闻官师则震慑，望公府则愓息，故多束手而听于里魁。”[①]这条材料也很能说明问题。“俗杂三方”表明有不少移民分布，而当地土著居民则很怯懦。

类似史料不胜枚举。省境西部，也有嘉靖《常德府志》称：沅江“地僻民稀，田低土瘦，人性愚懦，怯于争斗”，龙阳“地瘠民贫，风俗淳朴”，桃源“不好词讼，素号易治”。这些还都是洞庭湖平原，总体上相较为发达的所在。

但正是在明代，变化的迹象相当明显。嘉靖《衡州府志》展现了一个动态的轨迹。据该志描述，桂阳州总体上“好讼而不狡”；其中蓝山“性偏刚而渐惑于伪，事无巨细，少忍辄讼”；临武“好讼喜争，比屋习吏，乃多于儒”。这与上述宋代的情形相比，已经不可同日而语。而衡州府其他各县较之宋代也有所变化。衡山因“客户渐多，主俗颇变，健讼之风，近年浸长”；常宁也“客户间主，军民相杂，耳濡目染，以讼为能，环坐聚谈多及讼事”；安仁“劲悍尚讼”；酃县甚至“父子兄弟刀锥之利亦事竞争”，以致“童子发蒙遽习词讼”。以此与上引《天下

---

① 《天下郡国利病书·湖广备录上》，见《顾炎武全集》第16册，第2753页。

郡国利病书》所录长沙资料相参照,不难看到此时社会风气的变化。

非独省境东部为然,沅澧流域也不遑多让。澧水流域此时在行政上隶属岳州府。在隆庆《岳州府志》中,合府"人性悍直"。府属州县,"巴陵冗烦,临湘冲刁,平江刁猾,华容讼简",这自宋代以来便已如此。而"澧州淳俭颇烦,安乡颇猾,石门刁简,慈利民淳",即澧水流域整体上仍显得较为淳朴。但到万历《慈利县志》中,处于澧水流域的该县已被目为"赋性悍直",称"有小忿则悻悻难忍"。这期间显然有一个变化在。

沅水下游的常德府,自明初交通滇黔以来,突然上升为交通要地,当地民风变化很快。嘉靖《常德府志》谓:"郡当孔道,人聚五方,气习日移,尚侈靡者僭礼逾分之不顾,习矫虔者竞利健讼之弗已。所谓淳朴之风,或几于熄矣。"这显然反映了沅水沿线的普通趋势。

因此,长沙民风在明人笔下较之宋代便更其劲悍。如:长沙"地广物众,统属邑有十二,其人劲悍决烈,尚勇而好争,非得疏通练达介特廉明之士不足以治之"[①]。又如:长沙"其民性则决烈而劲直……性之所染亦多豪犷桀骜之态,往往健讼之日闻而逋赋之交织"[②]。这种文字大多出自外地人笔下,颇可以反映湖南民风在外地人心目中的印象。

四、清中叶以后:劲悍尚气

入清以后,湖南居民的群体性格较之以前更有所不同。其强悍特征较之前代进一步有所发展,而表现在地域上则是全省皆然,几至

① 金幼孜《金文靖集》卷7《赠欧阳太守之长沙序》。

② 倪岳《青溪漫稿》卷19《赠长沙府知府王君赴官序》。

不再有怯懦畏事的所在。

嘉庆《长沙县志》对此作了全面而深刻的反映。该志多次讲到湖南民风刁蛮，诸如“湖南地邻苗峒，人黠而悍，止话逞强好事，罔知礼义纲常”；又如“湖南之民刁狡成习，动辄以人命为奇货”，以致“楚乡有‘官法远、蛮法近’之谣”。如此不厌其烦地陈述，可见其特征之显著程度。

而具体的例证也有很多。长沙府属益阳县，在康熙年间便有资料称该地“恣肆者贱守义，轻生嗜利，尚口嚣讼，近亦有之”①。醴陵，方志中也称其民“好讼喜斗，尚气轻生，民俗颇嚣”②。

衡州府中，“衡阳自宋以来号多讼”③；安仁“俗刁狡，虽数世以前之舍山为寺者，辄自命山主，构讼不休”④。

郴州，嘉庆《郴州总志》称当地居民“向柔懦畏法，迩来机诈相习”。⑤到了清末，桂东方志称“其人质而劲”⑥。兴宁方志中也记载：“近岁四方射利者习闻本土易畜，舁父母携妻子群然沓至杂处”，故“尔来机诈相习，误信地棍挑唆成讼，甚至服毒图赖，猾变百出，邑始多事”。⑦

永州府，宁远在嘉庆时便有资料称：“旧俗田地相连，或相欺负，不免致讼，但理直则止，无终讼也；今动以人命相抵诬，至破其产乃

① 同治《益阳县志》引《康熙志》。
② 同治《醴陵县志》。
③ 同治《衡阳县志·陶易传》。
④ 同治《安仁县志》卷末引《梓里棠阴》。
⑤ 嘉庆《郴州总志》卷21。
⑥ 光绪《兴宁县志》。
⑦ 同治《桂东县志》。

已。”[1]到清末，道州亦有刁健之风[2]。

上述资料均在省境东部，西部的资料也有不少。如晃州，道光时方志便称当地“不好狱讼而俗多尚气概”，并特意说明：“楚西南郡邑同者八九，似不必强为别。”[3]意指沅水流域普遍如此。而省境西北的龙山，清末方志称：其人“任侠尚气，一语投合倾身与交，偶枨触所忌则反眼若不相知，必得报而后已。乡居穷僻不谙科法，戾理乞胜强于竞讼，视纠众劫斗为故常”。[4]这一特征，与沅水中上游差不多。

以上资料都出自方志，从中不难发现，大体清中叶可以算一个拐点。长沙、衡阳的资料中，似乎当地的民风现状已经很久远；郴州、宁远的资料便都清晰地将“迩来”的变化定位于嘉庆。兴宁的资料虽稍晚出，也明显道出了变化的轨迹。省境西部虽然与东部似乎稍有差异，但其中关于“气概”“尚气”的描述，与省境东部其实也彼此仿佛。

负气，也就是以个人经验为出发点，以主观意志为原则，一做到底，不屑更改。道、咸以后，历代湘籍名人逐渐将这种性格表现到极致。蔡尚思先生曾注意到：“戊戌运动，极端维新派的谭嗣同、樊锥、熊希龄、唐才常等，和极端守旧派的王先谦、叶德辉、曾廉等，皆是湖南人。辛亥起义，湖南首先响应，而头一个为清朝殉节的将官黄忠浩，也是湖南人。洪宪称帝，最拥护帝制的‘筹安会’领袖杨度，和最反对帝制的讨袁军领袖蔡锷，也同是湖南人。”[5]如果不了解湖南的地域性格，对这种向左右两极分化、看似矛盾的文化现象简直无法理

---

① 嘉庆《宁远县志》。
② 光绪《道州志》。
③ 道光《晃州厅志》。
④ 同治《龙山县志略》。
⑤ 蔡尚思《中国思想研究法》第 19 页，湖南人民出版社 1988 年版。

解。究其实，湖南人的性格乃在于负气，固执己见。至于各人所固执者为何，则另当别论。

民国年间，湘士章士钊曾对此作过一番著名的总结："湖南人有特性，特性者何？曰好持其理之所自信，而行其心之所能安，势之顺逆、人之毁誉，不遑顾也。"①这段话实际上正是夫子自道，由于包含有个人的真情实感，着实可谓入木三分。杨昌济也感到："湖南人求其能负气者不难，惟性情者难得耳。"②

须要说明的是，民风强悍负气，其实是区域经济文化水平有限的表现，清代后期，湖南少数发达城市中渐渐出现了刁钻浮靡的民风，如杨昌济注意到"长沙人多油滑"③，而常德也有人写过"地散民风缓，商多市气浮"的诗句④。所谓市气，无疑是见风使舵、唯利是图的一种做派。遇事不蛮干，多想点主意，千方百计让自己的利益最大化；与质直相比，这当然是经济较为发达环境中的产物。

从怯懦畏事到果敢负气，这中间的变化相当明显，然而这并不是湖南历史时期民风变化的全部。与此相伴生的，还有一个从懒惰到勤奋的变化。虽然怯懦往往与懒惰并存，但强悍未必与勤奋相得。这两者绝不是同一回事。相对而言，后一方面的变化更加重要。

第三节　由懒惰而勤奋

以往研究近代湖南地域文化的学者，一直只注意到近代湖南人

① 章士钊《刘霖生先生七十寿序》，《湖南历史资料》1981年第1期。
② 《达化斋日记》丙辰(1916)九月十五日。
③ 《达化斋日记》丙辰(1916)九月十五日。
④ 《浮湘访学集》朱克敬《瞑庵诗录·常德府》，《挹秀山房丛书》本。

性格中的“强悍”。笔者受其影响,起初也只注意到此点。但是在考察湖南人性格由弱变强的过程中,有一个非常明显的问题是,湖南人性格由弱趋强的过程,与湖南文化的表现并不同步。上一节的分析表明,至迟在明代,湖南的民风就已经与古代大不相同了,但地域文化发展并没有及时跟上。

这一问题让笔者在相当长一段时间里百思不得其解。直到对《史》《汉》所载湖南古代居民的状况加以考证,注意到汉唐间注家一致认为当时湖南居民普遍懒惰,由此对湖南历代的经济生活作一番考察,这才发现,古今湖南人的性格变化,不仅存在由懦弱趋向强悍的转变,同时还有一个从懒惰到勤奋的演变。

按照心理学原理,人的性格存在诸多向度。强悍只是对待问题的无畏态度,而具体地解决问题,不屈不挠地为实现目标而奋斗,还需要一种勤恳务实的努力。忽视这一点是绝对不行的,可以说,勤奋甚至比强悍更重要。如果徒有强悍的气概而并不勤奋,最终不一定有多大收获。相反,性格柔弱的人只要孜孜不倦地努力,最终总会有所成就。而勤奋这一点,正是湖南群趋性格在古代所缺乏的。

本节对湖南古代民风中的勤懒变迁加以讨论。与上节一样,也分四个时段展开。

一、唐以前:呰窳偷生

《史记·货殖列传》曾对南方广大地区加以描述:“楚越之地,地广人希,饭稻羹鱼,或火耕而水耨,果隋蠃蛤,不待贾而足,地势饶食,无饥馑之患,以故呰窳偷生,无积聚而多贫。”这一描写对《汉书·地理志》产生了深刻影响。后者将这段文字改写为:“江南地广,或火耕水耨,民食鱼稻,以渔猎山伐为业,果蓏蠃蛤,食物常足。故呰窳偷生而亡积聚，饮食还给，不忧冻饿，亦亡千金之家。”湖南当时的经济生活状况已毕见于此。

个中特别值得注意的是“呰窳偷生”一句。应劭以为是“言风俗朝夕取给，偷生而已，无长久之虑也”。晋灼解释为：“窳，惰也。”师古注曰：“诸家之说皆非也，呰，短也；窳，弱也，言短力弱材，不能勤作，故朝夕取给而无储待也。”

其实，各家的注释完全可以互补。这些资料至少可以说明这么几个问题：第一，该地居民呈病弱懒惰的状态；第二，经济上不至于艰食，也没有什么积蓄；第三，这种经济生活是因为其独特的人地关系。江南之地现代属亚热带季风气候，汉代以前比现今更加暖湿，故生态系统中的自然生产力（平均每亩地所产的绿色植物总量）较高，食物链中的环节较多，居民取食容易且品种较多；而与此同时，“江南地广”，意即人稀，土地压力不大。

《南齐书·州郡志》叙“湘州”曰：“湘川之奥，民丰土闲。”说明土地尚有遗利而居民已经丰饶。叙“荆州”亦谓：“境域之内，含带蛮、蜒，土地辽落，称为殷旷。”湖南当时湘资流域属湘州，澧水流域属荆州，沅水流域属郢州。后者的情况虽未明言，但地介荆、湘之间，错杂蛮蜒，政区设置情况亦相同。可见今湖南省境当时整个一派地旷人稀、居民丰足的景象。与上述汉代状况相比，生产技术当然有所进步，但总的经济生活却变化不大。

唐代的状况依然如故。天宝十三年（754），苏师道始刺潭州，“下车按治未期月，适时有旱暵之灾，民不聊生，死者相枕。遂整骑适于六邑，城邑有廪米，富民多其蓄积，悉发而赈贫民，自是民间始获甦息”[①],说明这时一般平民还是没有什么积蓄,因为从文中看不出这次灾害本身有多严重。

柳宗元曾描述永州的情况,说:“代征赋于三郡,重困疲人。”[②]也是没有什么积蓄,农业生产非常落后。当地的生产技术是“火耕因烟烬,薪采久摧剥”[③]。道州也是如此:“渔沪拥寒溜,畬田落远烧。”[④]

这种习俗并不单单在潇水流域存在,整个省境当时普遍皆然。就连长沙附近都是“水耕先浸草,春火更烧山”[⑤],其余各地可想而知。故时人在讲到“湖南”时说:“土俗不尚农,岂暇论肥硗? 莫徭射禽兽,浮客烹鱼鲛。”[⑥]须注意的是此文所谓“不尚农”并非别有所尚,只不过其时湘民于耕作仍不必特别卖劲而已。韩愈在衡州有句云“淹留乐闲旷,勤奋劝慵耕”[⑦],可谓明证。

二、宋元:惰力侈费

宋代的材料渐多,具体情形可以看得比较清楚。此时的经济结构仍相当单调,地方官称:“湖湘之俗,素号淳朴,非有游观侈泰之欲以荡其心,非有工械伎巧之蠹以分其力,民无末作,多事南亩。”[⑧]这应该是一个比较切实的描写。

但劳动投入与以前已有所差异。地方官员在此感慨道:“嗟尔湘

① 《全唐文》卷 371 苏师道《司空山记》。
② 《全唐文》卷 571《代韦永州谢上表》。
③ 《全唐诗》卷 353 柳宗元《自衡阳移桂十余本植零陵所住精舍》。
④ 《全唐诗》卷 273 戴叔伦《留别道州李使君圻》。
⑤ 《全唐诗》卷 233 杜甫《铜官渚守风》。
⑥ 《全唐诗》卷 144 常建《空灵山应田叟》。
⑦ 《全唐诗》卷 337 韩愈《合江亭》。
⑧ 《后乐集》卷 19《潭州劝农文》。

人，为生甚勤；土瘠而硗，俗窭而贫。”即农民为生，已渐感困难。可是偏偏有些人仍不够努力，于是该位地方官殷勤相劝：“良农虽苦，可望有秋；惰农虽逸，荒其田畴。”[①]由此，仍可以看到一些惰农的存在。

当时潭州已号称产米之地，但“早稻倍多，晚米甚少”[②]。早稻的种植“视晚禾居十之七”，而且“晚禾虽稔，自输官外，赢余无几”。因此“富家之所储蓄，细民之所仰食，惟早稻而已”[③]。其产量并不很高，“中户以下输赋之余，仅充食用，富家巨室所在绝少”[④]。垦殖指数也相当有限，史载“湖湘多山田，可以艺粟，而民惰不耕”[⑤]。从而供需关系非常脆弱。

叶适尝谓：“采湖南士民之论，以为二十年来，岁虽熟而小歉辄不耐；地之所产，米最盛而中家无储粮。”因此，“每遇小歉，闾里不能自相给，惟仰州县赈救。城市之民，青黄未接，食于常平者十家而九”。[⑥]作为一个曾被称为“地势饶食”“民丰土闲”的地方，居然出现这样的窘境，真是令人不可思议。

阙食多发生于春夏之间，“诸县例行劝分，往往所得无几”，即使“间有劝到米石去处，以之给粜无田之贫民，尚不能遍及”。一旦“富民不肯出贷，则其束手无策”，唯一能做的便是“流移转徙而已”[⑦]。除非仰仗客米以济其乏，当然这也要视情况而定，“若邻路与上江岁丰谷贱，转贩者多”，不过可“仅免阙食”，而“一或不然则市直骤增，平民

① 《西山文集》卷40《劝民文》。
② 《西山文集》卷17《回申尚书省乞裁减和籴数状》。
③ 《西山文集》卷10《申朝省借拨和籴米状》。
④ 《西山文集》卷10《申尚书省乞拨和籴米及回籴马谷状》。
⑤ 《宋史·李允则传》。
⑥ 《叶适集·水心文集》卷1札子二。
⑦ 《西山文集》卷10《申尚书省乞拨和籴米及回籴马谷状》。

下户立见狼狈”[①]。故曾巩充满同情地吟道:“楚为贫乡乃其素。”[②]

但是丰年则大大不同。南宋时有人以诗状其景云:“平楚皆膏壤,成汤忽旱年……乙卯(1135)饥荒后,长沙富庶全。纪年四十载,斗米二三钱(原注:潭州自绍兴五年一旱后,丰稔三十八年)。县县人烟密,村村景物妍。朱蹄骄柳陌,金镫丽花钿(原注:长沙自唐号小长安,朱蹄金镫,杜甫所云)。习此民成懒,加之吏不虔。力耕终苟且,劝课或迁延。绿野田多旷,潢池恶未悛。曷尝修稼政,但见饰宾筵。”[③]从中可以看到,潭民在丰年时便毫无忧虑,尽情挥霍,耕作亦不力,不复记得荒年的惨景。由此不难得出一种感觉,当地居民生活的一个常态是:懒惰,苟且。

上述仅仅是年际变化,一年之中,各季节的活动自又不同。朱熹曾记载潭州“多是禺田,只有早稻”,每当“收成之后,农家便自无事”。其时湘民无甚末作,已见上述,于是这将近半年的时间便是用来游玩了。

无事便不免生非。诸如一些“不畏公法之人”,不顾官府禁令,在闹市“开柜坊,停止军兵百姓,公然赌博,全无忌惮”。甚至“街市逐时有不逞之徒与军兵欺压善良,毁打百姓,生事作闹”[④],造成一系列的社会问题。

以上乃是以潭州为中心进行讨论,接下来再看其他地方。

衡阳,有人认为:“衡山之阳,湘水之左,厥民呰窳,为生甚薄。”[⑤]

---

① 《西山文集》卷10《奏置惠民仓状》。

② 《曾巩集》卷4《湘寇》,中华书局1984年版。

③ 王阮《义丰集》《代胡仓进圣德惠民诗一首》。

④ 朱熹《晦庵集》卷100《约束榜》。

⑤ 《彭城集》卷21《朝奉郎邢平可知衡州制》。

这样的状况其实在湖南还算好的，有资料表明，此地“风物熙然冠楚乡”[①]。

永州，时人称之为“湘中粒米狼戾之区”，因为“民生其间，本易以得食”。但“永之为州，市民为户不过三千”，却“率多贫弱”，每至“春夏之交”便“苦于贵籴”。作者认为此乃和籴所致：“自近岁有司和籴之令甚严，舳舻相衔，竭九郡之产而北，湘人始困。”[②]然而和籴从上文潭州的情况来看，数量其实并不很多，而时人看到的永州郊野是“山行十里荒”[③]，其农业本来就不够发达。当时其耕地一般只分布在山间谷地，时人所见“山田绕山脚”的景象[④]，可以反映其垦殖水平。

郴州地处岭隅，“厥民窭啬”，不能自给，须“仰哺于衡”[⑤]。而自然条件和人文环境都与此相同的桂阳军，地方官明确指出此地有一些“坐视丰歉”的“惰农”。其人将该地与当时经济文化比较发达的闽浙进行对比：“闽浙之土，最是瘠薄，必有锄耙数番，加以粪溉，方为良田。此间不待施粪，锄耙亦稀，所种禾麦，自然秀茂，则知其土膏腴，胜如闽浙。然闽浙上田收米三石，次等二石，此间所收，却无此数。”这种差异，自然是“人力不到，子课遂减”[⑥]。而且当时此地的饮食观念因循守旧：“岁已宜麻麦，人犹厌芥松”[⑦]。而在享受时则并不俭啬，每逢重九时“家家人醉鸡豚社”[⑧]。宜乎有人将该地总结为

---

① 《可斋续稿》后卷10《衡阳道间即事》。
② 高斯得《耻堂存稿》卷4《永州续惠仓记》。
③ 《可斋续稿》后卷10《将到永州宿村舍》。
④ 沈辽《云巢编》卷3《水车》。
⑤ 《诚斋集》卷74《郴州仙居转般仓记》。
⑥ 《止斋集》卷44《桂阳军劝农文》。
⑦ 《止斋集》卷6《和殷仲衡谯楼新军额》。
⑧ 《止斋集》卷6《九日奉呈同僚四绝句》之一。

"惰力侈费之俗"[①]。

洞庭湖东北的岳州可以临湘的情况为论。该县"元来止系巴陵一乡",内部自然环境差异较大,其"上半乡依傍山林",而"下半乡边近江湖"。后者常常"被水浸荡",固然"或弥望绝粒不收",而前者"土广人稀,开垦未遍",年成较好时亦不过"仅能自足"[②]。

以上所言乃荆湖南路,荆湖北路还有所不如。《宋史·地理志》称荆湖北路"农作稍惰,多旷土"。该志如此为说,乃是将它与管辖湘资流域的荆湖南路进行比较:"南路有袁、吉壤接者,其民往往迁徙自占,深耕溉种,率致富饶。"实际上这也是将土著与移民进行比较。北路"澧、鼎、辰州皆旁通溪洞",其经济水平落后很多。当时北路的农作相当粗放。"山连古洞蛮烟合,地落秋畲楚俗欢"的诗句[③],反映出沅水中上游依然盛行火种的习俗。这种情况到元代仍无多少进步,有人在此大发感慨:"从今暴殄为明诫,曾见山头火种田。"[④]

勤奋的程度尽管还不够,但居民性格却不可谓不强。史载宋代"湖北尤多盗",因此"辰沅诸州自政和间夺民田,募游惰,号刀弩手",其目的是为了加强控制,"而实不可用"[⑤]。这条材料证明,把强悍与勤奋两项特征分开讨论是必须的。"多盗"说明该地民风比较强悍,而事实上同时却较为懒惰,可见这两者不能混为一谈。

三、明代:地有余利

明代是湖南农业生产取得较大发展的一个时期。至迟在弘治年

---

① 《象山集》卷19《宜章县学记》。
② 《双溪类稿》卷20《上章岳州书》。
③ 张咏《乖崖集》卷4《舟次辰阳》。
④ 曹伯启《曹文贞公诗集》卷5《舟至常德出陆由辰抵沅书事三首》之二。
⑤ 《晦庵集》卷89《右文殿修撰张公神道碑》。

间(1488—1505),已经出现“湖广熟、天下足”的谣谚[①]。这一谣谚较早见于何孟春笔下：

> 今两畿外,郡县分隶于十三省,而湖藩辖府十四、州十七、县一百四,其地视诸省为最巨,其郡县赋额视江南、西诸郡所入差不及,而“湖广熟、天下足”之谣天下信之,地盖有余利也。[②]

这条资料颇令人惊讶。作为郴州人,何孟春并没有为关于其乡邦“湖广熟、天下足”的谣谚而感到骄傲,相反,还颇有遗憾,认为地有余利,未尽得以开发。

终明一代,类似资料一直不绝如缕,尤其明中后期为多。文徵明谓:“荆湖沃衍而流庸惰驰,地利有所未尽”[③]。章潢在《图书编》中也称:楚省“今乃田腴而民惰焉”。这些材料虽然并非专指湖南,但湖南的情形也由此而可得以反映。由此不难发现,虽然当时已有“湖广熟、天下足”这样一个结果,但此时湖南人的勤劳程度仍大为不逮。

也有人认为,并不是当时湖南农民不勤,而是因为土地实在太多。谢肇淛曾评述:“江右、荆楚、五岭之间,米贱田多,无人可耕,人亦不以田为贵,故其人虽无贫,亦无甚富。百物俱贱,无可化居、转徙故也。”[④]他意指当时整个长江中游皆如此。

相对比较客观的是在天启年间做过五年绥宁县令,对湖南情况相当了解的嘉兴人包汝楫在《南中纪闻》中所言：

> 楚、魏间滨河处淤田,往往弥望无际,其开垦成畦者,动辄千

① 参龚胜生:《清代两湖农业地理》,华中师范大学出版社 1996 年版。

② 《余冬序录摘抄内外篇》卷 5。

③ 文徵明《甫田集》卷 32《故资善大夫南京刑部尚书顾公墓志铭》。

④ 《五杂俎》卷 4 地部二。

亿,真天地间未辟之利也。但彼中治田,不若三吴之勤,岁不过一稔,以此收获,亦不甚奢。然楚中谷米之利,散给海内几遍矣。[1]

这条史料非常有价值。它虽然开头说楚、魏间,其实主要指楚地,尤其指湖南。其中特别可贵的是以当时经济发达的三吴地区建立了参照系,明确指出“彼中治田,不若三吴之勤”。这就比前述诸条史料更具有说服力。

具体情形,简直触目惊心。沅水下游,常德自成为西南交通枢纽后,经济文化发展蒸蒸日上,但嘉靖《常德府志》在叙述当地经济状况时,先引用《史》《汉》“呰窳偷生而亡积聚”的陈词,而后评论道:“吾郡至今则然。”其属县龙阳地处洞庭湖边,时人有句云“野田荒作路,古木仆为桥”[2],一派荒凉景象。澧水中游有万历《慈利县志》记载:“颇足自给,但地瘠农惰,呰窳偷生而无积聚。”而地处澧水下游的安乡乃“割湖水之余以为都”,其“闾井荒荒然”,有人夸张说“一人淑矢而射,可洞城腹”[3]。

湘水流域本应比较发达,但与沅澧流域类似的资料也颇有不少。湘水上游的永州,此时其农业生产水平似乎有所倒退,时人的观感尚不及已度属广西的全州。明人童冀在此写过一系列歌行,其《荒田行》题注云:“永州四野荒田弥望,入全州境即无旷土矣。”其内容写得非常生动:“永州荒田多宿草,永州田多人苦少。南村田荒无人耕,北村草深人不行。往年峒徭据城壁,驱迫编户充军役。十户迨今无一

① 包汝楫《南中纪闻》,《丛书集成》初编本。
② 潘希曾《竹涧集》卷1《龙阳道中》。
③ 《袁宏道集笺校》卷54《安乡县重修琴堂记》,上海古籍出版社1981年版。

存，当时宁望长儿孙。壮者随军入军伍，老者尽作泉下土。少者仅存虽长成，十家九户惟单丁。应当门户倦奔走，岂有余力到农亩。荒田积草如人长，熟田近年亦抛荒。男啼女号饭不足，草根木实常充腹。荒田幸免官征科，熟田征科真奈何。永民自叹生来苦，不信人间有乐土。君不见隔岸即是全州山，四时耕垦无时闲。"[①]此情此景为前此历代所未见。无怪乎该地文化发展到明代出现了较大程度的下坠。

桂阳州在明代隶属于衡州府。据嘉靖《衡州府志》记载：蓝山"农功颇懈"，临武与此类似，"蓝临之俗大抵相同"。这算湘水上游，其实湘水中游也大抵如此。该志载衡阳"地有遗利，民有余力，甘为惰农，衣食多窘"。弘治《衡山县志》则谓当地"山泽相间，地多闲旷，民以耕渔为业，无巨富之家"。

最令人惊讶的是，就连长沙府的附郭善化县，亦有人称："民性拙而习懒，其务本者不过从事一熟之田，至于麦、豆、竹木皆可生利而彼不事，其逐末者不过肩一瓜一蔬，及持网罟觅蝇头利于烟水间。"[②]这种情形，简直令人难以相信这竟然是湘水流域的腹心之地，本应该是省境其时最为发达的所在。

这种情况直到清前期仍改变不多。清初偏沅巡抚董安国疏言，湖南丈后余存荒芜田地的州县有"长沙之善化、醴陵，永州府之道州、新田，郴州之桂阳、兴宁，靖州之绥宁"七处，其中竟然有省会附郭的善化县，虽然一些存荒号称"人力难施"[③]，但这个难与不难众所周知

---

① 《尚䌹斋集》卷3。按此书还有不少关于永州的史料，如同卷《渔荡行》曰："大家有田无宿舂，小家寄食身为佣。"又《水车行》云："往年比屋搜军伍，全家载下西凉府。十家无有三家存，水车卧地多作薪。荒田无人复愁旱，极目黄茆接长坂。"

② 光绪《善化县志》引唐源《水利论》。

③ 《居易录》卷27。

其实是个很主观的概念。这种情况直到清中叶以后才渐渐改变。

四、清中叶以后:人满为患

清中叶以后,情况发生了显著变化。省境普遍人满为患,有感于民生勤苦、稼穑艰难的哀叹在各地方志中连篇累牍。

在此分区加以检视,首先请看湘水流域。

长沙作为湖南首府,早在清代前期就已经率先得到发展。乾隆《长沙府志》就已经称其“民习勤苦,人尚气节”。府属各县,到同治以后方志中普遍出现了详细的相关描述。宁乡,同治《续修宁乡县志》叹其“穑事倍艰难已”。湘乡,同治《湘乡县志》称其“土不加辟而力于耕作,人不甚丰而习于勤俭”,并不厌其烦地叙述当地“农人春耕夏耘至秋收弗懈”,至岁晚又要“储粪种、修陂池”,简直“四时间无日休息”,因此“父老子弟皆知稼穑之艰难”。醴陵,同治《醴陵县志》谓其“农勤耕作”,以至“隙地皆垦种,无弃壤”,自改种双季稻后,“农人终岁勤动,视他邑岁一熟者尤为劳苦”。变化最大的当推善化,光绪《善化县志》称,其“乡间作苦情形”,已“不患不勤而不富”,而是“终岁勤动有不得养其父母者”。这些县份中,醴陵和善化都是上述在清初还有余存荒芜田地的县份。

湘水中游的衡州,道光《衡山县志》谓其民“终岁勤动”。光绪《耒阳县志》也有同样的描写,并谓即使“良农亦未必尽丰”,同时其妇女“服事乎内,主中馈,勤纱绩,工缝纫,操作不辍”,这种情况“无论贫富大都类然”。

湘水上游地区,永州府内,道光《永明县志》就已经感慨:“民多作苦,力田之暇辄垦地种园。”当地本来就“人满而土瘠,故原藏者罕闻”,加之“比来客籍占居遍于穷谷,伐山畲种”,由此“水源缩小,地利尽而农事伤矣”。稍晚数十年，光绪《道州志》更是哀叹“凡山头地角开垦无遗”，农民到秋冬仍须“相率凿石刈枯草烧石灰，以备来岁之用”，而“余日则种蔬菜、拾柴薪”，几乎“无稍闲者”。

郴州境内，同治《桂东县志》先是细致地描写当地“四面皆山，田少井计，延冈接垅，塍浮于亩”，因此农民“斩阡刈陌，用力最苦”；到“秋收后率沿山刈茅，凿石烧灰”，以致“终岁勤动，无宁处焉”。该志无限同情地感叹：“近生齿日繁，谋生者众，深谷高陵种植杂粮，几无隙地，地力尽，民力亦尽矣。”较之各行业和其他地方，简直是“四民莫苦于农，而桂东尤甚焉”。而光绪《永兴县志》也称当地“俗尚勤俭，无旷土，无游民”。

湘江下游的岳州，同治《临湘县志》载该地就连妇女“且有插秧荷草、刈蒿萎披荆棘者”，可见其作苦之一般情形。到了光绪《巴陵县志》中，已称“邑境多山，农民世业难以自给”，因此有些人不得不远走他乡，“多营生于湖北”。

资水流域的情况也差不多。益阳由于地处下游，总体情况相对较好。同治《益阳县志》载其“农家耕作甚勤，水旱之计亦备”。而中上游便艰苦得多。同治《安化县志》谓该地“勤于耕种，邑中无旷土”。同治《城步县志》也称其民“务农勤织”。同治《武冈州志》谓当地“以种稻为本，其余麻麦杂植各随地宜，不遗余力”。之后，光绪《新宁县志》记述当地风俗，甚至称农民“务勤四体，间有游惰辄不齿于乡”。

接下来再看沅水流域。下游的沅江，嘉庆《沅江县志》载：“昔者小民善渔昧稼，今则人知力田。”这一资料记录了当地发生变化的朝代。龙阳，光绪《重修龙阳县志》称“山村耕织负贩相半，颇勤朴”，与上述明代的情形相参，今昔对比跃然纸上。

沅水中上游地区，由于可耕地较少，发生变化的年代似乎更早。

乾隆《泸溪县志》已称其民“耕作最勤,无田则佣工取给”。道光《凤凰厅志》亦谓该地“山多田少,治生为急”。道光《辰溪县志》则有当地“山多田少,生计为艰”的记载,并感慨“近虽山巅水涯,亦皆垦艺无旷土矣”。同治《芷江县志》、同治《龙山县志略》则分别有其民“劳于耕耜”“土民多勤恸力田”的描写。

澧水流域的变化亦甚为明显。嘉庆《石门县志》已描写当地“重本力农”。同治《续修永定县志》也记载“农家力作”。同治《安福县志》称当地“野无旷土,邑无游民”。而同治《桑植县志》所载更详:“邑民鲜逐末,除力田垦山外,别无奇赢可挟,故耕作勤而盖藏亦寡。”

上述资料已覆盖全省,由此可见湖南民风在清中叶以后已普遍趋向于勤奋,与此前漫长的地有余地、乡有惰农的历史时期相比,不啻霄壤。

五、小结

从以上论述中可以看到,湖南民风在历史时期经历了四个阶段:唐代以前,基本上是“呰窳偷生”。当时的湖南居民虽然性格有点急疾,剽轻,易发怒,但是很脆弱,“性怯懦”,总体而言属于“人气和柔”。宋代以后,由于接受了一些外来移民,部分地区争讼渐兴,但总体上属于“淳朴近古”,生活方面“惰力侈费”。明代由于接受移民较多,经济开发加速,主客相间,气习日移,居民性格也有所强化。但此时总体开发水平不高,虽有“湖广熟、天下足”的谣谚,而总体上仍然地有余地。清代尤其清中叶以后,由于省境普遍人满为患,山头地角开垦无遗,居民性格也得到极大强化。不仅全省普遍地劲悍尚气,而且终岁勤动,无稍闲暇。以致近代以来,社会上对于湖南人有“湖南骡子”的谑号。

由此不难看出，勤奋与强悍是近代湖南人性格中的一体两面。它们相辅相成，缺一不可。它们的变迁步骤并不完全同步。从史料中看，自宋而元，湖南部分地区民风之强悍已经被渲染到一个相当不错的水平，但明代的史料足以证明，即使长沙、衡阳这样湘江流域的腹心地带，土著居民仍有相当一部分是怯懦畏事的①。

湖南民风的这种转变，终极原因是当地独特的人地关系。湖南地处亚热带季风地带，自然条件比较优越。在漫长的古代，土地承载力一直未被压榨到极限，"地势饶食，无饥馑之患"，自然就缺少奋斗的动力。直到后来地无遗利，农民终岁勤动不足以养父母、蓄妻子，居民性格也就得到了极大的强化。

在湖南民风强化的过程中，起到了重要催化作用的是外地移民。上述明清的史料对此阐述得清楚。事实上，宋元时期应该也如此。移民的进入，一方面是直接增加了湖南的人口，加大了湖南土地上的人口负担，同时也带来新的文化风气。从宋明的史料中可以看到，湖南土著"劲悍喜讼"，其实是跟移民学的。

民风当然有社会分层。上述是对湖南民风的总体讨论，事实上，湖南士人层面的群体性格其历史表现稍有不同。接下来对士人层面的文化表现加以论析。

第四节　士习与文化风尚

以上两节讨论的是湖南历史时期总体的民风特征，本节讨论士人层面的一些文化风气。分士习和文风两个部分。

---

①　参上引《天下郡国利病书》相关史料。

一、士习

士是中国传统的一个概念,大体相当于西方所谓的“知识分子”,但又不尽相同[①]。本书无意于就概念进行纠缠,举凡在政治、文化等方面比较杰出的人物,一律目之为士。

既然表现比较杰出,与普通人相比,士人的性格自然也大有不同。湖南历史上的此等人物大多具有共同的性格特征,果敢、负气、质直,而且自古已然。

湖南士人之具有特别性格,最先见于记载为三国蒋琬。《三国志》本传载:“琬以州书佐随先主入蜀,除广都长。先主尝因游观奄至广都,见琬众事不理,时又沉醉,先主大怒,将加罪戮。军师将军诸葛亮请曰:‘蒋琬社稷之器,非百里之才也,其为政以安民为本,不以修饰为先,愿主公重加察之。’先主雅敬亮,乃不加罪,仓卒但免官而已。”[②]

从这段记载来看,蒋琬的性格明显地具有两个方面的特征,一是质直,这可从“其为政以安民为本,不以修饰为先”看出,说明他处理问题能够抓住实质,而不是缘饰无关宏旨的表面文章;二是负气,他固然是社稷之器,非百里之才,但未遇时便“众事不理,时又沉醉”,清人桂馥就此发挥道:“小试于令长之间,亦断断难收其效,宁吞志以死耳。夫士生一世,遇则风云,不遇则泥途,其故在上不在下也。”[③]可谓道出了蒋琬的心声。

蒋琬的性格在相当长时间的湖南士人身上都可以看到。如《晋

---

① 参余英时《士与中国文化》,上海人民出版社 2003 年版。

② 《三国志·蜀书·蒋琬传》。

③ 《晚学集》卷 5《书蜀志蒋琬传后》,《丛书集成》本。

书》所载：

邓骞，长沙人，“少有志气”，“常推诚行己，能以正直全于多难之时”。（卷70《邓骞传》）

邓粲，长沙人，“少以高洁著名”。（卷82《邓粲传》）

周该，天门人，“性果烈，以义勇称，虽不好学而率由名教”。（卷89《周该传》）

韩阶，长沙人，“性廉谨笃慎”。（卷89《韩阶传》）

虞悝，长沙人，与弟望“并有士操，孝悌廉信”，“以人伦为己任”。（卷89《虞悝传》）

伍朝，武陵汉寿人，“少有雅操，闲居乐道，不修世事。性好学，以博士征，不就”。（卷94《伍朝传》）

相当明显，这些人的性格基本上属于同一类型，遇事都比较果敢，平常恬于世利。南朝后期，《陈书·欧阳頠传》称其“少质直，有思理，以言行笃信著闻于岭表”。亦与上述诸人相同。

唐代的情况，诗人李群玉可以作为很好的例证：“唐李群玉校书，字文山，澧州人，有诗名，散逸不乐应举，亲友强之，一上而已。尝受知于相国河东裴相公休，为其延誉，因进诗，授弘文馆校书，终于荆襄间。然多狎酒徒，疑其为张祜之流。李少逢善夷谪官澧阳，备知其行止，因为纪之，乃清介高节之人，非轻率之士，疑为同人所谤。或曰曾为荆之幕下。”①这种做派，与上述蒋琬的性格简直如出一辙。

此外又如处士张季秀。尽管他并没有做出名山事业，元结为他所撰举荐状称：“土风贪于货贿，旧俗多习吏事，独季秀能介直自全，退守廉让，文学为业，不求人知。寒馁切身，弥更守分，贵其所尚，愿

① 《北梦琐言》卷4。

老山林。"[1]这一性格,除与蒋琬具有同样的质直、果敢之外,更多一份洁身自好,不与俗世同流合污。这,无疑是后世很多湖南士人共同的性格特征。

宋代湖南士人著名者不少,《宋史》列传中对传主性格有记述者如下:

狄遵度,长沙人,"少举进士,一斥于有司,耻不复为"。(卷299《狄遵度传》)

谭世勣,长沙人,"教授郴州,时王氏学盛行,世勣雅不喜",竟"置其书不观"。(卷357《谭世勣传》)

周南,平江人,"年十六游学吴下,视时人业科举,心陋之","每以世道兴废以己任"。(卷393《周南传》)

赵方,衡山人,"父棠,少从胡宏学,慷慨有大志"。方子葵、范俱有志事功。(卷403《赵方传》)

汤璹,浏阳人,"浸恶权相意,而璹之直声亦大闻于时"。(卷411《汤璹传》)

胡颖,湘潭人,"感励苦学","性不喜邪佞","为人正直刚果"。(卷416《胡颖传》)

皮龙荣,醴陵人,"少有志略","性亢直,(贾)似道当国,不肯降志"。(卷420《皮龙荣传》)

李芾,衡阳人,"为人刚介,不畏强御",为宋死节长沙,"幕属茶陵颜应焱、安仁陈亿孙皆死。潭民闻之多举家自尽"。(卷450《李芾传》)

尹穀,长沙人,"性刚直庄厉,初处郡学,士友皆严惮之",为宋死

---

① 《全唐文》卷381元结《举处士张季秀状》。

节长沙。（卷450《尹穀传》）

这些士人，性格基本上属于同类。首先都很果敢。唯其如此，为人处世才敢于迥异俗流，即便得罪当道也毫不介意。其次，都负气。唯其如此，才会坚持甚至可以说固执己见，无所畏惧。再次，都很质直。表达个人意见不屑于拐弯抹角，直来直去。

元代以还，湖南士人闻名者愈益增多，其共同性格亦渐引起普遍注意。《元一统志》称："渐被胡文定《春秋》之学而士习好文，向慕谭世勣忠节之风而乡俗尚义"；"士风纯古，有浮丘翁、潘逸高蹈之奇踪，故其士往往恬于世利而好修。有孔明、关羽、周瑜、鲁肃之遗迹，故其俗多慷慨尚节，而耻为不义。"[①]这段文字，在描述的过程中还分析了其中的渊源所自，可以说是对湖南当时士习的极好说明。

明清的情形，本章第二节已有所阐述。当时整个湖南民风趋向于劲直尚气，士习自然不能例外，在此不复赘述。其基本特点亦与上述诸人一样，且士人数量不断增加，尤其清中叶以后。以致普遍认为湖南近代"一些突出的发展与湖南人的性格盖有相当关系"[②]。

毫无疑问，在元以前相当漫长的历史时期内，湖南士人层面的群体性格与前两节讨论的总体民风不无偏差。对此该作何解释？笔者认为，至少有两点值得注意：

其一，士人在数量上毕竟是很少的。湖南在国史上的列传人物，包括附传人物在内，也不过后汉5位、三国9位、晋16位、刘宋1位、齐1位、梁1位、陈2位、唐8位、五代3位、宋29位、元12位、明41位。如果仅仅注意到士人层面，而忽略整体居民的状况，得出的结论

---

① 《大明一统志》卷63引。

② 张朋园《中国现代化的区域研究：湖南省》。关于湖南在近代的发展，张先生认为："至少有两个突出的例子，第一是湘军的击败太平军，第二是戊戌变法之前的新政运动。"

无疑是很不全面的。

其二,士人层面的群趋性格其实也存在一定的变迁。试比较蒋琬与曾国藩两位的性格,他们都是“湘乡”人。蒋琬的做派,结果显然是“遇则风云,不遇则泥途”,简直只有听从命运的摆布。虽然说“其故在上不在下也”,似乎自己并没有做错;但如果这样的话,曾国藩就不可能有其成功的一天了。试看曾国藩在与太平军较量的进程中,经过多少挫折,遭受多少打击,最终艰难困苦玉汝于达,这股韧劲是古代湖南士人所普遍缺乏的。毫无疑问,坚忍不拔,这种创造和把握机会的能力,是在“民生勤则不匮,农夫敏则有功”[①]的生存环境中长期训练出来的。而从前两节的讨论中可知,这种生存环境,湖南也是到了清代尤其清中叶以后才普遍形成。

将湖南历史时期的士习与民风加以对比,不难发现,其中的反差在古代较大,而到近代趋于缩小。古代民风怯懦的情况下士习较为果敢,而近世两者已相当接近。个中原因其实很容易理解。士人之成其为士人,就是须与俗人有所不同。古代湖南民风怯懦,出士人概率很低;如果不能卓尔不群,那就泯然众人,不可能出类拔萃。近世湖南民风普遍劲悍尚气,习于勤苦,湖南文化这才找到真正的源头活水。此时的湖南士人,就不再是一个个,而是一批批、一群群的了。

认识到这一点,对于理解湖南文化在近世的发展是非常关键的。唯其如此,湖南文化在漫长的古代一直无所轻重于天下。而到了近代,却突然流光异彩,成井喷之势。

---

① 同治《续修宁乡县志》。

二、文化风尚

湖南古代的文化风尚很有特点。在历史上，先后出现习于辞赋、士多隐逸、崇尚理学三个方面，分别流行于不同时期。在此论述分别加以剖析。

1. 习于辞赋

习于辞赋是先秦时期楚人的特征。《史记·货殖列传》称："南楚好辞。"后世也经常以此称述楚地之人，但唐以前多指湖北，罕言湖南。如《列仙传》中讲到郑交甫游汉江，碰到两位丽服华装的女士，佩着大明珠，郑交甫想去请女士赠他明珠，仆人劝阻说："此间之人，皆习于辞。"[①]这一故事的背景，就被认为在襄阳附近。《列仙传》传为汉代刘向所编，故事的时代当在汉以前。宋人刘克庄称："夫江汉楚之旧封，异时以辞令争衡中夏，登高能赋而志节与日月争光者，皆楚产也。"[②]表明习于辞赋本来主要是江汉之间的特色。

称湖南习于辞赋盖始于唐代。《唐语林》有一条："衡山五峰，曰：紫盖、云密、祝融、天柱、石廪。下人多文词，至于樵夫，往往能言诗。尝有广州幕府夜闻舟中吟曰：'野鹊滩西一棹孤，月光遥接洞庭湖。堪憎回雁峰前过，望断家山一字无。'问之，乃其所作也。"[③]这条记载以偶然碰到的一位樵夫为例，生动地渲染了衡岳一带居民的诗才。

五代时，马殷、马希范父子割据湖南。马希范本人"好学善诗"[④]，置天策府，立十八学士，史称"时湖南幕府中能诗者有如徐东野、廖

① 《太平广记》卷 59"江妃"条引。
② 《后村先生大全集》卷 89《鄂州贡士田》。
③ 《唐语林》卷 2，上海古籍出版社 1978 年版。
④ 《新五代史》卷 66《楚世家》。

凝、刘昭禹之徒,莫不声名籍甚”[①]。

宋朝末年,湖南辞赋在全国颇有一席之地。史称“宋以词赋取士,季年惟闽浙赋擅四方”,尹穀“与同郡邢天荣、董景舒、欧阳逢泰诸人为赋,体裁务为典雅,每一篇出,士争学之”,当地词赋水平迅速提高,“由是湘赋与闽、浙颉颃”[②]。

元代有人称:“余闻沅澧之间,其士夫善骚。”[③]俨然一派先秦楚国气氛。其实这不过是宋末之余绪。元初有人来到湘中,目击“潭学素号多士,志于殖学艺文,不骫流俗,笃好古道者,莫不踶跂振跃,操觚挈牍,咀英蘤、漱芳润,以求理义之指归、辞章之统绪”,“湖湘之间,文风丕变”[④]。

上述史料说得还不很清楚,请参如下一条记载:“元统初(1333),时宰请罢贡举,已而诏复行之,乃命中外作兴学校,以经术造士,行省提学皆慎其选。公是以有湖广提举之命。湖湘之间士尚文辞,公申严课试经训,远近知劝。”[⑤]这条史料就很能说明问题。

在唐宋时以词赋取士,士必习文辞而后得入仕途,湖湘之间竞尚文辞固无足怪。元代科举已改“以经术造士”,然而湖湘间士子仍崇尚文辞。不言而喻,这一风气昭示了湖湘间文化较为落后。

容易引起误会的是明中叶李东阳的一通感慨:“茶陵当胜国辞赋取士时,如陈志同之《天马》,及先提举之《黄河》,皆以赋擅场,其余取名第、称士林者踵相接。高皇帝一统之初,定经义式,实学士刘先生

---

① 《五代史补》卷3《马希范奢侈》《僧齐己》。

② 《宋史·尹穀传》。

③ 杨翮《佩玉斋类稿》卷4《送王照磨迁湖北序》。

④ 《元文类》卷37《与姚江村先生书》。又见《卢疏斋集辑存》,北京师范大学出版社1984年版。

⑤ 苏天爵《滋溪文稿》卷13《元故奉训大夫湖广等处儒学提举黄公墓碑铭序》。

三吾所制，天下传之。山川之灵秀，固嶷然殊也，百余年来，师不倚席，士不废业，而功效不昔，若至是尤极，亦孰使然哉？”[①]言下之意，仿佛辞赋是当地人所长，而经义为当地人所短似的。

笔者认为，真正的原因恐怕还是文化教育水平所致。宋濂曾写道：“往时湖湘间材士大夫多以辞赋称，若江夏詹先生同文其一也。盖同文襟韵潇洒，济以宏博之学，故体物浏浣，铿铿作金石声。及归我熙朝，遂以文鸣一时。”[②]由此可知，所谓辞赋，主要功夫在于“襟韵潇洒”，然后再济以“宏博之学”。士尚文辞，显然对于经义疏解就不会高度注意。试题改经义式以后，客观内容增多，主观发挥的内容有所减少。可以说，对于文化基础，要求有所提高。士子科举功效不昔，是不能也，非不为也。李东阳所述茶陵士子在科举中“功效不昔”，本身就是生动例证。

即使以词赋取士时期而论，唐代湖南进士相当之少，已见于第二章。宝祐四年（1256）登科录中湘籍进士长于辞赋者也不多。宋初文莹到长沙，“首访故国马氏天策府诸学士所著文章”，其中最有名的徐东野诗，也不过“浮脆轻艳，皆铅华妖媚，侑一时尊俎尔”[③]。宋代湖南诗人乐雷发在“闽赋唐诗时擅声”的氛围中[④]，沉痛地感到“湘国诗盟今寂寞”[⑤]。由此可见，虽然有史料称湖湘士子习于辞赋，但湘人对于辞赋并无特长。

2. 士多隐逸

隐逸是先秦楚地一个显著的文化特征。屈原行吟泽畔，得遇渔

---

① 《李东阳集》卷2《修复茶陵州学记》，第187页。

② 宋濂《文宪集》卷7《詹学士文集序》。

③ 《玉壶清话》卷7，中华书局1984年版。

④ 乐雷发《送邵瓜坡试湖南漕举》，见《雪矶丛稿》，岳麓书社1986年版。

⑤ 《雪矶丛稿》之《赠江华熊伯岩》。

父。其人显然便是一位隐者。湖南出现这一风气,已是晋代。

《晋书·隐逸传》载有武陵汉寿伍朝、龚玄之两人。伍朝“少有雅操,闲居乐道,不修世事。性好学,以博士征,不就”。刺史刘弘荐举他为零陵太守,尚书郎胡济也上奏称他“诚江南之奇才,丘园之逸老”。但伍朝“不就,终于家”。《龚玄之传》称其“好学潜默,安于陋巷。州举秀才,公府辟,不就”。孝武帝下诏点名征辟,“郡县敦逼”,他仍然“苦辞疾笃,不行”。

之后,《宋书·隐逸传》又载有该地龚祈。其从祖为龚玄之,其“父黎民,并不应征辟”。

龚祈“年十四,乡党举为州迎西曹,不行。谢晦临州,命为主簿;彭城王义康举秀才,除奉朝请;临川王义庆平西参军,皆不就”。后来“又征太子舍人”,仍然“不起”。他“时或赋诗,言不及世事”,中书郎范述见之而叹曰:“此荆楚仙人也。”

这种情景,宜乎梁代伍安贫在《武陵记》中写道:当地居民“多淳孝,少宦情,常弹五弦之琴,以黄老自乐,有虞夏之遗风”①。

以上资料主要分布在沅水下游。到了唐代,湖南此风更著。其分布则蔓延到湘水流域。

《博异志》中载有一个故事:爱吹笛子的洞庭贾客吕乡筠曾在春夜泊舟于君山侧,忽然波上有一老者乘渔舟而来,为他吹笛,直吹得“鸟兽叫噪,月色昏昧”。老者吟诗云:“湘中老人读黄老,手援紫藟坐翠草。春至不知湘水深,日暮忘却巴陵道。”②这首诗本来是唐代诗人贾至之作③,小说家据此编出一故事,与上引《唐语林》所言衡山下樵

---

① 《舆地纪胜》引。

② 《太平广记》卷 204 引。

③ 《全唐诗》卷 235 贾至《君山》。

夫能言诗的故事一样，极大地烘托了湖南的神秘色彩。似乎湖南遍地都是隐逸。

而唐代湘籍士人也颇多飘然遗世之态。前文引《北梦琐言》所载李群玉事，已可为一证。兹再引一例：

> 唐刘舍人蜕，桐庐人。早以文学应进士举，其先德戒之曰："任汝进取，穷之与达，不望于汝，吾若没后，慎勿祭祀。"乃乘扁舟以渔钓自娱，竟不知其所适。不审是隐者，为复是渔师，莫晓其端倪也。紫微历登华贯，出典商於，霜露之思，于是乎止。临终亦戒其子如先考之命。蜀礼部尚书纂即其息也，尝与同列言之。①

这条材料，比前引李群玉之事意味更浓。作者孙光宪长期在荆南为官。李群玉澧州人，澧州距荆南为近裔。刘蜕长沙人，于大中年间以荆解成进士。这两位的情况孙光宪都有条件了解。从文中看，这两位成长的环境大有隐逸的文化氛围。

从晋代到南朝，沅水流域的隐逸当然是真材实料的。唐代洞庭湖吹笛的渔者，连同前述衡山月下吟诗的樵夫，作为隐逸也没有问题。但像李群玉、刘蜕这种，笔者认为，当时其所谓隐逸放旷，在相当大程度上恐怕是受到刺激而不得已的逃避之举，并非天性使然。前引李群玉资料，文末称"疑为同人所谤"，可知他并非圆熟之人。笔者颇疑其散逸不过是失意的表现。深思高举，乃才人之通病。无独有偶，兹再举一例。

> 长沙日试万言王璘，辞学富赡，非积学所致。崔詹事廉问，特表荐之于朝……至京师时，路庶人方当钧轴，遣一介召之。璘

① 《北梦琐言》卷3。按，刘蜕并非桐庐人，其籍贯本书前文已作考证，参第一章第三节注。

意在沽激,曰:“请俟见帝。”岩闻之大怒,亟命奏废万言科。璘杖策而归,放旷于杯酒间,虽屠沽无间然矣。①

这一例也是唐代之事。从结果看,王璘“放旷于杯酒间”,但其原因,实为沽激未遂所致。个中原因,当然是其为人水平有限,欲速而不达。而为人水平,其实也是地域文化水平的总体反映。故隐逸一词,在此实可为文化落后之同义语。

宋代有人咏道:“衡阳多隐逸,道侣未应稀。”②所谓衡阳,当然特指南岳衡山。但据近人研究,历代栖身于此的隐士为数并不多,只有13个,在全国20座名山中排名第六。而且其中多数并非湘士③。而不少场合所谓的隐逸,如韩愈《送廖道士序》所云:“衡山之神既灵,而郴之为州,又当中州清淑之气蜿蟺扶舆磅礴而郁积,其水土之所生,神气之所感……意必有魁奇忠信材德之民生其间,而吾又未见也。其无乃迷惑溺没于佛老之学而不出耶?”④之后宋代有人到郴州考试贡士,场中甚陋,言辞间也归因于“其郁积之气尚未发见,岂其抱材隐而不出者耶”⑤。这简直无异于明言湖南文化水平较为低下了。

3.清中后期崇尚理学

有清一代学术,乾嘉汉学堪为潮流。但三湘四水之间,风气却与此格格不入。

钱穆在《中国近三百年学术史》中说:“清儒考证之学,盛起于吴

① 《唐摭言》卷11《荐举不捷》,中华书局1959年版。
② 张方平《乐全集》卷1《宋屯田归湖南》。
③ 蒋星煜《中国隐士与中国文化》,生活·读书·新知三联书店1988年版。
④ 《全唐文》卷555。
⑤ 《卢溪文集》卷36《送黄秀才序》。

皖，而流行于全国，独湖湘之间被其风最稀。”[①]湘人自身也有清醒认识，郭嵩焘就承认：“乾嘉之际，经师辈出，风动天下，而湖以南暗然，无知郑、许《说文》之学者。”[②]

杨树达所言稍为具体：“湘士在有清一代大抵治宋儒之学，自唐陶山（仲冕）承其家学，余存吾（廷灿）游宦京师，两君颇与戴东原之学接触。陶山之子镜海（鉴）仍折归宋学。乾嘉之际，汉学如日中天，湘士无闻焉。”[③]综以观之，湖南在清中叶学术风气与全国主流不同，可为定论。

对于这种学术风气的反差，清后期就已经引起注意，只是诠释各各不同。曾国藩对此颇有一番看法：“自乾隆中叶以来，世有所谓汉学云者，起自一二博闻之士，稽核名物，颇拾先贤之遗而补其阙。久之，风气日敝，学者渐以非毁宋儒为能，至取孔孟书中心性仁义之字，一切变更旧训，以与朱子相攻难，附和者既不一察，而矫之者恶其恣睢，因并蔑其稽核之长而授人以诟病之柄，皆有识者所深悯也。”[④]如此着笔，好像湘人对于汉学不屑研究似的。

更有甚者，清末善化人孙鼎臣竟“以粤寇之乱归狱汉学”[⑤]。他认为：“天下之祸，始于士大夫学术之变。杨墨炽而诸侯横，老庄兴而氐戎入。今之言汉学者，战国之杨墨也，晋宋之老庄也。”[⑥]言外之意，湘人对于汉学且不必为之。这种说法就严重地过了。

其实，清代中叶湘中汉学不昌，只不过是湖南区域比较闭塞，文

---

① 《中国近三百年学术史》，中华书局 1986 年版，第 575 页。

② 《郭嵩焘诗文集》文集卷 21《罗研生墓志铭》。

③ 《积微翁回忆录》，上海古籍出版社 1986 年版，第 219-220 页。

④ 《曾国藩全集・诗文》之《汉阳刘君家传》，岳麓书社 1986 年版。

⑤ 王先谦《葵园四种・虚受堂诗文集》卷 14《复阎季蓉书》，岳麓书社 1986 年版。

⑥ 《儒林琐记》，岳麓书社 1983 年版，第 54 页。

化风气滞后的又一表现而已。清代湘士并非不治汉学,只是兴起的时间较迟。曾国藩本人,后来也"为六书之学,博览乾嘉训诂诸书,而不以宋人注经为然"[①]。道光间吴荣光在湖南设湘水校经堂,湘士始"群相矜以汉学"[②]。于是"汉学大盛,风流湘楚",以至"人人骛通博以为名高,而耻言程朱"了[③]。

上述三个方面,出现的时代各不相同,但有一个共同特点,都反映了湖南文化风气在全国范围相对较为滞后。

---

① 欧阳兆熊《水窗春呓》卷上《一生三变》,中华书局 1984 年版。

② 李肖聃《湘学略》,岳麓书社 1985 年版,第 155 页。

③ 钱基博《近百年湖南学风》,岳麓书社 1985 年版,第 60 页。

第六章　湖南的民俗

上一章论述了湖南历史时期民风的变迁，本章探讨湖南民俗的时空差异。

民俗作为一个学术概念，它是从文化形态的特性（群体性、民间性、传承性等）视角来加以规定的，其外延几乎覆盖了人类生活的方方面面。如果对它从地理学角度加以研究，比较重要的无疑有生活民俗（衣食住行）、生产民俗、岁时节庆、人生礼俗（生老病死、婚丧嫁娶）诸大类。对历史文化地理研究来说，需要一切从史料出发。并不是每项重要民俗都有条件加以研究的。

就湖南的历史文化地理研究而言，在上文已经讨论过的民歌、信仰和经济生活之外，内容重要，而资料也适足以展开的民俗，有婚礼、丧礼、岁时、居住四项，本章对此逐一加以展开讨论。这几项的讨论，由于在明清以前资料不成序列，无法复原其时代变迁，因而重点在揭示其晚清乃至民国时期的空间差异。在此基础上，根据资料情况，尽可能地回溯其形成过程。

第一节 湖南婚俗的区域差异

在一切民俗中,人生礼俗是最为切身的。在各种人生礼俗中,婚礼可谓特别重要。结婚是人类自身再生产的起点。唯其如此,各地方志对于人生礼俗,出生、做寿之类都或记或不记,资料无法构成时空序列。而对于婚俗,各地方志都特别重视,普遍留有记载。可以藉此开展文化地域差异的探讨。本节先对湖南婚俗的地域差异加以论述。

在讨论湖南婚俗的分区之前,先讨论一种较为独特的歌堂风俗。

一、歌堂的分布

歌堂习俗又叫伴嫁或打花烛,就是女家在嫁女前夕邀请一些姑娘或妇女在堂屋中设宴唱歌的习俗。这一习俗主要分布南岭北麓,在清代永州府和桂阳州境内非常盛行。

据光绪《零陵县志》载:女家于嫁女前日"起歌堂,新嫁女高坐,择未字者二十余人团坐唱和。此俗惟城中无"。光绪《道州志》称:"嫁女之家,连夕设花筵以待,母女环坐,命戒而哭。亲邻姊妹间以歌唱。音袅袅可听,彻夜不休。"而据道光《永州府志》所载,府属各县都有此俗,如祁阳"若夫女将嫁,前夕多邀三党妇女筵宴夜坐,轮流清唱,谓之打花烛"。东安则是"延里中处子之粲者二人。其夜新娘盛装……上坐,两处子坐于旁,余以次坐……随意歌唱,新娘掩面啼泣,夜分方歇。其歌词不足为外人道也。"

上述材料乃是清代晚期的。更早的嘉庆《宁远县志》就已载:"宁俗于嫁女前一夕具酒馔、集妇女歌唱。歌阙,母女及诸姑伯姊环向而哭，循叠相继，达曙乃止。此风不知始于何时，而道、宁、永、江、新五州县如出一辙。”该志作者认为当时此一风俗已呈式微之势，说：“嫁女歌堂，各村堡渐无，惟城厢犹然。亦无彻夜歌哭之事。”然光绪《宁远县志》仍有歌堂记载，似其俗并未衰亡。

这种风俗也曾成为文人歌咏的题材。如清人状道州云：“阿娇出阁事铺张，女伴歌声彻夜长。听到花深深一出，不知何处奏莺簧。”咏永明的有：“绛蜡双行耀绮筵，偕来女队步珊珊。歌堂散后儿童喜，啖饱花糕索粉钱。”[①]

与此相邻的桂阳州也是这样。民国时期的县志记载，蓝山县“凡嫁女之家，姻族女亲咸集，夜歌达旦，谓之坐歌堂。辞俚而古，有足诵者”。[②]嘉禾“凡女将嫁前数月，不逾阃，深闭畏人，谓之宁乐娘”。到将嫁“前夕，女伴相聚守，谓之伴嫁。或两两成队，各拱一小瓷盆，对歌而跳，谓之把盏。将旦唱鸡鸣歌”。[③]

据当代的调查资料，坐歌堂风俗建国以前在零陵地区广泛流行[④]。“在桂阳、临武、新田、蓝山等县也可见到，但就伴嫁歌的数量和完整程度而言，则以嘉禾为第一”[⑤]。

歌堂风俗与通常所谓哭嫁并非一回事，二者既有联系又有区别。后者指新嫁娘在出嫁时且歌且哭以辞别娘家人的习俗，时间可以在嫁前数日乃至更早就开始，虽也有小姐妹一道陪哭的，但其特征是施事者以新嫁娘为主，哭诉主题是别离。而歌堂习俗则与此不同。

---

① 道光《永州府志》。
② 民国《蓝山县图志》。
③ 民国《嘉禾县图志》。
④ 《湖南民间歌曲集·零陵地区分册》。
⑤ 《湖南民间歌曲集·郴州地区分册》。

据调查,“参与伴嫁的人,一般有歌头,伴头及歌舞手若干。所谓‘歌头’即众伴姑的领头者,常由嗓音好、肚子饱(歌多)的人担任;伴头,则指一些担任服务性工作的歌手,通常约三四名”。“直到次日黎明后,歌手们跳起伴嫁舞来,之后新娘始出哭嫁,哭别亲人及伴嫁姐妹”[①]。

既然施事者不同,内容也就有很大的不同了。哭嫁主要是罗织别辞,而歌堂的内容则相当丰富。由于传统时代女性不能出外上学,“坐歌堂也成了她们学知识、长才干的场所”[②]。它一般是先“由歌头率领众歌手依次入坐,起唱安席歌”,之后便“接以耍歌,并间以射歌”,此后再“接唱七首叙事性的长歌”。按照当地的分类,这些歌“有耍歌、长歌、射歌、哭歌、骂媒歌及舞歌之分”,具有很强的娱乐性。其中,耍歌是姑娘们相互玩耍取乐的歌,内容取材广泛,是伴嫁过程中演唱的主要内容,数量占到总数的70%左右。长歌内容多取材于历史上的故事传说,如梁山伯与祝英台、木兰从军等。射歌又称励歌或利歌,也叫令歌,用于拉某人唱歌或倒茶或命令干什么。骂媒歌可归于耍歌或射歌。[③]

清代曾有人就此作《竹枝词》云:“诸女坐来歌一周,载聆者席正歌酬(有三十六正歌之号,用方言,多羽音清越动听,歌毕参以别调)。夜深翻出清新谱,解唱梨园一匹绸。”[④]充分说明了歌堂的性质。

除永州府、桂阳州二属之外,还有一些地方的资料也值得注意。

---

① 《湖南民间歌曲集·郴州地区分册》。
② 《湖南民间歌曲集·零陵地区分册》。
③ 《湖南民间歌曲集·郴州地区分册》。
④ 道光《永州府志》。

衡州府安仁县的婚礼虽不唱歌，但“女家治席宴宾，名歌堂酒”①。郴州兴宁县于婚期前日，女家“诸母及姑姊妹侄相聚哭，大召宾友会宴，名花棚酒”②。这二地的方志中未见歌堂记载，但从其称呼上看，似乎也与此俗有关。

歌堂风俗始于何时？文献不足征。《岭外代答》载：“岭南嫁女之夕，新人盛饰庙坐，女伴亦盛饰夹辅之，迭相歌和，含情凄婉，各致殷勤，名曰送老。言将别年少之伴、送之偕老也。”③细加玩味，可以发现这与上述歌堂风俗非常相似。

首先，时间都是在嫁女之夕。其次，新人都盛饰庙坐，即坐于大堂之上。再次是女伴迭相歌和，即施事者为女伴而非新人。由此可见二者特征基本相同。《岭外代答》所载乃宋代岭南习俗，永州府、桂阳州地连岭外，可以推断此地歌堂之出现当不晚于宋代。

关于歌堂习俗的渊源，笔者认为当与这一带古代的蛮俗有关。此地本为蛮傜所居，尽管汉文化逐步深入，但还是有一些古代的蛮俗得以遗存。《隋书·地理志》称今湖南诸郡“其丧葬之节颇同于诸左”。表明此地习俗中有不少系蛮俗孑遗。唐柳宗元谓永州“地极三湘，俗参百越，左衽居椎髻之半，可垦乃石田之余”④。明代王士性亦云：“永近粤，乡村间稍杂以夷獠之俗，男子衣裙曳地，妇女裙裤反至膝止，露骭跣足，不避秽污，著草履者其上也。”⑤表明这一带一直有少数民族分布。

---

① 同治《安仁县志》。

② 光绪《兴宁县志》。

③ 《岭外代答》卷4《送老》：“凡送老皆在深夜。”《丛书集成》新编本。

④ 《全唐文》卷571《代韦永州谢上表》。

⑤ 《王士性地理书三种·广志绎》卷4，上海古籍出版社1993年版。

此地蛮俗盛行于歌场上择偶。宋代有人尝赋诗云:“湘江东西踏盘去,青烟白雾将军树。社中饮酒不要钱,乐神打起长腰鼓。女儿带环著缦布,欢笑捉郎神作主。明年二月近社时,载酒牵牛看父母。”①诗中对这一习俗描写得很生动。春社踏盘,即在春社时举行歌会,在歌会上结识对象,从而把婚礼与歌舞紧密地联系在一起。

这种习俗显然不合儒家礼法。随着汉文化的传播,礼制婚的普及势不可挡。但只要在礼制婚的仪式中保留一些地方特色,就会形成歌堂习俗。将唱歌的地点由野外搬到家中,歌场也就变成了歌堂,这是顺理成章的结果。

事实上还可以找到另外两个方面的证据,首先是男方家庭的反应。野外歌场是男女双方共同参与的活动,歌场消失以后,女家办歌堂,男家有无类似的举措呢?有的。

东安的资料称:“男家于亲迎之先夕,亲朋来贺酒,半间,两童子执烛导新郎出行拜宾礼,随请新郎上坐,两童子坐于旁,簪花饮酒,众吟诗贺之,语多诙谐,谓之打花烛。”②

道州,则是在“婚之前日,男家燕客于花筵,用鼓乐,有童子四人(或六或八),诵《关雎》之诗,导新郎立中庭,父兄醮于客位,子弟环拜而贺,即席欢饮而毕,曰伴郎”。③

这种习俗与歌堂习俗有若干相应之处:其一是都在婚期前夕举行。其二是新人均立中庭,父母反醮于客位。其三是均有对于新婚的祝贺内容,具有一定的娱乐性。当然与歌堂风俗相比,男家“打花烛”习俗已有若干变化,亲朋不再是唱歌而是吟诗,这显然与儒家教

① 《云巢编》卷4《踏盘曲二首》。
② 道光《永州府志》。
③ 道光《永州府志》。

化、诗书熏沐有关。其地域分布也似乎有所缩小，总之已呈式微之势。

式微之势的产生，不外乎两个原因：一是女家伴嫁宾客以女性为主，妇女的社会活动较少，这样的娱乐机会较为难得，在心理上容易引起重视。相反，男家伴郎宾客是以男性为主，男性的社会活动较多，对此容易淡漠。二是举行这样的仪式需要一笔开销，歌堂的费用是由男家支付[①]，所以这一习俗的维持相对具有经济保障。而男家在迎娶之后，喜宴是非办不可的；如果在婚前不“打花烛”，便是减少了一次宴席的费用。对于中下家境而言，反正要办迎娶喜宴，这前夕的喜庆便显得不是最要紧了。

除了男家也打花烛之外，其次便是歌堂习俗分布的地方，女方送亲人也有些特别。

所谓送亲人即是代表女方家庭送新娘到夫家的人，由于礼制纲常的影响，一般多是男性成员，但永州府的零陵、东安、祁阳三县均有妇女，道州所辖宁远、永明、江华、新田及桂阳州的嘉禾、蓝山等地，虽然都以兄弟送亲，但只用一人，而且不宿。据道光《永州府志》记载，祁阳“婚期日，女家送亲男妇多至二三十人，少亦十余人”。东安“男客送亲者少，女妇至数十人，皆曰送亲客”，其中，“惟母氏与处子不与”。道州比较简单，“止兄弟一人偕媒氏伴送”，且“即日必归”。永明“其礼征之邑人，谓约同道州、江华”。而宁远的记载比较简略，只称“女家有伴妇”。这些都反映出一种对礼制贯彻不透的情形。

---

① 道光《永州府志》记载，宁远县的风俗是“婚期先一日送烛（曰唱歌烛，所以备女家唱歌之用也）、送钱（曰唱歌钱，所以给歌堂之女客也。此礼不清则女客哄闹，媒人往往受辱，此俗惟女家贫者有之）、送猪（曰唱歌猪，亦以钱代）”。这条资料所反映的经济关系应该具有代表性。

总之,有充分的证据可以证明,歌堂风俗乃是蛮獠踏盘风俗的一种遗存,是当地在汉化过程中将原有蛮徭风俗与儒家礼制糅合起来而形成的一种风俗。

饶有兴味的是,现代城步苗族嫁女唱歌风俗与上述歌堂风俗有着惊人的相似。"在婚事前夕,男方便拿着娉礼、放着鞭炮到女家去接亲。当晚,亲戚朋友和女方全家男女老少都聚集在此,晚饭后将由伴娘陪着的新娘请到'歌堂'里来,大家开始唱嫁女歌"。唱歌的程序,"一般开始时宾主都唱一些自谦之词辞,然后进入对唱。对唱以唱盘歌为主,或提问或猜谜,一直要唱到第二天黎明送走新娘为止。将结束时,满堂人齐唱离分歌"[①]。与上述歌堂资料相比,都是以家里作为活动场所,所唱的主要部分都是娱乐性的盘歌,都要到最后才唱离别的内容。即此可知,上述的分析应该是较为合理的。

二、婚俗的区域差异

本文所谓婚俗,仅以正常初婚习俗为言,不包括特殊婚姻如童养媳、寡妇再嫁、入赘等习俗。笔者将清代后期湖南各地方志中的婚俗资料逐一进行比较,发现其中有着明显的地域差异。

首先必须看到,经过千余年儒家教化,湖南各地婚俗有着相当强的共性。除普遍所行礼制外,最明显的如奠雁礼以鹅代雁、婿不亲迎、哭嫁等多项指标各地表现基本相同。

这里值得注意的是以鹅代雁。乍看这两种动物相去甚远,一为飞鸟,一为家禽。但按照动物分类学来讲,它们是同一科的。扬雄《方言》谓:"雁,南楚之外谓之鹅。"湖南地属南楚,可见此一概念渊源

---

① 《湖南民间歌曲集・邵阳地区分册》。

有自，乃是儒家礼制与当地观念相结合的产物。

当然各地婚俗差异也颇有不少，据此可以划分出婚俗区域。首先可以分出两大区域，一为湘资流域，二为沅澧流域。

这两个区域的差异主要表现为三点：其一，湘资区一般婿不亲迎，而沅澧区虽然严格讲来仍是婿不亲迎，却出现了一些变通，很多地方新郎都在婚礼当天往女家行奠雁礼，然后先花轿而返。其二，湘资区送亲客一般都是男性，沅澧区大多为女性。其三，湘资区新人在婚后二或三天回门，沅澧区虽也有在第三天回门的，但很多地方都在第九天或第三十天。

婿不亲迎，显然是不合礼法的古老行为。沅澧区出现的奠雁先返，则是在此基础上发展起来的习俗，虽仍不是与新娘同归，而当地人已将这看成是亲迎了。如澧州所谓的“婿亲迎”，便是在奠雁后“先反，俟于门”①。安福也是如此②。永定县“及期，男子亲迎。鼓乐相随，行奠雁礼，御轮先归，此即亲迎也”③。保靖“至期用鼓吹，婿乘舆亲迎，奠雁讫先返”④。靖州的亲迎也是“彩舆鼓吹至女家，婿登堂奠雁先归”⑤。由此可见当地人乃是以其自己的理解来诠释、执行礼制。此殆教化方式传播文化的共同特点。

不亲迎也罢，所谓的亲迎也罢，都有一个共同点，就是新人不能在一起。若加以推究，此间亦大有原因。湘资区不少地方，新郎非但不亲迎，花轿进门之前还要暂避。如兴宁花轿入门时“翁、姑、婿俱暂

---

① 同治《直隶澧州志》。
② 道光《安福县志》。
③ 同治《续修永定县志》。
④ 同治《保靖志稿辑要》。
⑤ 光绪《靖州直隶州志》。

避"[1]。祁阳"喜舆至婿门,婿家大小皆避,少顷,只用福泽两妇接之"[2]。东安花轿"至婿门,新郎及翁姑等皆避之"[3]。此俗相当普遍。

何以要暂避呢?上述兴宁资料云:"此俗见不可晓。"东安资料云"不避则不睦"。无怪乎在花轿进门之前,不少地方都要举行厌胜仪式。最常见的是宰牲,甚至请儒、释、道家者流施法。如兴宁花轿"将至,主人设香案、米盘于门外,敦请文儒迎向彩轿,撒米厌煞,执事者磔鸡或宰猪,谓之接轿"[4]。祁阳则是"一妇持雨盖向轿前开阖三次,俗谓收煞"[5]。衡山县则"闻向来新妇入门,必用僧道迸水喝煞,并有用僧道赞拜堂礼者"[6]。由此可见,婿不亲迎乃是出于一种独特的禁忌观念。

嫁家人送亲,应该代表整个家族。湘资区这一责任大都由男性承担,显系儒家礼制影响所致。仅永州府属少数县例外。而沅澧区基本上由母、嫂等女性完成。如辰州府"以母嫂送亲"[7]。靖州是由"女母送女往"[8]。龙山、安福是姑嫂[9],保靖为父母之外的男女[10],凤凰、永绥则是姑娘姐妹或母嫂姐妹[11],晃州为内外亲人[12]。至少不排除女性。这应该是古老蛮风的遗存,未尽合乎礼法的表现。

---

① 光绪《兴宁县志》。
② 道光《永州府志》。
③ 道光《永州府志》。
④ 光绪《兴宁县志》。
⑤ 道光《永州府志》。
⑥ 道光《衡山县志》。
⑦ 同治《沅陵县志》。
⑧ 光绪《靖州直隶州志》。
⑨ 光绪《龙山县志》。道光《安福县志》。
⑩ 同治《保靖志稿辑要》。
⑪ 道光《凤凰厅志》。宣统《永绥厅志》。
⑫ 道光《晃州厅志》。

进一步分析，湘资区可以分为两个亚区，其一为永州府、桂阳州，即歌堂分布区；其二为长沙、岳州、衡州、宝庆、郴州五属，其差异不甚明显。而整个沅澧区内的一致性都较强烈，难以看出进一步的分异。

第二节　湖南伴丧习俗的形成

丧礼是一切人生礼仪中，最重要的一项。在笔者老家，将人生大去称作“归本”。在各种人生礼仪中，其他各项包括婚礼都可以将就，唯独丧礼不能将就。很多人在父母生前，未见得多孝顺，为父母操办丧礼，必严肃对待。因此，在各项风俗中，丧礼也是相对最为保守，轻易不敢变通的。

可惜在晚近湖南方志中，各地对于丧礼的记载很不系统，无法据以作细致的类比、区分。只有伴丧习俗，各地资料相对较为系统，而且具有较长的时间序列。本节对此加以讨论。

伴丧习俗又叫暖丧、暖孝、唱夜歌、打丧鼓等，指的是邻里夜集丧家击鼓唱歌的一种习俗。它在湖南全省都有分布，各地方志的记载相当普遍。

长沙府如浏阳县，嘉庆方志中就有“邻里夜聚丧家击鼓喧阗，歌唱达旦”的记载[①]。岳州府如华容，晚清方志亦称其“俗相沿，竟有丧家殡夕通宵围坐，张金击鼓，设饮呼唱，谓之孝歌”。[②]衡州府安仁县有“一种野俗，于殓殡之夕或出殡前一夕，呼集邻里好事者击鼓敲钲，如巫师飨神，长歌达旦，谓之唱夜歌”[③]。

① 嘉庆《浏阳县志》。
② 光绪《华容县志》。
③ 同治《安仁县志》。

郴州永兴县"邻里夜群相邀集于丧次,击鼓歌唱,名曰闹丧"。[①]桂阳州嘉禾县,要到出殡之夕,才"聚席唱孝歌"[②]。永州府内各县,据道光《永州府志》载,均有此俗。如祁阳"戚里有丧,群相邀集,列坐达旦,声金击鼓,邀唱歌者以伴夜,有伴至两三夜者"。道州遇到有人"始死则邻里毕聚,击鼓高歌,名曰闹丧,是以死为乐也"。新田"贫乏者于父母死葬之先夜,众集其家,彻夜唱歌,谓之孝歌"。当地人还将它载入篇什,例如:"冬冬鼓响彻长更,三五含哀唱月明。楚些招魂虽古有,哭声终怪杂歌声。"

宝庆府如新化县,有人故去则"亲朋丛集,杂遝歌唱"[③]。

辰州府如沅陵县"丧家鼓吹歌讴,高会召客,如吉事"[④]。沅州府芷江县遇丧"聚众击鼓歌唱达旦",方志中称之为"亦楚些遗习也"[⑤]。永顺府如龙山县,丧礼大殓时"数歌者列歌棺前,均达旦乃止"[⑥]。澧州如慈利县"人死棺殓讫,集众打鼓说书,彻夜达旦,名曰伴丧",又叫打丧鼓[⑦]。

上述乃方志中的资料,此一习俗在现代调查资料中也得到了反映。据《湖南民间歌曲集》记载,湖南各地普遍都发育有夜歌或孝歌[⑧]。

夜歌习俗具有悠久的历史渊源,清代中叶便已普遍见于记载。

---

① 光绪《永兴县志》。
② 民国《嘉禾县图志》。
③ 同治《新化县志》。
④ 同治《沅陵县志》。
⑤ 同治《芷江县志》。
⑥ 光绪《龙山县志》。
⑦ 民国《慈利县志》。
⑧ 见《湖南民间歌曲集》各相应分册。

嘉庆《宁远县志》云:“宁俗治丧虽不习于繁文,而哀戚殊少,始丧之日,亲宾邻里毕集丧次,主人备酒馔款之,杂以巫觋,击鼓歌唱,名曰闹丧,连夜不休,直至一七,甚或经旬,主人辞之乃止。”嘉庆《常德府志》亦称:丧家“力不逮者,亲邻醵金置酒,或击鼓踏歌,谓之伴夜”。更早的乾隆《岳州府志》载:“乡俗相沿,遇戚里之丧,群相邀集张金击鼓,设饮坐夜,歌唱欢呼。”而乾隆《清泉县志》则记载,当地“编氓之家”在发丧前夕“令一人挝鼓而歌”。

明代也有一些相关材料,《明史·陈钢传》载,成化年间陈钢授黔阳知县,“楚俗,居丧好击彭歌舞。钢教以歌古哀词,民俗渐变。”所谓变之与否可不置论,但当时居丧“击鼓歌舞”之俗与前引晚近各地打丧鼓的习俗并无二致。万历《慈利县志》亦称:当地“人有丧,必择吉日始成服,亲宾咸赍酒馔以娱其哀情”。此文虽未言及讴歌,但既是娱丧,则讴歌之发也就是顺理成章的事。

其实早在《隋书·地理志》中,就已出现类似记载:荆州“左人”丧俗,遇有人“始死”,便“置尸馆舍,邻里少年,各持弓箭,绕尸而歌,以箭扣弓为节。其歌词说平生乐事,以至终卒,大抵亦犹今之挽歌。歌数十阕,乃衣衾棺敛,送往山林”。不仅“左人”,且今湖南省境长沙、武陵、巴陵、零陵、桂阳、澧阳、衡山各郡“皆同焉,其丧葬之节颇同于诸左”。这可以说是迄今能找到最早的今湖南一带丧礼“娱丧”的记载。

此文所谓“诸左”,乃指蛮左。其中可注意者有如下数点:一是蛮左唱歌乃是从始死到出殡之前,尤其是棺殓之时。二是唱者为邻里少年,而非丧家。三是其歌词说生平乐事,由“以至终卒”一语可知是说死者平生。四是伴奏主要为节奏而非旋律。五是湖南全省当时普遍皆然。六是“颇同于诸左”一语表明,此俗原本为蛮左之俗。

关于最后一点,历史上亦曾有人道及。上引《明史·陈钢传》文字较原始的版本是:“楚俗居丧击鼓夷歌,乃谕歌古哀词。”[①]明确指出此乃“夷俗”;而且其中还透露,“击鼓夷歌”的情绪是不偏于哀而偏于乐的,否则这位以儒家文化立身的读书人不至于要当地人改为歌“古哀词”。苟此解不误,则当地“击鼓夷歌”的习俗与上述《隋志》资料可谓基本上相同。

若将近世夜歌资料与上述《隋志》记载两相对照,可以看到其间有明显的继承关系。先从形式上看,唱夜歌的时间是从始丧到出殡之前,唱歌者为戚里而非孝亲,伴奏乐器基本上是鼓或再加锣等节奏型乐器,这些都与《隋志》记载不甚相异。如株洲唱夜歌“一般由四人组成,一人一段接唱,四句转槌(即锣鼓间奏)”[②]。

歌辞内容方面,尽管无有文本可资对照,但也不难看出一些端倪。夜歌的内容概言之有两个主题:一是叙亡人生平,二是叙乐事。前者盖以哀慰幽灵,后者用以宽解孝亲。关于前者,如嘉禾夜歌所唱为“二十四孝,唱一句,孝子孝孙必呼亲一声以答之。已嫁之女,夜分就柩次号泣,述父母生平勤苦,极哀惨”[③]。巴陵“大意皆言父母育子之劬劳”[④],清泉其词“率为哀慰幽灵之语”[⑤]。衡阳、常宁一带流行的夜歌也是“以叙述亡人身世为主”[⑥]。

至于后者,上述记载已至为明显。从“闹丧”“解愁”“暖孝”“伴夜”等称呼即可知,唱歌意在宽慰孝亲。乾隆《岳州府志》解释“为丧

① 顾璘《息园存稿》文卷6《长沙通判陈公传》。
② 《湖南民间歌曲集·株洲市分册》。
③ 民国《嘉禾县图志》。
④ 同治《巴陵县志》。
⑤ 乾隆《清泉县志》。
⑥ 《湖南民间歌曲集·衡阳地区分册》。

家解忧”。常德一带的打丧鼓,则有资料表明其目的是“为改变家中凄惨、冷落的气氛”,故而所唱的内容极广,甚至发展到“说唱民间传说、历史故事等”①。

由此可以得到一认识:晚近湖南普遍存在的伴丧习俗,其实是古代蛮俗的一种遗存。

第三节　湖南岁时习俗的区域差异

岁时习俗指的是以一年为周期,随时令节序循环出现的一系列习俗。它是民间生活按时间秩序的集中体现。可以说,一种独特的岁时习俗就是一种独特的生活方式。笔者根据明清时期湖南各地方志中的岁时材料加以爬梳排比,发现其间有着明显的区域差异。本节对此进行探讨。

首先须加以说明的是,经过千余年来儒家文化的涵濡同化,湖南各地岁时习俗的共性已相当之强。较大节日的基本内容各地都相去不远,如新年的出行及禁忌、贺年、元宵放灯、二月二春社、三月三和清明节的挂扫、五月五端午、七月七乞巧、七月半中元祭祖、八月半中秋赏月、九月九重阳登高、秋社和冬至祭祖、腊月下旬过小年祭灶等等,节序的安排各地无异,举行的活动也大致相同。可以说,这已经不止湖南,基本上已成为汉文化的共同特点。

因此区域的差异也就表现在各种细节上面。就湖南而言,主要是四月八、五月端午、九月重阳、小年祭灶四个节庆的习俗有所不一。根据这四个指标可以得出一个区域系统,全省可划分为两个区域,一

---

① 《湖南民间歌曲集·常德地区分册》。

为湘资区,二为沅澧区。

四月初八浴佛节,沅澧区的分布远不如湘资区普遍。而且作为一项重要内容的乌饭即青精饭,沅澧区几乎没有。端午节在沅澧区特别发达,不仅各地普遍存在竞渡习俗,而且相当多数地方还在五月十五再过一次“大端午”。而湘资区只在平原河谷地带才有竞渡习俗,丘陵山区一般缺乏竞渡这一内容。九月重阳在沅澧区受到特别重视,既要酿造重阳酒,又要制作重阳糕互相馈赠,有些地方甚至还在十九日另过一次“大重阳”。而湘资区对此相对淡漠,一般只有登高作会而已。过小年以腊月二十四日全省相当普遍,但祭灶时间的确定则明显存在区域性。湘资区大多数地方二十四日当晚,仅少数地方是在其前夕或次夕。而沅澧区大多数地方则都是在二十三日晚上先期祭灶。

进一步分析,两区中又可以各划分出若干亚区。为方便起见,兹先述沅澧区。

一、沅澧区

沅澧区中可以划分为两个亚区,一为常澧亚区,即常德府和澧州;二为辰沅永靖亚区,即辰州、沅州、永顺三府,靖州和凤凰、永绥、乾州、晃州四厅。

1. 常澧亚区

常澧亚区除慈利县外,普遍缺乏关于四月八浴佛节的记载;端午、重阳两节的活动不如辰沅永靖亚区隆重;小年祭灶一般是在二十三日当晚。

据嘉靖《常德府志》载:“端午,民间颇重是节。”万历《慈利县志》亦称:“端午,邑人划龙舟,飞旗伐鼓……薄暮乃已。初十日亦然。”清代各地资料中都普遍存在竞渡习俗，尽管有不少地方属山区环境。如嘉庆《石门县志》也有“端午竞渡”。

从这里可以看到两点，一是此地对于端午节尤其竞渡内容是相当重视的。二是从慈利的资料来看，古代对此节的重视更甚，分初五和初十两次，到后来才变成只有初五一次。

重阳节在本亚区的历史上也是相当重视的。嘉靖《常德府志》称：“重阳饮茱萸酒，蒸菊花糕。”但到了清代，一般就只有登高的内容，而缺乏蒸重阳糕的记载。酿重阳酒的记载也不是十分普遍。仅同治《直隶澧州志》载：“采蓼及菊叶为曲。酿秫和芦稷为酒，以备终年祭祀、宾客之用；酿糯秫米酒，熬而藏之，以为养老之需，统名菊花酒，一曰万年春。”

本亚区的祀灶，明代嘉靖《常德府志》还讲是在腊月“二十四日，扫舍宇，祀灶”，但到清代则一般是在二十三日晚上祀灶了。嘉庆《常德府志》特意加一按语：“今俗例以十二月廿三日祀灶，云灶神是日上天奏事，故祷之。”光绪《桃源县志》便直接声称“桃俗以二十三日祀灶。”道光《安福县志》载：“腊月二十四日夜，鸣金鼓，扫室祀灶。”同治《直隶澧州志》谓“二十三日夜祭灶”，而“二十四日阖家燕饮，谓之团小年”。

值得注意的是慈利县的资料，万历《慈利县志》中的信息是二十四日夜祀灶，同治《续修慈利县志》则载：“二十三日晚祀灶。”看来二十三日晚祀灶乃是后起的习俗，而二十四日祀灶则是原来的规矩。更改未尽，故有一些残余。

2. 辰沅永靖亚区

辰沅永靖亚区是沅澧区中岁时习俗最为典型的亚区。这里的端午普遍地分成初五、十五两次；重阳节也特别重视，甚至分成初九、十九两次。四月八不少地方有节庆,但不是如同湘资区中造乌饭;小年祭灶不少地方是在二十三日晚。

端午节分成两次在本亚区相当普遍。道光时,辰溪县、晃州厅、凤凰厅的方志便记载"乡民以初五日为小端午,十五日为大端午"①。到了同治年间,类似的记载更加普遍。辰州府资料称"远乡以初五日为小端午,十五日为大端午"②。芷江则称五月五日为端午节,而"乡间又以十五日为大端午"③。龙山也是"乡村又以十五日为大端午"④。

相比之下,黔阳的资料描写最为详细:当地"沿江有龙舟竞渡之戏",起始日期颇不一律,"有自五月初十日起者,有自十三起者",终止则相同,"至十五日止"。也有持续更久的,可以"从三月到八九月者,率以为常"。此外,"乡间又以十五日为大端午"。乃至"乡里皆以十五日为正节,又有用初十、十三者,邻戚往来,不在五日"⑤。其毗邻的溆浦也是"俗以初五为小端午,望日为大端午"⑥。

靖州虽然未见有小、大端午的说法,但此地位处上游山区,仍有竞渡习俗。光绪《靖州志》载有"竞渡",光绪《重修会同县志》亦载"竞舟以为戏"。嘉庆《通道县志》除载有竞渡之外,还有"为楚讴",表明这里对端午节仍很重视。

大端午的习俗可谓奇特。其出现原因,上述辰州府、辰溪、龙山等地资料称:"相传其俗自汉伏波始。"溆浦资料言之最详:"相传伏波

---

① 道光《辰溪县志》、道光《晃州厅志》、道光《凤凰厅志》。
② 同治《沅陵县志》引。
③ 同治《芷江县志》。
④ 光绪《龙山县志》。
⑤ 同治《黔阳县志》。
⑥ 同治《溆浦县志》。

征五溪蛮，于五日进兵，士卒有难色，伏波曰：‘端午令节，蛮酋必醉，进可成功。今日乃小端阳也，后当与诸将过大端阳。’即进兵，诸蛮果醉，剿平之，乃于十五日大享士卒，遂名曰大端午，至今仍之。”

这个传说非常有趣。第四章关于民祀习俗的分析已经显示，沅澧区为五溪故地，马援征五溪的史实给当地民间留下了深刻的集体记忆。这里的岁时习俗竟然也有类似的影响，表明该区独特的历史发展过程对其文化特征的形成具有非同小可的发生学意义，一些主要的文化特征可以在若干习俗上表现出来。换句话说，若干文化要素可以整合出一个共同的文化特征。

又据《溪蛮丛笑》记载：“蛮乡最重端午，不论生、熟皆出观竞渡，三日而归，既望复出，谓之大十五。船分五色，皂船之神尤恶，去一必有风雨。一月前众船下水，饮食男女不敢共处。”其中所谓一月前，是指“竞渡预以四月八日下船”[①]。由此可见，本亚区的端午风俗是一种具有蛮俗特征的古俗遗存。

与古代相比，这一地区的蛮俗特征显然已有所淡化。根据《溪蛮丛笑》的记载，四月八日应该也是一个相当隆重的节日；然而四月八日在本亚区不过是寺院作龙华会的日子，农家极少有像湘资区那样炊乌饭的。如黔阳“四月八日浴佛，寺刹建龙华会，僧家屑枣、柿干入米作糜供佛，以食徒众”。芷江、晃州也是如此。

也有一些地方在四月八日存在禁忌。整个辰州府“农夫及牛俱休息一日，以朱书‘遣毛虫’字贴于壁间”。永定“户户书红签贴壁，以禳恶虫”[②]。凤凰“以朱书‘遣毛虫’字贴壁，云屋瓦不生毛虫，农夫及

---

① 《古今说海·溪蛮丛笑》，巴蜀书社 1988 年版。

② 同治《续修永定县志》。

牛俱休息一日”。永绥则“老幼相率佩兰以忘忧”[1]。从这些记载可以看到似乎仍有些许古俗遗存。

仅桑植与常澧亚区的慈利表现有所不同。桑植“采杨桐诸叶造青饭馈遗亲戚”[2]。后者在万历《慈利县志》中曾载有“炊乌米饭”之事。但清代该地方志中便不再有此记载。靖州各县则普遍缺乏四月八日的记载。

重阳节在本亚区亦受到相当的重视。辰州府“九月九日登高,饮茱萸酒,用米粉为糕和饧蒸之,曰重阳糕。又乡俗以十三日为小重阳,十九日为大重阳”。龙山亦同此俗,“九月九日士人携酒登高,捣米粉为糕,曰重阳糕。又乡俗以十九日为大重阳”。

尽管其他地方的资料未有小、大重阳的记载,但酿重阳酒、蒸重阳糕的习俗在本亚区极为普遍,辰溪、溆浦、芷江、眺州、桑植等地都有记载。保靖城市中“九月重阳日,载酒登高,囊萸采菊,间有作会者。十九日,佛寺作观音会”。但乡间习俗与此略有不同,“九月九日合寨宰牲,过重阳节,祀土地神以报土功”[3]。古丈“九月重阳,土家大节”[4],表明本亚区中此节仍相当隆重。仅靖州各县资料较为简单,不甚明了。

过小年本亚区是在腊月二十四日,但祭灶很多地方是在其前夕。黔阳“二十三日人家祀灶”,“二十四日俗谓小年”。晃州亦是如此。永定“二十三日晚祀灶”,保靖城市中也于“腊月二十二三日先期祭谢灶神”。

---

① 宣统《永绥厅志》。
② 同治《桑植县志》。
③ 同治《保靖志稿辑要》。
④ 光绪《古丈坪厅志》。

也有一些地方是在二十四日晚祀灶，辰溪“二十四日为小年”，“祀灶神”。桑植、凤凰与此相同。溆浦“二十四日夜祭灶神”。会同二十四日祀灶，靖州则二十三日送灶神。看来，辰州府是在二十四日祀灶，沅州府与晃州是在二十三日晚祀灶，其他地方则是两者兼而有之。

二、湘资区

湘资区可以分为三个亚区，一为长衡岳亚区，即长沙、衡州、岳州三府，一为郴桂永亚区，即永州府、郴州、桂阳州，一为宝庆亚区，即宝庆府。

1. 长衡岳亚区

长衡岳亚区地处湘水中下游，普遍有端午竞渡之俗，但绝无大、小端午之说，由于各方志记载雷同，兹不逐一列举。这里不少地方竞渡并非是在初五开始，而是从初一开始的，同治《攸县志》称：“龙舟竞渡，亦沿楚俗，自五月初一至端午日止。”乾隆《清泉县志》曰：“自初一至初五日龙舟竞渡。”

在古代，这一活动开始的时间更早。《岳阳风土记》记载：“濒江诸庙皆有船，四月中择日下水，击画鼓集人，歌以櫂之，至端午罢。”唐代元稹还曾为此赋诗一首云：“楚俗不爱力，费力为竞舟。买舟俟一竞，竞敛贫者赇。年年四五月，茧实麦小秋。……此时集丁壮，习竞南亩头。朝饮村社酒，暮椎邻舍牛。祭船如祭祖，习竞如习雠。连延数十日，作业不复忧。……此事数州有，亦欲闻数州。”[①]后世这一习俗延续的时间渐趋缩短。同治《巴陵县志》特意说明：“今四月无竞渡

① 《全唐诗》卷398《竞舟》。

者。”这标志着该节日已有所淡化。

尽管形式上有所淡化，但其意义仍得以遗留。《岳阳风土记》说竞渡是“以为禳灾”，因此“民之有疾病者，多就水际设神盘以祀神……或为草船泛之，谓之送瘟”。明代李东阳吟道：“湖南人家重端午，大船小船竞官渡。”同时，他也发现了这一习俗的底蕴：“不然相传得瘟病。”[①]同治《巴陵县志》还记载，当地四月“间有延僧道焚草船，谓建青禾醮”。平江也“或造纸船，游闹街市，谓之送瘟”[②]。

长沙到了端午节，“坊市造龙舟，竞渡夺标，俗以为禳灾”[③]。衡山则在“端午前后，或道或巫，为纸船，若龙舟状，首尾系锣一、鼓一，至人门首击且唱，谓之收瘟”[④]。表明本亚区在端午驱瘟这一点上普遍保留着古代遗风。

四月八日，本亚区大部分地区都造青精饭，如长沙“造乌米饭相馈，谓之青精饭”。善化“造乌米饭，庵寺尤甚”。巴陵“取羊桐叶淅米为饭祀神及先祖”。仅鄠县、茶陵、醴陵、平江、华容、益阳等少数县份缺乏记载。

九月九重阳节，本亚区虽普遍有所关注，但并不隆重，只有饮酒、登高作会的内容。同治《平江县志》称：“九月九日饮茱萸酒，或采菊登高。”颇具代表意义。

小年祭灶，本亚区绝大部分是在腊月二十四日当晚。嘉庆《长沙县志》称：“腊月二十四夜祀灶神。”同治《平江县志》以腊月“二十四日

① 《李东阳集》卷1《竞渡谣》，第636页。

② 同治《平江县志》。

③ 嘉庆《长沙县志》。

④ 道光《衡山县志》。

为小年，扫除室尘，各祀灶”。仅益阳、宁乡及茶陵个别地方例外[①]。

2. 郴桂永亚区

这一亚区，端午节已基本上没有龙舟竞渡内容。其间原因一目了然：本亚区地处上游丘陵山地，开展龙舟竞渡的自然条件并不优越。

事实上还有一个重要原因，那便是地方官吏的禁止。永州府辖境有不少地方具备竞渡条件，在古代竞渡习俗也较为发达。道光《永州府志》载：“惟永俗竞渡必彼此争斗，至死伤不恤，且讳言其死，恐里人笑其不胜。所大惑也。康熙间太守刘公道著禁之，历年既久复竞争。嘉庆间太守锡龄示禁，人遂革心。”前后两任太守禁革，最终效果总算不错。光绪《零陵县志》中已没有竞渡这一内容。光绪《道州志》仅载“城市龙舟竞渡于东西洲”。

其他地方竞渡的内容则甚为少见。兴宁只有“近河居民亦时以舟竞渡”[②]。桂东因“不通舟楫，故无竞渡之风”[③]。临武“若龙舟竞渡之风，则绝无焉”[④]。嘉禾不惟“县无舟戏”，甚至“亦少煮粽者”[⑤]。这一情况与沅澧区相比，其差别如同霄壤。

四月八的节庆，本亚区显得非常普遍，几乎每县都有造乌饭和浴佛会的记载。道光《永州府志》云：“四月八日浴佛节，取枫、柿、桐、杨

---

① 按，嘉庆《茶陵州志》记载当地“二十四夜祀灶神，称小年”，并自注曰：“有用二十三夜者。”到了同治《茶陵州志》中，仅言“二十四夜为小年”。笔者自小听闻当地一首谣谚：“茶陵二十三，罗卜叮叮当；安仁二十四，罗卜切块子。”可见茶陵至少仍有部分地方是在腊月二十三夜祭灶的。

② 光绪《兴宁县志》。

③ 同治《桂东县志》。

④ 同治《临武县志》。

⑤ 民国《嘉禾县图志》。

诸叶合舂,取水浸糯米造乌饭相馈赠,盖青精饭之遗意。”

九月重阳节,本亚区也算相当发达。有趣的是,东部的郴州、桂阳州,一般只有饮酒、登高等活动。如光绪《兴宁县志》记载:“重九,近城人士或携壶盏至云盖、羊角诸山登高。乡村多以此日为修路会。”同治《临武县志》云:“九月九日,是日各偕侣携壶挈榼,陟山巅畅饮,文人则赋诗相和,而佩萸之事无复行矣。”西部的永州府则稍为隆重。道光《永州府志》称:重阳“各以粉面作糕饼相遗”。光绪《道州志》曰:“重九,摘茱萸,煎油茶饮之,造重阳酒。间或结伴登高。”但以之与沅澧区尤其辰沅永靖亚区相比,此地重阳节的受重视程度相差了很多。

小年祭灶,本亚区大多数地方在腊月二十四。永兴“二十四日扫尘,夜祀灶”[①]。兴宁也是于二十四日“夜以斋果祀灶”。桂东腊月二十四日“祀灶陉”。桂阳二十四日“供祀灶神”[②]。临武于小除“夜祭灶”。嘉禾则以二十四日为小年节,“祀灶”。祁阳“二十四日为小除,是夜祀灶”[③]。江华以二十四日为小年,“祀灶”[④]。道州亦相同[⑤]。

但也有个别地方在其他日期。道光《永州府志》记载:“二十三或二十四、二十五夜,谓之小年夜。”居然有三个选项。为二十三日者如新田:“二十三日夜,家家敬祀灶神”,“次日名过小年”[⑥]。又如蓝山:

---

① 光绪《永兴县志》。

② 嘉庆《桂阳县志》。

③ 嘉庆《祁阳县志》。

④ 同治《江华县志》。

⑤ 光绪《道州志》。

⑥ 嘉庆《新田县志》。

“二十四日谓之过小年，先夕家家祀灶。”[①]宁远也是“二十三日送灶”[②]。

为何出现这样的差异？光绪《零陵县志》有个解释：“二十三日，军家于是夜送灶”，而“民家则祀于二十四日夜，亦谓之过小年”。这条材料非常重要。由此可知，这两个日期各有其来源。所谓民家不言而喻，指当地百姓；而军家显然指外来军户。就是说，以二十四日夜祀灶乃是本地固有习俗，而于二十三日晚祭灶的习俗则是由来此屯垦的军户带来的。

这一记载应该是可信的。因为还可以找到旁证。二十三晚祀灶的习俗与方言分布是互相对应的。二十三晚祭灶的习俗主要分布于沅澧流域和湘水上游永州府、桂阳州，基本上位于官话区内，极少数例外亦与军事移民有关。[③]

那么二十五晚祭灶又是怎么回事呢？光绪《零陵县志》又有解释：“俗谓民猺之分，民先一日，猺后一日。”由此可见，当地以二十五日晚祭灶的一定是猺人，或者是由猺人汉化而来的汉人。

3. 宝庆亚区

宝庆亚区为资水中上游的宝庆一府。此地端午节普遍有竞渡习俗。道光《宝庆府志》称：“至今竞渡。”具体言之，新化本有龙舟竞渡之俗[④]。城步“坊市为龙舟竞渡”[⑤]。武冈更为隆重，“五日为端阳

---

① 民国《蓝山县图志》。
② 《中华全国风俗总志》下册引《宁远岁时记》。
③ 益阳、宁乡两县与沅澧区毗邻，殆受其影响。茶陵于宋代升为军，接纳有不少军人屯垦，参第三章第一节。
④ 同治《新化县志》，但因乾隆间知县严禁，志中云不敢再举。
⑤ 同治《城步县志》。

节”,普遍地“酒酣相为龙舟之戏”;还有一些地方以“十五日为大端午”,其中“惟高沙市及木瓜桥亦竞渡龙舟”,不过这些地方都属乡村,“近城弗尚”[①]。

四月八日,本亚区除新化外,武冈、城步、新宁及府志均有造乌饭之记载。

九月重阳,本亚区亦较隆重。道光《宝庆府志》载:“各以糕饼相遗。”各县的资料,城步的记载较为简单,仅为饮酒、登高。新化“以糯米作糕相馈遗,各自享祀,以报秋成”。武冈“市户多具糯米蒸酒”,名曰重阳酒。

小年祭灶,隆庆《宝庆府志》称:“二十四夜扫宇祀灶。”道光《宝庆府志》所载是在腊月二十四日晚,武冈、新化同之。新宁则称“除夕前五日祭灶”,当在二十五日。

从以上四个节庆看,宝庆亚区的岁时习俗比较奇特。其对端午、重阳的隆重程度,与沅澧区颇为相似。而其四月八、小年祭灶的习俗,则与湘水流域相同。考虑到其端午、重阳两节日所具有的沅澧区特征并不十分典型,按照区域共扼性原则,兹以之作为湘资区的一个亚区。

综上所述,四月八、五月端午、九月重阳、小年祭灶四个节日,端午、重阳两节在沅澧区比湘资区显得古老。表明沅澧区的开发程度不如湘资区。正因为如此,沅澧区开发过程中军事移民的作用比较明显,该区中由军户带来的小年祭灶风俗显得与湘资区有所不同。至于四月八日浴佛节,因与佛教信仰有关,故在湘资区显得比沅澧区发达。这些节日的区域差异,都直接反映了区域发展过程的差异。

---

① 同治《武冈州志》。

第四节　湖南民居聚落习俗的变迁

衣食住行诸生活习俗与地理环境的关系都十分密切。但在历史时期,衣、食、行三方面的状况都缺乏系统记载,只有一些零星史料。以致现在开展历史文化地理研究,这三方面都很难复原出理想的时空序列。只有住,即民居聚落状况,史料中的记载相对较为丰富。本节对湖南历史时期的民居聚落习俗加以探讨。先分四个时段,再进行分区进行考察。

一、唐代:茅芦为室

湖南古代的民居聚落状况,史料中稍为明了的已是到了唐代。其时湖南民居聚落的总体印象,元稹曾写有一首长诗:

> 楚俗不理居,居人尽茅舍。茅苫竹梁栋,茅疏竹仍罅。边缘堤岸斜,诘屈檐楹亚。篱落不蔽肩,街衢不容驾。南风五月盛,时雨不来下。竹蠹茅亦干,迎风自焚灺。防虞集邻里,巡警劳昼夜。遗烬一星然,连延祸相嫁。号呼怜谷帛,奔走伐桑柘。旧架已新焚,新茅又初架。①

这首诗并不是专为湖南而写的。下文还有"前日洪州牧,念此常嗟讶。牧民未及久,郡邑纷如化"之句,可见诗中描写的是当时南方相当大范围内的普遍状况。民居多以竹木构成,以茅覆顶。这样的房子当然易于取材,但很容易着火。作者借此诗表达一个愿望:"我欲他郡长,三时务耕稼。农收次邑居,先室后台榭。"通过行政力量推

① 《全唐诗》卷398《茅舍》。

动,让楚地的民居建筑变成“峻邸俨相望,飞甍远相跨。旗亭红粉泥,佛庙青鸳瓦”。

湘江流域的情形,《湖南风土记》有一句描写:“茅芦为室。”[①]常建也赋诗称:“湖南无村落,山舍多黄茆。淳朴如太古,其人居鸟巢。”[②]常建这首诗比况有点太过,但总体上仍与上引元稹诗篇可以相互印证,而且还反映出当时湖南聚落规模较小,分布很稀疏。

较为写实的描写,韩偓有一首《赠渔者》,写道:“个侬居处近诛茅,枳棘篱兼用荻梢。尽日风扉从自掩,无人筒钓是谁抛。城方四百墙阴直,江阔中心水脉坳。我亦好闲求老伴,莫嫌迂客且论交。”[③]这首诗具体写作地点不明,有一个题注云“在湖南”,很可能在潭州附近。诗中一派地旷人稀的景象。房子诛茅而成,篱笆也是树木、荆棘兼之以芦苇。这种情景在当时湘江流域应该颇具代表性。潭州所辖的益阳,也有诗人咏之曰:“县称诗人理,无嫌日寂寥。溪山入城郭,户口半渔樵。”[④]形象地道出了当地淳朴自然,即使县城也没有什么城市气息的样子。

相对而言,当时湘江上游山区的史料相对较为丰富。戴叔伦有一首长诗,其前半云:“犬吠空山响,林深一径存。隔云寻板屋,渡水到柴门。日昼风烟静,花明草树繁。乍疑秦世客,渐识楚人言。不记逃乡里,居然长子孙。种田烧险谷,汲井凿高原。”[⑤]这首诗题称“桂阳北岭偶过野人所居”,难以判断其具体写作地点,大体在郴州一带应

① 《太平寰宇记》残卷潭州引。
② 《全唐诗》卷144《空灵山应田叟》。
③ 《全唐诗》卷680《赠渔者》。
④ 《全唐诗》卷691杜荀鹤《寄益阳武灌明府》。
⑤ 《全唐诗》卷274戴叔伦《桂阳北岭偶过野人所居聊书即事呈王永州邕李道州圻》。

无问题。诗中记载此地民居为板屋,门也是柴门。由于地势较高,村落规模不大,而且分布也较稀疏。

道州的民居显然以草木结构为主。元结在此所作之诗,提及民居总是用“茅舍”“茅阁”等语。如州城有孟中丞茅阁[①],江华县洄溪翁宅是“长松万株绕茅舍”[②],就连州县为处士张季秀所造的房屋也是“草舍数十间”[③]。当地“大乡无十家,大族命单羸”[④],说明其聚落规模亦较小。永州与道州毗邻,柳宗元诗中有“荒村唯古木”之句[⑤],显示其景观亦相类似。又从“渡头水落村径成”一语[⑥],可见有不少村落位于河谷。

岳州地处江湖之会,但张说称之“山郡不沟郭,荒居无翳壅”。考虑到“版筑恐土疏,襄城嫌役重”,只好以篱为墙。张说诗中写道:“藩栅聊可固,筠篁近易奉。差池截浦沙,缭绕缘隈垅。矗似长云亘,森如高戟耸。预绝豺狼忧,知免牛羊恐。”[⑦]就连城墙都是木质,民居当然也是以木质为主了。

由于当地水域宽广,渔业生产条件较为有利,从而存在水陆居民不同的聚落形式,“岛户巢为馆,渔人艇作家”[⑧]。冬季既有“壤童犁雨雪”,又有“渔屋架泥涂”[⑨]。看来当地渔业生产的比重较大。这样的居民结构,村落规模自然不可能很大。“犹有渔人数家住,不成村落

---

① 《全唐诗》卷 241《题孟中丞茅阁》。
② 《全唐诗》卷 241《宿洄溪翁宅》。
③ 《全唐文》卷 381 元结《举处士张季秀状》。
④ 《全唐诗》卷 241 元结《舂陵行》。
⑤ 《全唐诗》卷 353《秋晓行南谷经荒村》。
⑥ 《全唐诗》卷 352 柳宗元《雨晴至江渡》。
⑦ 《全唐诗》卷 86 张说《岳州行郡竹篱》。
⑧ 《全唐诗》卷 88 张说《巴丘春作》。
⑨ 《全唐诗》卷 233 杜甫《过南岳入洞庭湖》。

夕阳边”[①],许棠的诗直观地揭示了这一特点。

沅水下游的朗州,刘禹锡于此谪居十年,其《武陵书怀五十韵》诗[②],颇可说明问题。此地“拥楫舟为市,连甍竹覆轩”,与湘水流域的茅舍相映成趣;“露变蒹葭浦,星悬橘柚村”,表明其村落规模不大,分布稀疏;“户算资渔猎,乡豪恃子孙”,反映当地家族观念较强,当系聚族而居。属下龙阳县,“县门白日无尘土,百姓县前挽鱼罟”,“鹧鸪惊鸣绕篱落,橘柚垂芳照窗户”[③],一派宁谧幽静的田园风光。

当时省境民居普遍使用木质材料,乃是独特自然环境下的产物,取材方便,造价低廉。但也有其缺点,最常见即易致火灾。相比之下,陶瓦技术的应用能够消除木质结构的不少弊端。李巽为潭州刺史时,“以邑里湫隘之不宣也,则辟其涂巷以利之,以室庐苫盖之不固也,则教其陶瓦以易之”。[④]但从此后的民居状况来看,效果显然并不十分理想。

唐代后期兵连祸结,湖南也遭到一些破坏。湘阴“时难多战地,野阔绝春耕”[⑤]。益阳诗僧齐己“兵荒经邑里”,发现已是“风俗久凋残”[⑥]。就连长沙附近都是“晴吟野阔无耕地”[⑦]。不过这次的恢复过程也较为迅速。澧州境内“四邻耕钓趋仁政”,“还珠争似复逋民”[⑧]。

---

① 《全唐诗》卷604许棠《洞庭湖》。

② 《全唐诗》卷362。又卷356《采菱行》有云:“家家竹楼临广陌。”

③ 《全唐诗》卷356刘禹锡《龙阳县歌》。

④ 《全唐文》卷496权德舆《大唐湖南都团练观察处置等使朝散大夫检校左散骑常侍持节都督潭州诸军事兼潭州刺史御史中丞云骑尉赐紫金鱼袋李公遗爱碑铭序》。

⑤ 《全唐诗》卷841齐己《夜次湘阴》。

⑥ 《全唐诗》卷842《送人赴官》。

⑦ 《全唐诗》卷845齐己《送休师归长沙宁觐》。

⑧ 《全唐诗》卷845齐己《寄澧阳吴使君》。

其中移民起了相当的作用，齐己称："乱后无荒地，归来尽远人。"[①]所谓远人，当指来自北方的移民。

二、宋元：茅屋、板屋与竹屋

入宋以后湖南不断得到开发，社会经济有所进步。但两宋之际，湖南遭到严重破坏。金兵从江西进入湖南，大肆掳掠一番而去，衣冠文物扫地而尽。又有大量流民武装散布境内，极目荒凉破败之象。

南宋初年李纲来到岳麓山，感慨万端："岳麓久不到，兵戈浩连绵。及兹再来游，莲宇犹依然。隔江望城郭，瓦砾稀人烟。十里无草木，髡尽群山巅。"[②]长沙那么大一个城市，"百雉城闉，鞠惟榛莽，万家阛阓，半是茅茨，玄冥方迫于隆冬，回禄屡惊于中夜"[③]。一派残存不堪的样子。

好在战后的恢复也比较快。李纲以其亲身经历告诉友人说："湖湘间累年为群寇所扰，困于科敷，民多流徙。尔来盗寇稍息，别无重敛，已渐归业。田畴悉已耕垦，道旁有起屋而居者，涵养岁月间，可望复旧第。"[④]文中所谓"道旁有起屋而居者"，当是他在离湘东归途中途经长沙至醴陵一带所见。他还曾为此赋诗一首："年来盗贼若冰销，襁负归民满四郊。烟雨一犁初破土，江村环堵且诛茅。"[⑤]

从这首诗来看，筑室又称"诛茅"，显然民居依然是茅屋。这是湖南宋代民居最为普遍的一种形式。当时村落规模仍然较小，分布亦

---

① 《全唐诗》卷841《寄监利司空学士》。
② 李纲《梁溪集》卷29《宿岳麓寺》。
③ 《梁溪集》卷165《禳火设醮青词》。
④ 《梁溪集》卷116《与吕相公第十一书别幅》。
⑤ 《梁溪集》卷29《自长沙至醴陵田皆垦辟有筑室而居者》。

稀。龟山杨时在浏阳吟道:“绣绂貂缨无处问,空余鸡犬两三家。”[①]湘潭的景象是:“三两人家松柏林,翁垂霜发媪钗荆。儿耕妇织输官了,山茗村醪乐此生。”[②]

衡州不仅恢复得不错,而且还有所发展,人称“宛如京洛郊”[③]。这里的景观如同潭州一样,村落还较稀疏,而且村落规模较小。李曾伯有诗可以为证:“满林松竹翠交加,路过衡阳得几家?门傍粉墙人寂寂,一陂春水数株花。”[④]至于民居,刘克庄曾形象地写道:“野迥村疏起暮寒,偶逢废驿卸征鞍。主人家比渔舟小,客子房如鹤栅宽。灯与邻通眠未易,风从壁入避尤难。”[⑤]范成大亦有句云:“茅檐少春事”“空山竹瓦屋”[⑥]。类似的资料还有不少。张栻亦有诗云:“葺盖非陶埴,年深自碧差。”[⑦]属县常宁,也有人留下诗句:“竹径入茅屋,松坡连菜畦。”[⑧]

永州与衡州接壤,但其聚落密度似有明显差异。其治所尚较繁华,不少建筑覆盖陶瓦。有记载表明:“城中万瓦蔽雄观。”[⑨]但一出了城门便没了这都市气氛。近郊乡村已是:“野宿孤村迥,山行十里荒。”[⑩]时人从衡州南行,“境入祁阳驿堠迢,道旁烟火顿萧萧。茅冈丛

---

① 《龟山集》卷42《浏阳五咏》之四。

② 李曾伯《可斋续稿后》卷10《湘潭道间问农家》。

③ 《斐然集》卷1《游云湖》。

④ 《可斋续稿》后卷10《衡阳道间》。又同卷有《过衡阳晚宿》诗云:“隔村能几家。”

⑤ 《后村先生大全集》卷5《烟竹铺》。

⑥ 《范石湖集》诗集卷13《衡阳道中二绝》。

⑦ 《南轩集》卷7《和元晦方广版屋》。

⑧ 《石屏诗集》卷2《常宁县访许介之途中即景》。

⑨ 《斐然集》卷1《题朝阳阁》。

⑩ 《可斋续稿后》卷10《将到永州宿村舍》。

筱路磊砢，蓬舍扃柴人寂寥。”[①]刘克庄甚至将其形容为：“人居鸡栅里，路在鸟巢边。”[②]前者谓以窄小的木质为主，后者则表明坐落的地势较高。道州与此景观相似：“云际寻行路，时逢一两家。山川闲世界，耕钓小生涯。”[③]

郴州的地势也较高，“路穷千涧底，人绝万山旁”，民居多以茅为盖，“暝宿茅寮冷，晨炊土灶荒”[④]。其辖境普遍如此，桂阳县相当冷落，民居茅茨[⑤]。宜章有人咏道：“蒙笼篁竹三四里，仿佛茅茨两三家。邻舍相闻亦鸡犬，田畴随事有桑麻。”[⑥]因为此地居于楚越之间，“聚落近于边壤接”，故有一些特殊居民：“村墟亦有戍楼横。”[⑦]

湘水下游岳州的状况，《岳阳风土记》曰：“濒湖地卑，岁苦水患，民多重屋以居。”所谓重屋，当然指楼房。此地还有不少潭户，也就是水上居民。如：“华容地皆面湖，夏秋霖潦，秋水时至，建宁南堤决即被水患。中产之民不过五十缗，多以舟为居处，随水上下。渔舟为业者十之四五，所至为市，谓之潭户。其常产即湖地也。”这种潭户形成的聚落，显然具有一定的流动性。

资水中游前此为莫徭所居，北宋时开为省地，设为新化、安化两县。经始其事的章惇有《开梅山歌》状其景云：“人家迤逦列板屋。”[⑧]表明这一带普遍如此。

---

① 《可斋续稿后》卷10《入祁阳县界即事》。

② 《后村先生大全集》卷6《祁阳道中》。

③ 《石屏诗集》卷4《春陵道上》。

④ 《淳熙稿》卷9《陈丞以南安寨上所得二诗及到龙泉闻余戍地最远见怀二首》。

⑤ 吴可《藏海居士集》卷上《避地桂阳山门招友人晚饮》。

⑥ 《淳熙稿》卷9《再用前韵并寄孙推官四首》。

⑦ 《淳熙稿》卷9《再用前韵并寄孙推官四首》。

⑧ 乾隆《长沙府志》卷46艺文引。

沅澧下游地当要冲,两宋之际破坏相当严重。虽然有资料表明,乱后不久就开始恢复,如张栻"逮庚戌秋(1130)脱寇难来湘",之后"又八年于兹",便已"闻湖之北稍稍有城郭村聚,流散幸存者皆思还其故处"①;但恢复的过程相当漫长。范石湖曾目击:"狡窟空来四十年,沼江犹自少炊烟。茫茫旷土无人问,芦荻春深绿满川。"②稍后,又有人说:"今六十年矣,米输犹未及盛时十一。"③当然恢复之后也有一些发展。时人称:"鼎为湖湘望郡,异时创残行旅萧然。今流亡既归,田野加辟。"④

澧州民居有竹屋、茅屋之目。时人既有诗称:"竹屋虽小疏,补苴岂无计。"⑤又有句云:"不嫌茅屋疏,顿喜方池涨。"⑥因地处下游,多水患,"竹屋易飘荡,薄哉生生谋"⑦。故许多居民不免以舟为家,随意栖处。诗人谓之"苍茫洞庭上,五江剧奔逝,民阽为鱼忧,浮桴具生计"⑧。这种状况显然很不利于经济发展,范成大路过安乡时吟道:"一湾村县过,百折暮江迟。"⑨县而如村,其简陋可知。

沅水中上游民居则多为板屋,据《方舆胜览》载:"风俗尚治屋宇,五溪俗夸辰州,闪屋今连甍接栋,皆覆以板竹。"⑩此文"闪屋"不知何

① 《斐然集》卷1《送吴郛赋》序。
② 《范石湖集》诗集卷15《澧江渔舍》。
③ 《攻媿集》卷54《澧阳楼记》。
④ 《苕溪集》卷35《刘锡知鼎州》。
⑤ 《云巢编》卷1《重赋》。
⑥ 《云巢编》卷1《阴溽》。
⑦ 《云巢编》卷1《澧阳大水》。
⑧ 《云巢编》卷1《澧州水》。
⑨ 《范石湖集》诗集卷15《安乡县西晚泊》。
⑩ 《方舆胜览》卷30辰州引《图经》。

义,《舆地纪胜》引作“斗屋”[①]。叶适曾提及沅州“土城才四里,高十二尺,如女垣尔,且用板屋”[②],可见此地民居景观与前述资水中游大体相仿,应该是地理环境相似所致。

元代资料不多,与宋代相比,湖南的民居聚落景观基本上没有变化。衡岳有诗状之“古来铁瓦尽飘扬,山上至今犹板屋”[③]。澧州“居多良田且不暇耕”[④],宜乎时人“白头新自日边来”,于此“却爱荒寒野渡隈”[⑤]。而桃源则是:“县古仙源近,城荒楚戍遥。莎厅移案牍,苇屋半渔樵。”[⑥]其苇屋当指以苇为盖之屋,这些都是宋代常见的景象。

三、明代:人家多是住山岚

明代湖南的民居景观较之以往依然无大变化。

湘水流域,长沙附近薛瑄有诗云:“明时持节按湖南,泽国风烟到自谙。客舫尽应依水市,人家多是住山岚。”[⑦]既然多住山岚,聚落当然就较为稀疏。如湘阴县,有诗云:“湘阴县南江水斜,春来两岸无人家。”[⑧]可见聚落相距较远。同时,聚落规模也不大。同样是湘阴县,有诗状其县城云:“江连三里郭,市有数廛车。地产为陶器,生涯寄网鱼。”[⑨]可见其规模很小,普通聚落更可想而知。醴陵,也有诗描写:

---

① 《舆地纪胜》卷 75 辰州引。
② 《叶适集·水心文集》卷 26《宋故中散大夫提举武夷山冲佑观张公行状》。
③ 《揭傒斯全集》卷 1《登祝融峰赠星上人》。
④ 宋褧《燕石集》卷 14《西潭谢君墓碣铭序》。
⑤ 《至正集》卷 19《宿澧河口和文复韵》。
⑥ 《伊滨集》卷 6《送简西碧尹桃源》。
⑦ 《敬轩文集》卷 8《长沙四咏》之四。
⑧ 杨士奇《东里诗集》卷 3《三十六湾》。
⑨ 《东里续集》卷 58《湘阴县》。

"茅屋零星十数家,溪山深处有公衙。"[①]一个公衙所在地居然只有居人十数家,简直难以想象。

衡阳郭外,有诗句称"短篱茆宇映疏林"[②],表明其民居仍多为茅宇。郴州,人谓其"城小无市,或已嫌其僻冷。地薄土瘠,人民素乏盖藏。"[③]

岳州地挟湖山之胜,内部环境差异很大,居民所营仍多为木质房。"竹瓦居人阁,杉牌贾客房"[④],这是外地人的直观印象。竹瓦即以大竹剖开所作之瓦,杉牌疑为杉木锯成之板。其聚落分布自然也很稀疏,时人谓:"巴陵树里湘阴路,几个人家住。门前绿水绕围遭,闲种一株杨柳一株桃。"[⑤]盎然诗意,却掩抑不住地旷人稀的寂寥。

洞庭湖边的聚落景观则别具特色。由于水情洪枯变化较大,水陆对比季节差异明显,从而召至不少候鸟式居民。史载:"洞庭夹为盗贼巢穴,民以网罟为生,夏散冬聚,易与为奸。华容、沅江中人无百金之产,职此故也。"[⑥]这种候鸟式居民显然多为水上人家。

资水流域前此资料不多,至此其中上游已可见一斑。有人在前往武冈的途中留下"屡回山谷阻,时复得幽村",以及"人烟通绝岭,草树豁高原"的诗句[⑦]。另一位诗人也在从邵州西行途中留下"山村人少爨烟稀""白云堆里藏三户"的吟咏。[⑧]虽然从表面看来此地聚落仍

---

① 罗钦顺《整庵存稿》卷20《宿荷塘铺》。
② 《眉庵集》卷9《衡阳有怀》其二。
③ 《何文简疏议》卷2《地方疏》。
④ 《敬轩文集》卷6《舟发城陵矶》。
⑤ 《眉庵集》卷12《湘中书所见》。
⑥ 《天下郡国利病书》湖广上常德府。
⑦ 《洞麓堂集》卷7《出资阳赴武冈道中二首》之二。
⑧ 凌义渠《凌忠介集》卷4《邵州以西三百里峰壑遥深萝木邃密行数日触绪皆诗》。

很稀疏，但作为山地，聚落能够攀升到白云堆里，应该看到此地山区开发的进步。在隆庆《宝庆府志》中，新化有“板屋畬田”的风俗，而武冈则“地僻万山，民徭团处”。其自注云：“或百家团处，或六七十家聚居，故曰团聚。”这应该是为了应付非常情况而形成的聚落，要不然，当时丘陵平原的聚落都轻易到不了这样的规模。

沅水中上游地区，辰州府城“当沅、酉之水会，始之作城者，因山水之高下迂直而立板建堞，城中之官署民居皆垦削土石，夷为等级而立栋作屋焉”，由此“俯视，则市衢屋瓦之鳞比”①，活脱脱一幅山城图画。

其实，辰州府城地势还算相对平坦。时人有诗咏之：“谷转冈渐平，策驾循陂陀。遥望辰阳城，枕山带长河。飞甍若鳞次，居人亦何多。”②城外的情景才迥然不同。有诗人出城以后咏道：“山深多树木，百里人民稀。时有四五家，茅茨隔山陂。”③这还是在交通线上所见。府属各县，卢溪被称为“江县萧条”，其民居为“溪山寥落野人居”④；而辰溪则被人形容为“洞户编茅小”。⑤其附近，沅州府属黔阳县，诗人有句云：“竹椽茅屋江边静，永日惟应鸟雀飞。”⑥其情景亦与辰州境内无异。

澧水流域亦相去无几。万历《慈利县志》曰：“农民往往依溪涧缚草为屋，植篱以障内外。”这与前述资料中所谓“诛茅”为屋可谓异曲同工。

---

① 《敬轩文集》卷18《退思亭记》。
② 《大复集》卷7《自武陵到沅陵道中杂诗十首》之十。
③ 《大复集》卷7《自武陵到沅陵道中杂诗十首》之八。
④ 《敬轩文集》卷4《卢溪冬夜五首》之三。
⑤ 《敬轩文集》卷6《辰溪晓泛五首》之三。
⑥ 《敬轩文集》卷4《黔阳山中十首》之八。

四、清代以降:日趋华侈

清初湖南连年罹乱,破坏极为严重。康熙年间有人来到长沙,看到“县令短布蒙茸,所居不蔽风雨,更陋于卑田院”,而“长沙城外五百里无人烟,二三里有虎噬”。[①]直到清中叶以后,虽然社会经济发展,人口激增,但民居聚落景观的改观仍不很明显。

长沙的民居聚落景观在相当长时间里质朴无华。经历清初战乱之后,长沙恢复之初盖起来的大多是茅屋。刘献廷曾记录其康熙三十二年(1693)在长沙所见云:“今北门沿湘一带,新造草屋,俨然如市矣。”[②]虽然也有资料记载,当时长沙城内已有部分建筑采用了陶制砖瓦。据称康熙时长沙“兵民杂处,诛茅作屋”,可是“数被火”,于是洪承畴“贷民以钱,召陶者为瓦”,又“下令毁明藩故宫墙,民争取之”,由此在“一年之内官府廛市毕具”。[③]但到清中叶以后,长沙的民居聚落景观变化不大。乾隆《长沙府志》称当地:“宫室朴质,虽瓦椽不加雕彩。”而聚落则是“土人多散处,即父子兄弟必各居,一山之阿多不满三户。”[④]但直到同治年间,这一内容仍然在《长沙县志》中得以继承,只是并成一条,稍改了几个字,云:“土人多散处,一山之阿多不满三户。宫室质朴,虽瓦椽不加采。”[⑤]

长沙府下一些县志的资料,个别地反映出一些变化趋势。同治《湘乡县志》称:“湘邑民居,虽无数十家为一村,要多聚族而处。”[⑥]而

① 丁大任《癸巳(1653)小春入长沙记》,载《湖南历史资料》1958年第2期。
② 《广阳杂记》卷3。
③ 嘉庆《长沙县志》卷16《洪承畴传》。
④ 乾隆《长沙府志》卷14《风俗》。
⑤ 同治《长沙县志》卷16《风土》。
⑥ 同治《湘乡县志》卷2《风俗》。

同治《醴陵县志》又记述了一些变化趋向。该志记载:“村落零星散处,旧时宫室尚朴质,不加雕采”,而“今则日趋华侈,富家多事土木”。[①]

岳州在清初也被破坏得很严重,有诗人谓之:“茅屋新成数十间,孤城荡荡如空山。”[②]到后期滨湖一带发展还很缓慢,“诸邑之地,面湖背江,每遇霖潦则坏堤决岸,民无安止,家于舟、业于渔者十室四五,土人以潭户名之”。[③]

衡州,道光《衡山县志》称:“衡民自城市而外,聚处者少,一区不过数家,一家一苑,不成村落。”其中“居平泉活壤者十之四,居水涯者十之三,居山间者十之三”。这一资料到光绪时期的方志中仍没有变化。[④]

永州在清初“继兵火之后,居民鲜少,葺茅为舍,比屋皆然”[⑤]。清中叶以后发生变化,嘉庆《宁远县志》称:“近日风气略变,修整房屋。”但是到清后期,不少地方仍“编竹为篱,结草为庐”[⑥],只是聚落规模有所扩大,“每聚族比閭而居”[⑦]。

郴州的情况,民国《汝城县志》称:“庐舍多聚族而居,所筑屋宇甚矮。楼仅一层,筑二层者不多见。”其变化体现在“人烟辐辏,村落土地昂贵”,但建筑观念依旧,导致“巷道甚窄,光线甚不佳”。

---

① 同治《醴陵县志》卷1《风俗》。

② 《学余堂诗集》卷15《岳阳行》。

③ 徐炯《使滇日记》,上海古籍出版社1983年版,第277页。

④ 光绪《衡山县志》卷20《风俗》。

⑤ 道光《永州府志》卷3上引黄中通《钟楼记》。

⑥ 同治《江华志》。

⑦ 道光《永明县志》。

上述为湘水流域。资水流域,宝庆府"民乐聚族以居"[①]。且民居已有些发展为砖房。这一习俗是由移民带来的。清末刘长佑追述道:"新宁刘氏五大房,皆来自江西,吾砖屋房迁宁邑为最早。"本来"新宁屋皆板壁,利贤公循江西之旧,筑砖屋以居",后来"家道渐裕,乃迁砖屋购地作室,聚族而处"[②],表明此俗来自江西。值得注意的是在移民进入以前,当地民居习俗长期未变。

常德府在清初亦未能幸免,民居焚毁,"髫髦不留,尸山血海,闻者伤心"[③]。但毕竟是四通八达之地,经济恢复得相当不错。到清代后期,其"街道宽而且平,或百余家或数百家",而且"房屋极其高敞,市肆交易与汉口相埒"。[④]这一史料出自外地人笔下,其评价应属相对客观。

常德府属各县,发展速率则颇为不一。洞庭湖边的沅江县,清初被描述为"官舍无城傍水滨","老屋百家秋结邻"。因为其"居民皆渔户,水盛时举家乘舟入湖,秋冬水缩则结茅沿岸住"[⑤]。直到后期,依然"无城郭,以堤为邑",而且"街道甚窄,多平屋,墙壁不用砖土,乃用竹笆而外饰石灰"。[⑥] 府南的桃源,县境多山,清初还"邑无城郭"[⑦]但由于"自此至滇绵亘数千里,连络不绝",故发展很快,清后期"依山傍水民舍居焉"。[⑧]

---

① 道光《宝庆府志》卷末中。
② 刘长佑《新宁砖屋房义仓记》,见光绪《新宁县志·艺文》。
③ 周康立《楚南史赘》,载《湖南历史资料》1980 年第 2 期。
④ 包家吉《滇游日记》,《小方壶斋舆地丛钞》第七秩,上海著易堂 1891 年印行。
⑤ 《敬业堂诗集》第 91 页。
⑥ 《滇游日记》。
⑦ 《使滇日记》第 185 页。
⑧ 《滇游日记》。

辰州在清初遭受破坏似不甚严重。康熙年间，就已有人称之井舍市廛，“万家灯火”[①]。到清后期，民居虽改进无多，聚落规模却显著扩大，往往“茅舍数十家”“村庐累累”[②]。

沅州在康熙年间也已稍有繁华之象，“然皆远估阻兵聊营生业，土著十无三四也”[③]。到清代后期，其“阛阓咸集，盛于辰州”[④]。其境内一些要冲也发展很快。如洪江，因地处镇远、常德“适中之地”，也“五方杂处，井陌成行”[⑤]。但毕竟地处上游，沅州的总体水平较辰州仍有所不逮，清后期小型聚落“村舍数家”的所在比比皆是。[⑥]

正因为地势高峻，沅水上游存在着一种特殊的聚落形式。如辰溪一处“最高石罅中，多架木为屋，参差点缀，舟行仰望，缥缈若神仙之居”。外地人比此经过，简直“不知其何从构屋，又何从出入”。其分布不仅该地“数里上下皆有之”[⑦]，且沅州境内也有。清初人状之以诗云：“雨声飞过岩头砦，多少人家是白云。”[⑧]据说当地“乡民避兵者俱踞山筑城，名曰土砦”。[⑨]只是不知沅水上游其他地方有无分布。

晃州与凤凰厅在清后期亦均“结村而居，数十百户不等”。其建筑与之前已有所不同，“富者瓦土砖作墙造室”。但不尚豪奢，“人丁

---

① 《使滇日记》第 191 页。

② 《滇游日记》。

③ 《使滇日记》第 195 页。

④ 《滇游日记》。

⑤ 许缵曾《东还纪程续抄》，《丛书集成新编》第 94 册，台湾新文丰公司 1986 年版。

⑥ 《滇游日记》。

⑦ 《东还纪程续抄》。按，此一景观引人注目，很多史料均有记载。《使滇日记》亦记述：“危石插空，不啻千仞，于悬绝处得寸隙即置屋如蜂房蠔壳，下临深渊，上压巍巘。土人云：贼据辰时，居民作避兵计，筑室于此，惟取人迹不通，险阻非所畏也。”（第 262 页）

⑧ 《敬业堂诗集》第 38 页《鸡冠砦》。

⑨ 《敬业堂诗集》第 39 页《自沅州抵麻阳二首》之一。

即多,前后左右不过二三椽板屋而已”。房子矮小,又“不雕窗牖”。贫户则往往“茅椽数间”而已。[①]

澧水流域在清初普遍相当荒凉。如安乡被人状为“百家成小聚,一县得虚名”。[②]到了清后期,则普遍有所发展。桑植到同治间,虽然“室多土筑,编竹诛茅,聊蔽风雨”,但已“间有瓦屋”[③]。而同治《直隶澧州志》则称:“曩栋宇坚整,率卑陋无华饰,山泽之民茅屋仅蔽风日,今檐牙高啄,所在多有。”可见随着社会经济的发展,当地的民居聚落景观已悄悄地发生了不小的变化。

五、小结

以上分四个时段对湖南历史时期的民居聚落状况作了一番考察。每个时段都作了分区检视,但主要是为了叙述的方便,借以对史料中的具体细节作较深入的展开。由于史料中湖南历史时期的民居聚落习俗缺乏足够的地域分异,以致本节未能像前述三节一样,作出基于习俗内容的分区。这是一件不得不然的事。

总体而言,在清代中后期以前,湖南的居民聚落景观一直变化不大。民居建筑大多直接取材于当地的自然资源,以土木结构为主。梁、柱多以竹木;覆盖则多为茅草、芦苇或竹瓦。其中以茅草最为常见,即所谓茅屋。至于墙面,或以木板,或以竹,或以编茅,或以泥土,不一而足。就连院落的篱笆一般都是以竹木或辅以茅草编织而成。

这样的建筑,从方便角度而言,可以因陋就简。就持久耐用来说,则颇为不堪。而最大的隐患在易致火灾。因之可引发社会问题。

---

① 同治《乾州厅志》。同治《凤凰厅志》略同。
② 《敬业堂诗集》第28页《晚泊安乡县六韵》。
③ 同治《桑植县志》。

自唐后期开始，来自北方的地方官将陶制砖瓦技术传播到长沙，但显然因为造价较高，这一技术在相当长历史时期内并未得以推广。直到清代中后期，湖南的茅草竹木建筑仍相当普遍，即便一些城市也不能免。

由于长期地广人稀，湖南的聚落在古代长期是零星散处。村落规模小，且分布稀疏。从史料中看，湖南古代居民长期存在一种散居的倾向。乾隆《长沙府志》所谓“土人多散处，即父子兄弟必各居，一山之阿多不满三户”。这应该反映了当地自古以来的一个文化传统。

但这一文化传统受到了移民带来的文化传统的冲击。自宋而明，以江西为主的大量移民进入湖南，带来聚族而居的风气。清代乾嘉以后，湖南各地方志普遍出现了聚族而居的记载。之所以从事实到文献出现这样一个时代相位差，应该是明以前湖南聚落密度整体偏小，“聚”的倾向还不很明显。清中叶以后，人口激增，聚落密度加大，聚族而居的现象形成了足够的视觉冲击力，这才引起世人的注意。

移民还促进了湖南民居建筑从茅舍板屋到砖屋的演替。上引清末刘长佑文可谓生动例证。这方面，应该不是技术，而主要是经济能力的问题。移民经济能力普遍较强，《宋史·地理志》就称袁、吉移民在湖南“深耕溉种，率致富饶”。清中叶以后，湖南各地砖瓦居民愈益增多，应该也是整体经济实力提升的结果。

由于受自然条件的制约，湖南一些地方发育了特殊形式的聚落。如洞庭湖区冬聚夏散的候鸟式聚落，以及资水中上游的“团聚”、沅水上游山区的“土砦”。这些聚落是自然环境和人文环境共同起作用的产物。

从聚落的分布趋势看，湖南最先得以开发的是丘陵和平原，其次是山区。水域的开发相对最晚。直到清末，洞庭湖区的民居聚落都比较简陋，与平原地区相比颇有落差。

第七章　湖南的综合文化区域

以上从第二至第六章分别考察了湖南的单质文化区域，本章换个视角，对湖南的综合文化区划作一考察。因从未看到类似的学术成果，故此项工作仅属尝试。

综合文化区划，并不是对各项单质文化区划的简单叠加。这二者面对的问题截然不同。单质文化区要考量的是某个单项文化指标的空间分布，只需提取数据，列表画图，就能得出一个空间结果。综合文化区要面对的是地域文化综合体，它首先要考虑的是，地域文化综合体有哪些表现？怎样来对它进行分析、把握？这中间，从指标选定、数据提取，到结果合成、分析阐述，需要一整套成体系的理论和技术。毫不夸张地说，这套技术构成了地理学的一项核心技术。

以往地理学界并没有开展对于文化综合区划的研究，但二十世纪五六十年代在探索中国综合自然区划的过程中，总结出了一整套关于地理学综合区划的理论和方法。个人感觉，将这套理论和技术推广应用到文化地理学当中来，应该是行之有效的。接下来本章先对综合文化区划的原则和方法加以探讨，然后就湖南的具体情况进行实践层面的尝试。

第一节　区划的原则与方法

作为地理学研究对象的文化，如同其他地理事象一样，具有其独特的地域分异规律。由于地域文化是许多文化要素相互影响、共同作用的综合结果，因此完全可以借鉴自然区划的成功经验。其区划原则有四项：

1.发生学原则

这一原则指的是区域单位成因的一致性和区域发展性质的共同性原则。综合文化区划的对象是地域文化综合体，而一定的区划单元是在独特的文化源头和独特的文化历史过程中形成的，因而发生学原则十分重要。

在历史文化地理的研究中，对发生学原则运用得相当成功的例子是周振鹤师对于历史方言地理的研究，他所采用的移民、政区两个指标，实际上可以作为历史文化地理研究的参考。

文化是人类活动的产物，文化最重要的载体也是人，文化的形成、积累、传输和变迁都离不开人的活动，因此在文化地理的研究中对于人的研究十分重要。对于历史时期的文化地理研究来说，着眼点应该是特定区域中整个历史时期的居民。这就包括两个方面：一是固有的成分，二是变化的成分。表现在湖南区域，前者为土著民族，后者为移民。

文化传播除了通过民间的渠道之外，还有一种以官方教化的方式而实现的传播，这方面的例证不胜枚举。可以说，行政区域便是一种功能文化区域，长期稳定的政区范围往往便是文化区域的一个发生学标志。

政区对于文化的影响不仅在于官方的教化，同时也在于同一政区中的居民彼此联系更容易发生，更为密切。自古以来，我国的行政管理制度把居民同一定的政区紧密地连结在一起，非不得已不会游离，相同政区中的人们更容易产生文化认同，因而政区又可谓是一种感觉文化区(或曰乡土文化区)，从这方面讲，政区也是一种文化发生的指标。

2.综合分析原则和主导因素原则

前者强调的是在进行区划时必须全面考虑区域中的各个文化要素及其综合特征，后者则强调选取能够反映区域特征的主导因素来作为分区的标准。

对于综合文化区划来说，关键的问题是主导指标的确定。本文在导言中已经提及，谭其骧师曾经指出："文化区域的形成因素则主要是语言、信仰、生活习惯、社会风气的异同。"周振鹤师也在论学时多次说过：在不少国家，文化区划的主导指标是语言(方言)与宗教两项；在中国，语言(方言)当然也是一项，但宗教观念并不发达，这一项还不如风俗显著。

提出这些要素，原因是非常深刻的。语言对于文化的重要性，国外一些学者的成果已经提供了证据。如德国魏斯格贝尔认为："把语言作为形成文化的力量来研究，因为正是语言是创造人类文化的必要条件，而且是形成文化成果的参与者。"① L. R. 帕默尔亦称："每一种语言都是某一个概念系统的具体表现，这个概念系统包含着知识世界的某一特定分析和构造"，"它还传递人们的成见、理想和感情"，

① 转引自兹维金采夫《普通语言学纲要》，伍铁平等译校，商务印书馆1981年版，第329页。

因此，“我们得把语言看作一种把自己的构造和规律强加于社会各成员的，超乎个人之上的力量”①。

在我们中国，两千年前的《汉书·地理志》谓：“凡民函五常之性，而其刚柔缓急、音声不同，系水土之风气。”就已经对方言的文化意义相当重视。晚近如民国《南县乡土笔记》所言更为明确：“一种方言即是一种特性之表现。”可见语言（方言）作为文化的一个主导因素完全能够成立。

风俗对于文化的意义不言而喻。在我国第一部全面反映各地风俗差异的典籍《汉书·地理志》中，风俗的内容几乎包括了现代文化地理研究的各个方面。其中很多内容现在已经独立出来，但风俗的范畴仍然比较模糊，故须借鉴现代科学的方法对传统所谓的风俗进行分析。除方言、民歌外，还可以分为信仰、民风和民俗三大部分。

信仰的意义相当明显，它是世界观的组成部分，不仅本身就是重要的文化内容，而且还对于其他文化要素具有重要影响。因为人们的生活习惯和行为方式都受其世界观的支配。故此进行文化研究时不能不对它予以高度重视。

民风与民俗的区别，第五章开头已经讲过，前者指区域内的居民群体性格，后者则指其习惯性行为。前者较为抽象，后者非常具体；前者为本，后者为末；前者通过后者得以体现，故民风作为文化的重要内容显而易见。如尚文和尚武这一组民风的区别是区域文化水平的重要标志。

民俗作为群体的习惯行为，其文化意义更是显著，它是精神世界

① L. R. 帕默尔《语言学概论》，李荣、王菊泉、周焕常、陈平译，吕叔湘校，商务印书馆 1983 年版，第 145 页。

的具体表现,是文化内涵中最基础层面,许多文化观念的研究均须以此为中介。因而以此作为文化区域的一项主导指标毋庸置辩。

一些重要的文化观念必然有多种表现途径,也就形成多种民俗。反过来,若干相互联系的民俗可以整合出一个共同的文化特征。例如在湖南沅澧流域,信仰中存在对马援的崇祀,岁时习俗中大端午节日也有关于马援的传说,共同表现出当地对马援的敬畏心理。而这一敬畏,又来自马援征五溪蛮的史实。可以说,这多项相互联系的文化特征,都是从当地独特的区域历史过程中派生出来的。由此也可以印证前述发生学原则之重要。

以上分析充分证明,方言、信仰、民风、民俗四项完全可以作为文化的主导因素。

古代关于文化区域的资料有如下三种情况,一种是直接描述"某地同某地",这种情况虽然对于了解该地的文化内容或许不详,但对分区而言甚为方便。另一种情况是仅有各地文化要素的描述而缺乏彼此的对比,则需要对资料进行爬梳排比才能划出文化区域。

还有一种情况是缺乏关于文化地域差异的记载,这就需要设计一些替代指标,比较简便明了的是以政区来替代。关于政区对于文化的发生作用,已见上述,这里要进一步说明的是,古代在确定政区界线的时候已常常考虑到文化因素[①]。早在汉代便有人说道"圣王序天文、定地理,因山川民俗以制州界"[②],表明政区的划分应该以自然区域(山川)和文化区域(民俗)为基础。高层政区尚且如此,中层政区和县级政区犹有过之,因此探讨文化区域完全可以长期稳定的政

① 参周振鹤先生《体国经野之道——新角度下的中国行政区划沿革史》,中华书局(香港)有限公司1990年版。

② 《汉书·王莽传上》。

区作为线索。

3. 相对一致性原则

这一原则要求在区划时注意区域内部的一致性，这是区域成立的必要条件。

综合区划的结果，是出现一个区域等级系统。对于不同级别的文化区域来说，其内部的一致性显然有所差异。因而讲到某文化区域的时候，必须有一定的级别限定。区域的级别越低，其内部一致性越强，而区际差异性也就越弱。反之，区域的级别越高，其区际差异性越明显，而内部一致性也就越弱。因此，对于不同级别的区域单位来讲，各有其一致性标准。

4. 区域共轭性原则

这一原则指的是相互联系的低级区划单位可以合并成一个高级的区划单元。当一个低级区同时具有相邻两个高级区域的某些地理特征时，根据其强弱，将该区域归属到所具特征更强的高级区域中去。

例如资水流域，它既具有湘水流域的文化特征，又具有沅水流域的某些文化特征。但总的来看是以湘水流域的特征为主，根据区域共轭性原则，把它当作湘资区一个亚区。

根据上述原则和方法，笔者对历史时期的湖南文化进行综合区划，得出的结果便见如下的第二节。

第二节　区划的方案

湖南历史时期的综合文化区域可划分出如下一个区域等级系统。

首先，湖南全省可以划分为两个大区：一为湘资区，二为沅澧区。

前者即湘、资二水流域，后者为沅、澧二水流域。其具体指标和两区文化特征有如下表：

表 7-1　湘资区、沅澧区文化特征对照表

	湘资区	沅澧区
方言	以湘语为主要特征。东部邻赣诸县为赣语，湘水上游为官话与土话混杂区。	以官话为主要特征。
民歌类型	田歌不发达。	有发达的特殊田歌薅草锣鼓。
典型信仰	南岳朝香。	崇祀马援及竹王三郎。
婚俗	1.婿不亲迎。2.女家送亲客一般为男性。3.回门一般在婚后第三天。	1.新郎奠雁先返。2.女家送亲客大多为女性。3.回门虽有在婚后第三天的，但很多是在第九天或一个月后。
岁时习俗	1.四月八日浴佛节发达。2.端午节不分小、大两节，不少地方无龙舟竞渡。3.重阳节不甚隆重，无小、大重阳之分。4.小年祭灶大多在腊月二十四日晚，个别在二十三或二十五日晚。	1.四月八日浴佛节不甚发达。2.端午节特别隆重，普遍有龙舟竞渡，不少地方分为小、大两节。3.九月重阳相当隆重，不少地方分小、大两节。4.小年祭灶一般是在腊月二十三日晚，个别在二十四日晚。

透过上表可以看到两个特点：

其一，文化发展的过程湘资区显得较为先进，从而其民俗文化形态大多演进较快。例如婚俗中女家送亲客一般为男性，表明其礼制因素较多，而岁时习俗中端午、重阳两节不甚隆重，反映其古老内容较为淡化。就连表面上沅澧区较为年轻的文化形态，也往往显露出开发较晚的痕迹。如沅澧区的方言以官话为主要特征，形态不如湘资区湘语古老，但沅澧区官话的形成正是因为当地开发较晚，接受的是以军事型为主的大量移民；而湘资区的湘语、赣语地区则因其开发较早，迁入的移民多属散漫的自发式。

两区文化进程的差异还可以从其文化水平得到印证。第二章已经显示，正史列传人物、历代进士、著作、藏书、学者五项指标的分布变迁，都可以得出湘资区的文化起步早、水平高的结论。

其二，沅澧区的文化类型特征在一定程度上与西南数省相似。如它的方言可以归入西南官话，其民歌中的薅草锣鼓、民祀中的竹王三郎在西南数省都相当普遍。这样的民俗显然与其民族成分有关，说明两个区域的文化差异其来久远。

进一步分析，湘资区可以分为三个亚区，长衡岳亚区为清代的长沙、衡州、岳州三府，郴永桂亚区为清代的郴州、桂阳州和永州府，宝庆亚区则为清代的宝庆一府。具体划分依据及各亚区的文化特征请见下表：

表 7-2　湘资区中三个亚区的文化特征对照表

亚区	长衡岳	郴桂永	宝庆
方言	以新湘语为主，东边邻赣诸县为赣语。	基本上为官话与土话混杂区，少数地方为赣语。	以老湘语为主。
山歌句式	以五句头为主。	有五句头，但不占主要地位。	以四句头为主，五句头少见。
信仰	无共同特征神。	基本上存在共同的特征神灵，名总管。	无共同特征神，但个别地方有沅澧区特征。
岁时习俗	1. 端午节普遍有龙舟竞渡。2. 重阳节不够隆重。3. 小年祭灶大都在腊月二十四晚。	1. 端午节基本上不竞渡。2. 重阳节较为隆重。3. 小年祭灶以腊月二十四晚为主，间有在二十三或二十五晚者。	1. 端午节竞渡，个别地方分小、大两节。2. 重阳节较隆重。3. 小年祭灶一般在腊月二十四日晚。

上表所列的各种文化要素显示,长衡岳亚区的文化发展较之其余两个亚区更为先进。这一点在方言形态上表现得最为清楚。新湘语比老湘语要年轻已不待言,就连郴永桂亚区以官话为通语,也是当地开发成熟较晚所致,正如上述沅澧区的情形一样。宝庆亚区还在信仰、岁时习俗的某些方面呈现一定的沅澧区特征,带有一种过渡区的性质。但它与湘水流域的文化共同性远较其与沅水流域的共同性强,按照区域共轭性原则,只能以之作为湘资区的一个亚区。

沅澧区可以分为两个亚区,常澧亚区为清代的常德府和澧州,辰沅永靖亚区则为清代的辰州、沅州、永顺三府、靖州和永绥、凤凰、乾州、晃州四厅。其间文化差异有如下表:

表 7-3　沅澧区中两个亚区的文化特征对照表

亚区	常澧亚区	辰沅永靖亚区
方言	官话特征较为纯粹。	个别地方带有一定的湘语特征,总体为官话。
山歌	高腔、平腔、低腔山歌及放牛山歌均发达。	以高腔和平腔为主,低腔山歌及放牛山歌很少。
信仰	1. 古代曾有竹王崇拜,后来渐趋衰微。2. 古代存在与楚相关的神祀。	1. 竹王崇拜长期遗存,而且还有新的发展。2. 古代不曾存在与楚相关的神祀。
岁时习俗	1. 端午、重阳两节较为隆重,一般不再分为小、大两节。2. 小年祭灶一般在腊月二十三晚。	1. 端午、重阳两节非常隆重很多地方各分小、大两节。2. 小年祭灶很多在腊月二十三晚,个别在二十四晚。

将上表所列综合起来,不难发现辰沅永靖亚区的文化形态较常澧亚区古老。方言即是一端。后者早在东晋南朝和唐代中叶两度集中接受了一定数量的北方移民,便奠定了它的官话基础;而前者直到

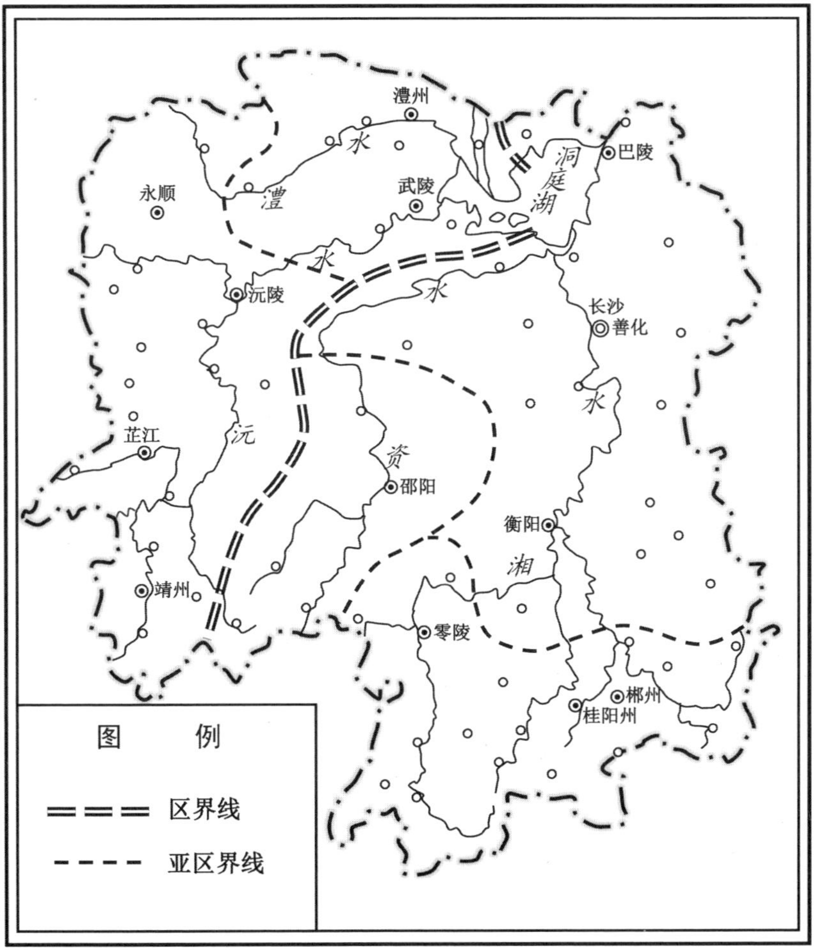

图 7-1　湖南综合文化区域图

宋明以后的军事移民进入,才形成它的官话格局,因此当地的湘语底层未及覆盖。信仰和端午、重阳两节的表现尤为显著,在常澧亚区内的演进均较快。

综上所述,湖南的历史文化存在着两个方向上的地域分异:一是东西方向,它导致了两个文化区的形成;二是南北方向,它决定了文化亚区的出现。至于这些分异的形成原因,请见如下第三节。

第三节　区域的形成

湖南历史时期的文化产生地域分异的基础可以分为自然和人文两个方面。

1. 自然地理基础

自然条件主要表现在地貌结构上。湖南全省由湘、资、沅、澧四大流域组成,从东向西依次排列。以资、沅二水分水岭雪峰山脉为界,可以分为东、西两大部分。西部的沅、澧流域在地貌上属云贵高原;东部的湘资流域,大部分属江南丘陵,仅二水上游属南岭山地。这样的地貌结构,势必使得湘资流域、沅澧流域两大部分各自内部的经济文化交流较为便利,而彼此之间的往来相对困难,也就形成文化区域东、西两分的机制。

限制人类的活动进而影响文化区域,这只是自然条件发生作用的一个方面,它还可以通过环境质量来制约文化的发展水平,从而影响文化形态的演进速度。这在区域级的分异中已露出端倪,而对于亚区的分异尤为显著。湘资区的三个亚区,郴桂永亚区为南岭山地,另两个基本上属于江南丘陵,其中长衡岳亚区为湘水中下游和资水下游,宝庆亚区为资水中上游,三个亚区的地貌基本上自成单元,而以长衡岳亚区地势低平、河谷宽广。沅澧区中，常澧亚区基本上为沅澧二水下游流域，辰沅永靖亚区为沅澧二水上游山区，地势起伏有高下之别。在历史早期，人类活动的技术手段有限，丘陵山区的开发历史并不比平原地区为晚，但随着技术水平的提高，平原地区的环境优势愈益明显：它更有利于经济的发展，文化积累的物质基础更为雄厚，汉化成熟更早。这种开发进程的差异，便导致了亚区的产生。

正是在这样的自然地理基础上，形成了湖南独特的人文地理基础。

2.人文地理基础

这方面又可分为政区和民族两点来说。

从政区来看，湘资流域和沅澧流域两大部分历来处于不同的中层政区以至高层政区当中。湘资流域在秦代属苍梧郡，汉代分属长沙、桂阳、零陵三郡，南朝于此置湘州，唐后期于此置湖南观察使，宋代于此置荆湖南路。沅澧流域于秦代属洞庭郡，汉代属武陵郡，南朝分属荆、郢两州，唐后期分属荆南节度使、黔州观察使，宋代属荆湖北路。元代以后，两大部分虽然同属一个高层政区，但中层政区的设置则稳定未变。分属于不同的中层政区以至高层政区，表明湘资流域和沅澧流域各自有着独立的历史演进过程，当然也就导致了文化的分异。

湘资区在秦代本为一郡，汉代分而为三，上游为桂阳、零陵二郡，中下游为长沙郡，即已出现郴永桂亚区和长衡岳亚区的雏形。三国吴将资水中上游单独开设为昭陵郡，从此奠定了三个地域并立的局面，宋代以来彼此间的界线便已稳定未变。沅澧区在秦汉都只一郡，吴析澧水流域为天门郡，初步显示其南北差异；南朝后期又将沅水流域析为两郡，形成常澧亚区和辰沅永靖亚区两分的格局；唐后期且分属于不同的高层政区,俟后其间政区界线即稳定未变。

以民族而言,早在商周时期湘资流域与沅澧流域的土著民族就有差异。前者为越系民族,与江西较为类似。后者土著民族的族属尚有争议,但为与西南地区有着一些共同特征的民族则可以肯定。

据考古研究①,湘水下游和资水下游,其商周以前的土著文化更接近于鄂东南、赣西北和鄱阳湖沿岸的古越族文化。商末周初中原文化南下,但本地文化始终表现出强大生命力,经西周一代的融合,才形成包含两种文化因素的独特的地方文化。而在湘水中上游,越族古文化的特征典型、单一,通过湘江下游接受中原青铜文化的影响,到两周之际,才出现当地有特征的铜器,明显比湘水下游晚了一个相位。资水中上游则比较独特,它地处湘沅之间,基本上表现为与湘水中上游相同的文化特征,却又有部分与沅水中上游相同。

澧水流域和沅水下游,是商文化影响最为强烈的地区。这里自成系统的商周古文化,是中原商周文化和本地土著文化融合的产物。至迟西周中期,其独立的文化体系正式形成,属于青铜时代楚文化的范畴。沅水中上游在春秋时期楚文化影响之前,虽然澧水流域商周文化对其有明显影响,但有其独特文化面目,与夜郎地区有相似之处。

周秦以降,中原文化沿洞庭湖东西两侧源源不断地输入湖南。五代以来,由于全国经济文化重心转移到东南,湖南的开发方向一变而为由东往西。但始终并未将土著势力扫除,而是融合同化。因此东西方向的两区差异得以长期延续,而且南北方向亦出现开发的迟速之别。

---

① 何介钧《湖南商周时期古文化的分区探索》。

3.自然与人文的综合作用

如彼的自然地理条件，又有如此的人文地理背景，共同发生作用，便构成了湖南历史文化的区域系统。

关于湖南的文化区域，史料记载班班可考。湘资区历来被视为越族故地，尤其是南部。唐代柳宗元在前引《童区寄传》中就以郴州一带为越地。他还说“永州于楚为最南，状与越相类”[①]，甚至整个“潇湘参百越之俗”[②]。《太平寰宇记》关于风俗的记载是：岳州“同湘州”，衡州“与潭州同”，郴州“与潭州同”，连州（今属广东）“与郴州同”，桂阳监“与郴州同”。而在潭州下则引《湖南风土记》云：“茅芦为室，颇杂越风。”这表明上述各地文化均与越族有关。又永州“与桂州同”，道州“与五岭接界……别有山傜、白蛮、倮人三种类，与百姓异居，亲族各别”，则此地之杂越风更为明显。另资水流域未有明确记载，但已包含于上述“湖南”范围之中。直到明代，王士性称当以“永州、宝庆、郴州分属粤西”[③]，表明其时仍有人认识到湘资区文化与越族有关。

沅澧区的情况，早在《隋书·地理志》中就有所反映：沅陵郡“多杂蛮左，其与夏人杂居者则与诸华不别，其僻处山谷者言语不通，嗜好居处全异，颇与巴渝同俗”。所谓巴渝之俗，当指西南数省共同的文化面貌。唐人习以沅水流域为夜郎故地，如李白《闻王昌龄左迁龙标遥有此寄》诗中即有“随风直到夜郎西”之句[④]。唐后期以此属黔中道，正是此一观念之表现。《太平寰宇记》称澧州风俗“大同荆楚，然

---

① 《全唐文》卷573《与李翰林建书》。

② 《全唐文》卷576《谢李吉甫相公示手札启》。

③ 《广志绎》卷4。

④ 《全唐诗》卷172《闻王昌龄左迁龙标遥有此寄》。

少杂夷獠”。夷獠指的是分布于西南数省的古代民族,可见此地亦如沅水中上游一样,只是程度有些不同而已。南宋魏鹤山于此吟道“黔中故地夜郎天”,明代王士性又谓“当以辰州、沅州、靖州分属贵阳”①,表明都认识到当地文化与贵州一带有相似之处。且后者无异于明言沅水中上游与其下游的文化已不尽一致。

在同一文化的影响下,原来特征各异的文化区必然产生趋同之势。这表现在湖南,湘资下游与沅澧下游商周时期的土著文化本不相同,但长期处于中原文化的熏沐之中,故其相似之处日益增强。《隋书·地理志》言风俗以澧阳、武陵二郡与巴陵、衡山、零陵桂阳诸郡并称,似已可见一斑。以隋唐佛教言之,常澧亚区和长衡岳亚区均为发达区域,而其余亚区为次发达区或不发达区。上述各亚区文化特征表明,常澧亚区在历史上曾存在与楚相关的民祀,此则与长衡岳亚区相似,其岁时习俗中的古老内容亦均逐步淡化。又上引王士性语显示其文化发展已渐相类。毋庸赘言,其间愈益增多的相似之处就是汉文化的特征。

第四节　区域文化中心

以上三节论述了湖南的综合文化区域,现在来分析各区域的文化中心。

所谓文化中心,指的是某一特定区域中文化要素最为密集的地方。它总是与特定的区域相联系的,区域具有等级系统,其中心也是如此。

---

① 《广志绎》卷4。

湖南在清代建省以前，由于分属不同的高层政区，故缺乏共同的文化中心，湘资区和沅澧区各自长期单独发展。

1. 沅澧区

沅澧区最大的中心自东汉以来一直在今常德市。此地自东汉为武陵郡治。三国时澧水流域单独立郡后，武陵郡只辖沅水流域，从而沅澧流域各有其中心。沅水流域的中心在今常德市不变，在政治上较澧水流域的中心重要。

隋代以后，沅水中上游渐次开设为郡，但武陵郡地处下游，控扼上游各郡咽喉，故今常德的中心地位未变。唐末昭宗时，土人雷满据此，请命以澧朗为武贞军节度使①。五代后期，一度且因“潭州兵燹之后焚烧殆尽”而“移使府于朗州”。后周“诏升朗州为大都督府，在潭州之上”②。宋代其地位虽比五代略为下降，但南宋初年，李纲仍以鼎州为荆湖北路要郡，仅次于荆南府③。元代人称“鼎城为文物之邦”④。

明代开通黔滇，常德“为京省水陆通衢，入滇必由之路”。交通地位大为提高，文化发展很快。“人聚五方，尚侈靡者僭礼逾分之不顾”⑤，以故“衣冠礼乐为名区，文物甲湖右”⑥。到清代后期，“宦游、贾客入滇黔者多寓家于此，风气繁庶，为楚南之最，妇女衣饰等于吴俗”，至被称为“市肆交易与汉口相埒”⑦。

---

① 《新五代史·雷满传》。

② 《旧五代史·刘言传》。

③ 《梁溪集》卷61《拟帅府要郡次要郡》。

④ 嘉庆《常德府志》。

⑤ 嘉靖《常德府志》。

⑥ 嘉庆《常德府志》。

⑦ 《滇游日记》。

沅澧流域稍为次要的中心在三国开始出现,至明代以前一直位于澧水中下游。

澧水流域在三国以前与沅水流域属同一政区,孙吴于此置天门郡,中心在今慈利,晋下移于今石门,隋以后稳定于今澧县。由于所属的高层政区中心在今湖北江陵,此地为"荆之附庸",交通非常方便,"水陆吴楚",俨然一方都会。唐人称"荆南都会,粤在澧阳"[①]。安史乱后又接受了大量的北方移民[②],故唐代后期此地文化发展很快,时人称"郡从兵乱年荒后,人似开元天宝时"[③]。柳宗元甚至讲"汉以南州之美者十七八,莫若澧"。入宋以后文化依然发达,被誉为"地以人显者,独盛于诸方"[④]。

但两宋之际,此地残破特甚,而长江中游的高层政治中心又渐次向武汉迁移,澧州之近庸地位逐步丧失,交通地位渐次下降,文化发展势头转衰。明代开发滇、黔以后,竟然降为岳州府属州。清代虽升为直隶州,文化水平仍较低下,而且澧州作为都会甚至不如津市重要[⑤]。同治《安福县志》称:"水陆辐辏,惟州境津市则然。"

随着澧州地位的降落,作为交替,明代在沅水上游新兴了一个中心,即沅州。此地位于滇黔交通丁字路口,政治地位相当重要。明代还只以沅州为辰州府属州,但到中后期其地位明显上升,万历时设偏沅巡抚于此。清代上升为府,第六章第四节的资料显示,其府治比辰州府治还要繁华。

---

① 《舆地纪胜》卷70澧州引李泌《澧州刺史制词》。

② 参周振鹤先生《中唐安史之乱与北方人民的南迁》。

③ 《舆地纪胜》卷70澧州引戎昱诗句。

④ 《舆地纪胜》卷70澧州引滕琛《乾明寺记》。

⑤ 《坦园日记》卷5载:"津市距州只三十里,州判驻此。"

当然，沅州之兴旺多因客民侨寓，由于经济基础较差，当地文化发展水平有限，第二章所述之结果可以为证。

2. 湘资区

湘资区最大的中心在今长沙。它一直是本区高层政区治所。西汉为长沙国郡，南朝为湘州治，唐后期为湖南观察使治，其文化一直最为发达。

五代马殷据湖南自保，极盛时总制二十余州，长沙成为今湖南全省乃至桂、粤北部的都会。据称"中州名家士多归之"[①]。而马希范性奢侈，置天策府十八学士，短期内文化具有明显的发展[②]。自唐后期有"小长安"之号[③]。

宋代以长沙为荆湖南路治所，"控扼湖广，号为重地"[④]，从而"为江湖一大藩府，地广物众，实东南根本"。[⑤]

但在南宋初年，由于金兵南下，长沙遭受严重破坏。李纲在此感慨："长沙自昔号繁雄，兵火连年一扫空"，"栋宇只今皆瓦砾，生灵多少委泥沙"[⑥]。数年间文化中心自此南移至衡山之麓，学者多聚于彼。幸而为时并不太久，短期内长沙便得到了恢复，人物颇还其旧。时人咏道："晴日花争发，丰年酒易沽，长沙十万户，游女似京都。"[⑦]其文化中心地位也得以复旧。

---

① 《圭斋文集》卷 7《白石周氏族谱序》。

② 《五代史补》。

③ 《义丰集》《代胡仓进圣德惠民诗一首》。

④ 《文忠集》卷 145《乞钱米修潭州外城札子》。

⑤ 《可斋续稿》后集卷 5《潭州趱剩米拨充修城并广西军券食奏》。

⑥ 《梁溪集》卷 29《初入潭州》。

⑦ 《景文集》卷 12《渡湘江》。

元初以湖广省治长沙,随即迁今武汉[①]。长沙为湖南宣慰司驻地,仍为湘资流域都会,时人称之甲于南溟[②]。但因其高层政区中心地位丧失,文化也呈式微之势,明代表现更为明显,从第二章可以看到此点。

清初湖南单独建省,长沙成为全省政治中心。但在清前期,湖南文化中心一直在湘潭。究其原因,乃是湘潭的经济发展超过了长沙。

湘潭的商业经济早在南宋就已很有规模,乐雷发有诗云:"吟到湘潭一叶黄,贾客胡踪正悲凉。抱琴沽酒异乡客,打鼓发船何郡郎?楚女越商相杂沓,淮盐浙楮自低昂。"[③]可见已经是一方都会。明代开通黔、滇,湖南为交通要道,"岭表、滇、黔必道湘、沅",而且"西北鎡货往者亦就湘、沅舟运以往"[④]。但长沙附近湘江河道笔直,"水步不利泊船",故船只往来"皆辏湘潭"。自明代以后,湘潭"杨梅洲至小东门岸,帆樯檥集,连二十里,廛市日增,蔚为都会,天下第一壮县也"[⑤]。

这种状况在太平天国时期发展到极致:"江路绝,专恃湘潭通岭南。"[⑥]时人称:"湘潭亦中国内地商埠之巨者,凡外国运来货物,至广东上岸后,必先集湘潭,再由湘潭分运至内地。又非独进口货为然,中国丝茶之运往外国者,必先在湘潭装箱,然后再运广东放洋,以故湘潭及广州间商务异常繁盛。"[⑦]太平天国平定以后,湘军"诸将拥赀

---

① 《元史·百官志二》。
② 《桐江续集》卷23《送张子敬湖南宣慰司都事》。
③ 《雪矶丛稿》《下摄市》。
④ 光绪《湘潭县志·货殖志》。
⑤ 光绪《湘潭县志·货殖志》。
⑥ 光绪《湘潭县志·货殖志》。
⑦ 容闳《西学东渐记》,湖南人民出版社1981年版。

还，博戏倡优，相高以侈靡”[①]。

经济的繁荣促进了文化的发展，这不仅表现在上述文化娱乐事业，而且还推动了文化教育事业的发展。清代“国家征市租，筹捐输”，每岁“输过万金例加广学额一员”，湘潭“常一岁例额七十”[②]。如此巨额，其他任何一县都望尘莫及。须知光绪间长沙府学额亦只有“廪增生各四十名、岁科各入附生二十五名、加广文武定额各十三名”[③]。宜乎湘潭于清代前期进士人数在全省独占鳌头，远出于长沙、善化之上。

然而好景不长，盛极而衰。“五口开，汉口、九江建夷馆”，湘潭遂衰。湘军诸将还后“未十年，熸无余矣”[④]。而随着湘潭的衰落，长沙作为省会的文化中心地位逐步得以稳固。

清代后期，长沙的发展相当明显。据当时人回忆，“道光以前，长沙风俗淳朴，湘人居显位者亦少，告归之后与平民无异，非衣冠不乘舆”[⑤]。到了光绪中，“长沙王运长、徐崇立、马象雍，善化许崇熙、龚福焘、梁稚非皆以诸生擅长文艺，与叶吏部德辉日夜豪游，长沙市人目为十二神”[⑥]，都市气氛日趋浓厚。

湘资区次于长沙的还有一些中心，以今衡阳、岳阳二市较为重要。

衡阳地处潇、耒二水之会，扼湘水上游咽喉，交通位置相当重要。三国以来即为中层政区治所，附近又有名山南岳，吸引文化人物，故

① 光绪《湘潭县志·货殖志》。

② 光绪《湘潭县志·货殖志》。

③ 光绪《湖南通志·学校志》。

④ 光绪《湘潭县志·货殖志》。

⑤ 龙绂瑞《龙萸溪先生遗书》，见《湖南反正追记》，湖南人民出版社1981年版。

⑥ 《星庐笔记》，岳麓书社1983年版。

衡阳亦为一文化中心。

此地手工业发展很早,“湘东酃醁酒”还曾为南朝商人歌咏对象[①]。宋代以此为湖南提刑治所。李纲称之为荆湖南路要郡,地位与常德相侔。

元、明以来,衡阳文化地位一直较为稳定。明代设郴桂兵备道,辖湘水中上游及粤北赣南,秋冬驻衡州。清代分衡阳县置清泉县为双附郭,在全省为省会之外仅有特例。同治《衡阳县志·货殖》称:“始长沙未设巡抚布政使时,商贾皆主衡州以通广西,书坊、墨栈皆以长沙为子店,至今仍之。”

岳阳开发不算早,直到晋代才置县,但显然是因为其襟湖带江的优越位置,故发展速度相当之快,南朝即升为统治县政区治所。这里的商业在南朝时已有一定的水平,传世的《三洲歌》便是到此经商的贾客所作[②]。唐代此地为迁客谪吏所聚,颇有文酒之会。宋人有诗云:“荆楚通南国,巴陵据上游,江湖作襟带,民物会车舟。”[③]元人亦称“通商川舶远,供贡楚材多”[④],表明其交通相当便利。元代一度于此地立枢密院,明代于此设兵备道。

但当地文化的发展却长期水平不高,第二章所述显示,巴陵的文化发展在宋代不及平江,明代不及华容,直到清代后期才成为一个发达的中心,进士人数较多,而且还有著名藏书家。

除衡、岳二州外,湘资区还有一些更为次要的中心如永州,但其地位不高,仅为小范围的中心而已。

---

① 《先秦汉魏晋南北朝诗》晋诗卷19《三洲歌》,中华书局1983年版,第106页。

② 《三洲歌》解题。

③ 《梁溪集》卷31《送张柔直赴岳州》。

④ 《石初集》卷4《送人之岳阳税务》。

综上述可见,文化中心受经济、政治的影响很大,湘资区中心一直比较稳定,而沅澧区最大的中心虽然未变,但其次要中心则发生过明显的变迁。

第八章　影响湖南文化发展的因素

影响湖南文化发展的因素无疑有很多。经过本书前七章的讨论，笔者认为地理环境、行政建置和移民三个方面最为重要。在此分三节加以讨论。

第一节　地理环境

地理环境作为人类活动的空间舞台，对人类社会持续产生着各方面的影响。以湖南历史时期的文化而言，地理环境的影响主要可以归纳为如下三个方面：

一、自然区域与文化区域

关于这个问题，第七章第三节已作过一些论证。湖南的文化区域与自然区域之间有着明显的对应关系。两个文化区湘资区、沅澧区都以河流流域作为基础，而文化亚区则大体以不同的河流流段而产生分异，而且两个文化区还包括有全国大地貌单元的因素。湘资区主要属于江南丘陵，沅澧区属于云贵高原。

不仅从全省范围看是如此，就连局部地区也表现得相当明显。

这里有两个很典型的例证，一是湘资区郴桂永亚区的临武、宜章两县，二是广西的全州。

临武、宜章两县基本上属于珠江水系的武水流域。秦苍梧郡和汉长沙国领有岭南之地，它们便一直属于以湘江流域为中心的高层政区。尽管经历了二千多年，可是它们一直具有珠江流域的某些文化特征。

同治《桂阳直隶州志》称："秦水通浈而临武习越俗。"所谓越俗，当然是指珠江流域的民俗。秦水即今武水，武水经宜章而后通浈，因此宜章之习于越俗已不待言。

今属广西的全州基本上属于湘、资二水流域。该地自秦汉以后长期属于以湖南为中心的高层政区，故而在文化上一直是湖南的组成部分。《太平寰宇记》载其风俗"与永州同"。宋代的《清湘郡志》自云"湖南穷处"。[①]《舆地纪胜》称之"地居荆楚，水合潇湘"。[②]

从明代起，全州之地度属广西，可它一直有着与湖南相同的文化特征。最为明显的便是此地仍然流行湘语，属于老湘语一派。

全州之地度属广西，与经营当地的"徭贼"有关。早在宋代便已启此议："据武功大夫荣州团练使知全州军州事苏易状申照会：本州系湖南僻远边州，昨缘本路盗贼四起，邻路广西经略司措置提备，奏乞朝廷割本州隶广西。"因此，"绍兴元年(1131)九月一日奉圣旨：'今后遇有军期，其全州许听广西经略安抚司节制，互相应援易契'"。但当州及湖南都不愿意，称全州"虽与广西相邻，缘系湖南古郡，即今本路盗贼未息，州县悉力提备，久隶本路帅司，若更听广西经略司节制，

---

① 《方舆胜览》卷 26。

② 《舆地纪胜》卷 60 全州引《启札会元》。

设有调发本州兵马或分屯官兵驻扎,不唯难以应付,又缓急之际与本路帅司指挥两有牵制”。[1]

这段资料讲到的原因是两个方面:其一是行政管理的问题,其二为“全州自旧系湖南属郡”,即文化上的归依。显然是讲从自然流域和文化区域上都应属于湖南。

上述的宜章、临武两县,宋代也有人建言改隶广东连州。其理由未得见,而为之辩驳的奏议也很有意思:“宜章、临武之人往来连州,比之郴州、桂阳军,其路程既已遥远。兼宜章在连州之东北,有斛岭限之。临武在连之正北,有小桂岭限之。皆崎岖荒迴不毛之地三十余里……今二县若属连州,则文移往来、民输纳、缓急般运钱粮皆为不便。”而且“宜章、临武久隶湖南,素轻广东”[2]。这后一条理由乃是文化心理因素,前一条理由则是讲二县与边州不属同一流域。

为什么会出现这种影响?或者说,自然地理区域是以什么为中介而影响到文化区域的?第七章第三节已经论及,这是因为同一流域中的人们更容易发生经济文化交流,而崇山峻岭则是人类活动的天然屏障,阻碍了人们的往来。这应该就是文化区域形成的最深层的机制。

我国早就认识到自然区域对于文化具有的影响。《礼记·王制》曰:“凡居民材,必因天地寒暖燥湿,广谷大川异制,民生其间者异俗,刚柔、轻重、迟速异齐,五味异和,器械异制,衣服异宜。”这就论述了自然区域对于文化区域的发生作用。既包括了心理因素,也涉及了物质文化。值得注意的是所谓“广谷大川”实际上就是流域单元,因

---

① 《梁溪集》卷76《乞全州免听广西节制奏状》。
② 《定斋集》卷1《割属宜章临武两县奏状》。

而这里突出的也是分水岭的阻隔作用。

岳阳地区有句俗话："民歌的流传，隔山不隔水。"[①]实际上这也是讲民歌在同一流域中易于传播，而在不同的流域中就要困难一些。民歌如此，其他文化形态也是如此。"隔山不隔水"，是因为在古代，虽然山脉和水体都足以阻隔人类的活动，但相比之下前者更甚。在水上人们可以凭借舟筏等交通工具，而翻山越岭的交通则要困难得多。国外的一些研究也表明："河流在更多的情况下起着交通路线的作用，而不是交通障碍。"[②]因而在同一流域中，各种文化特质的趋同、整合更为有利。

当然，如果山脉并不十分高峻崎岖，或虽然高峻却山形破碎，从而存在一些通道山口，则仍不能隔断文化传播。例如南岭山脉虽然巨大，为我国三大东西向山系之一，但存在多处过岭孔道，故南北两麓的文化形态颇多相似之处。《太平寰宇记》称连州风俗"与郴州同"，永州风俗"与桂州同"。清人杨恩寿曰："粤人辄以亚命名，郴与粤相毗连，故沿其习。"[③]郴州当地清代方志所言更为明显："地当粤东孔道，槟榔、烟、酒，间染其习。"[④]

由此可见，地理环境是通过对人类活动的限制来影响人类文化区域的。

二、环境质量与文化基础

地域文化水平受其经济水平的制约。只有当经济发展到一定程

① 《湖南民间歌曲集·岳阳地区分册》。
② L. R. 帕默尔《语言学概论》，第 112 页。
③ 《坦园日记》卷 1。
④ 嘉庆《郴州总志》卷 21《风俗》。

度以后,文化的发展才有可能。因而文化发展的基础就是经济水平,第二章已经作过分析。

不言而喻,经济发展受到自然条件的影响很大。尤其是第一产业。平原地区,地势起伏较小,土层深厚,水源充足,环境质量较为优良,故而其经济发展的潜力也就较大。如果其潜力发挥出来,无疑对文化发展更为有利。相反,丘陵山区地势起伏较大,地面切割较为剧烈,土层较薄,肥力较差。兼之水源相对匮乏,环境质量较为恶劣。其经济发展的潜力当然也就较小,其文化发展的基础也就有限。

以湖南而言,湘资区长衡岳亚区、沅澧区常澧亚区地处河流中下游,地势起伏较小,经济发展水平比同流域中上游山区要高。人口密度的分布已有直观显示。因而其文化进步较快,文化发展水平较高。第二章的论述已经显示,这两个亚区的各种文化指标都较上游山区为多,可以说完全是一个顺理成章的结果。

需要指出的是,所谓环境质量并不绝对。它还受到人类开发利用技术的限制。因而,就整个人类历史时期而论,对环境质量的评价并非一成不变,而是不断演化的。在历史早期,湖南先民开发水域以及治水的技术不够成熟,因而率先得到开发的是丘陵地带。显然,这种环境既容易得到水利,又相对不容易遭受水患。继之,水利技术逐渐成熟,人类活动向平原和山区两个方向扩展,平原地区的环境潜力才逐渐被开发出来。反映在文化上,湖南历史文化发展的空间次第,基本上没有摆脱这一规律的制约。

三、交通发展与文化传播

交通状况对区域文化的发展具有非常深刻的影响。它既是文化传播的必要条件,又可以促进其经济的发展,为文化的积累提供保障。

关于交通对文化直接传播的重要性，上文其实已经论及。文化区域的形成机制离不开区域的交通发展。国外语言学者的研究显示，“言语形式随着河谷、要道这样的交通路线传播的距离最远、速度最快”，“并且沿着交通路线向两侧传播”[①]。这虽然只讲到语言问题，实际上是一切文化现象的传播通则。

历史上，对湖南经济文化发展影响最深的交通，是联系首都与岭南的南北交通干线。这与湘、赣两省的经济文化发展息息相关。

这条线路的意义是不言自明的。首都是全国最大的文化中心，因而也是全国最大的文化传播源地。它与岭南的交通干线是湘赣一带最重要的经济文化大动脉。这一动脉所经的地方，其经济文化传输最为方便，更能得风气之先。财货通，人才出，文化和社会经济发展也就最为有利。反之，则气势郁结不畅，不免荒凉僻远。

秦和西汉，首都位于关中，东汉首都位于洛阳。当时岭南的外贸港口，在今北部湾[②]。其时的南北交通，自然以取道湖南最为便捷。因而当时的南北交通多取道两湖，湖南处于南北要冲，第二章第六节对此已有论述，在此不赘。

六朝时期，南方的政治中心位于长江下游。岭南地区，广州的地位又不断崛起。连接岭南和长江流域两大区域核心的交通干线，自然以江西境内较为近便。因而，湖南的交通地位大为下跌。隋唐以后，虽然全国政治中心回归到关中、洛阳一带，但从隋代开始凿通了大运河，从隋唐历经宋元到清前期，南北交通干线便长期稳定于江西境内。

---

① L. R. 帕默尔《语言学概论》，第 110-111 页。

② 《汉书·地理志》载当时的出海交通港口是“自合浦、徐闻南入海”。

宋人对这一形势看得十分清楚。欧阳修直截了当说:“江西出岭,路绝近;次则出湖南,已为稍远。”①《宋史·食货志》也记载:“广南金银、香药、犀象、百货,陆运至虔州而后水运。”余靖曾以为,这纯粹只是首都位置的关系:“唐、汉之西都也,繇湘衡而得骑田,故武水最要。今天子都大梁,浮江淮而得大庾,故真水最便。”②但其实并不见得。

有一条反面资料,在此颇可以说明问题:“有唐都长安三百年,商於为近辅……自大历、贞元之后,王室微弱,李希烈陷大梁,李锜继叛,由是汴路或不通焉。吴越、江淮、荆湘、交广郡吏上计,皇华宣风,憧憧往来皆出是郡,盖半天下矣。”③由此可见,如果汴路即大运河畅通,唐代的南北交通一般也是走大运河的。④ 既然如此,自从大运河凿通以后,首都的位置就不再是一个起决定性作用的因素。

在唐代不独过岭交通,就连湖南进京也往往是取道大运河。如“成珪者,唐天宝初为长沙尉部送河(按当作湖)南桥木,始至杨州,累遭风水”⑤,可为例证。

个中原因,余靖曾于无意中一语道破天机:“凡广东、西之通道有三,出零陵下漓水者,由桂州;出豫章下真水者,由韶州;出桂阳下武水者,亦由韶州。无虑之官峤南,自京都沿汴绝淮,由堰道入漕渠,溯大江、度梅岭下真水至南海之东、西江者,唯岭道九十里为马上之役,余皆篙工、楫人之劳。全家坐而致万里。故之峤南虽三道,下真水者

① 《欧阳修全集·居士外集》卷19《与王深甫书》。
② 《武溪集》卷5《韶州新修望京楼记》。
③ 王禹偁《小畜集》卷20《商于驿记后序》。
④ 又,《资治通鉴》卷294载:周显德五年(958)三月,“浚汴口,导河流达于淮,于是江淮舟楫复通”。其注曰:“此即唐时运路也,自江淮割据,运漕不通,水路湮塞。”
⑤ 《太平广记》卷111引《卓异记》。

十七、八焉。”[1]就是说，这里面牵涉到一个水路与陆路两种交通运输方式比较的问题。既然取道大运河、经江西更加省力，“全家坐而致万里”，那么这条线路的优势也就十分明显。

元代以后，定都今北京，“逾淮而济而汶，两京之通道也，凡南方两淮、两广、江东西、湖湘、浙、闽、黔、蜀其方伯郡邑百司与夫海外番国蛮夷君长之贡献朝觐受事请命者，商贾之懋迁者，往还交错，蚤暮不息”[2]；“皆道此以达”[3]。因此“凡朝廷达官显人有事于广东及使海外诸国，广之仕者如京师，与夫诸夷之奉职贡效臣顺者，未有不由于此（大庾岭）”[4]。南北交通仍是江西较为发达。直到明代开发黔、滇，湖南成为西南孔道，其交通地位才有所提高。

纵观湖南文化进程，与上述交通状况的变化息息相关。秦汉时期，由于湖南交通比江西发达，从而湖南在文化上的地位也相应较高。试举一例即可说明，汉代湖南已分为四郡，而江西在秦代未及成郡，终汉代也只一郡。三国时期，湖南由四郡分为七郡，而江西则由一郡分为五郡。南朝宋时湖南设有十郡，隶属三州，而江西设有七郡，同属一州。可见江西发展的速度已相当之快。

唐代江西文化的发展蒸蒸日上，到宋代竟至成为全国地域文化最辉煌的所在。且从南宋以降，成为湖南开发的主要动力。湘赣两省自然条件彼此相仿，文化发展势头如此交替起落，当然与彼此的交通地位深有关系。

虽然过岭交通干线已经东移，但湖南境内的交通线路也一直在

---

① 余靖《武溪集》卷5《韶州真水馆记》。

② 杨士奇《东里续集》卷44《灵慈宫碑》。

③ 《东里续集》卷44《通济河碑》。

④ 王真《抑庵文后集》卷15《送李太守序》。

起作用。随着经济文化发展,其绝对交通量也在增加。而广西与中原的交通始终在很大程度上依赖湖南,范石湖、刘后村等人去广西均是取道湘江[①]。范石湖见到的南岳山麓之岳市,“环皆市区,江、浙、川、广种货之所聚,生人所须无不有,既憧憧往来,则污秽喧杂”[②],表明当时湖南的交通也有一定的规模。

明代以后,由于湖南在交通地位上的提高,文化面貌也大大改善,第一章已有论述。太平天国时期湖南的交通发展更快,第七章第四节所述湘潭资料,可以为证。

四、区域闭塞与文化风气

上文已经表明,从东晋南朝直到明清,南北交通大动脉一直偏离湘江流域。事实上,由于湘资沅澧四水与长江之间横隔着一个洞庭湖,在现代化的交通工具应用之前,湖南从地理位置上虽然并不算十分偏僻,但与外面的交通一直存在问题。

湖南的地形,东、南、西三面环山。南边是曾被韩愈形容为“横绝南北”的南岭;东边与江西之间隔着罗霄山脉,西边是云贵高原。只有北面地势平坦,又隔着烟波浩渺的八百里洞庭。在传统人力的航运技术条件下,洞庭湖的存在对于湖南的向外交通,构成了一道巨大的屏障。使得湖南这一区域蒙上了几分闭塞的特征。

早在汉魏以前,洞庭湖作为险阻便已引起中原人的注意。《晋书·杜预传》载:“巴丘湖,沅湘之会,表里山川,实为险固,荆蛮之所恃也。”所谓巴丘湖即洞庭湖。因而在平吴后,杜预主持开凿了一条

---

① 《骖鸾录》为范石湖行记,《范石湖集》《后村先生大全集》中均有纪行诗。

② 《骖鸾录》,《丛书集成》本。

自江汉平原以达于洞庭湖的扬口运河。

这条运河的具体走向不很清楚,但其作用显然并不理想。到了唐代,洞庭之阻便不断地形之于诗人的吟咏。戎昱在《湖南春日二首》中写道:“三湘漂寓若流萍,万里江乡隔洞庭。羁客春来心欲碎,东风莫遣柳条青。”[①]这首诗非常有意思。戎昱是荆南人,“爱湖湘山水,来客”[②]。其家乡与湖南近在密迩,戎昱本人在《澧州新城颂》中也曾认为澧州系“荆之近庸”[③];然而只因隔着洞庭,竟在诗中称其家乡有万里之遥。

戴叔伦也在长沙写了一首寄友人的诗,道:“云雨一消散,悠悠关复河。俱从泛舟役,遂隔洞庭波。”[④]细玩诗意,“关复河”之所以“悠悠”,竟是因为“洞庭波”所隔。宜乎柳宗元总结其时交通形势:“过洞庭、上湘江,非有罪左迁者罕至。”[⑤]无疑系洞庭阻隔所致。

直到清初,湖南官绅吁请与湖北分闱乡试,仍以洞庭之阻为严重说辞(详见下节)。

从唐代开始,史籍中出现“出湖”一词。其始,不过是走出洞庭湖之意。如张说《出湖寄赵冬曦》诗中所云:“西泛平湖尽,参差入乱山。东瞻岳阳郡,汗漫太虚间。”[⑥]雍正九年(1731)在一道《发平余银两建筑舵杆洲石台》的上谕中,也有“朕闻洞庭一湖,绵亘八百余里。自岳

① 《全唐诗》卷270。按,“江乡”本作“湘乡”,“湘”下注云:“一作江”。戎昱非湘人,当以“江”为是。

② 《唐才子传》卷3。

③ 《全唐文》卷619。

④ 《全唐诗》卷273《潭州使院书情寄江夏贺兰副端》。按,此诗又作方干诗,见于《全唐诗》卷649,题为《湖南使院遣情送江夏贺侍郎》。

⑤ 《全唐文》卷578《送李渭赴京师序》。

⑥ 《全唐诗》卷86。

州出湖,以君山为标准,一望渺杳,横无涯际”之语[①]。然而对于湖南人来说,这个词却有更多一层含义。

湘乡籍史学家陈旭麓先生曾在一篇散文里回忆道:

> 童年,常听长辈说某某“出湖”了,那是说他有了出息,出了头。但不明白为什么要叫“出湖”,词源何来?过了许多年,才知道“湖”是指洞庭,“出湖”就是出洞庭湖。“洞庭波送一僧来”,八指头陀出了湖;《洞庭湖》杂志创刊,湘籍留日学生出了湖,湖南的名山胜水,就是这样鼓舞着她的儿女前进。可我从没有出过湖,不识洞庭的真面目。“玉鉴琼田三万顷”,“表里俱澄澈”,张孝祥的《过洞庭》词,徒令人神往。[②]

陈旭麓先生的童年当在二十世纪二三十年代。从他所举的事例来看,“出湖”的观念至少是从前清一直传承下来的。有理由相信这一观念在民间早已存在了相当长一段时间。陈先生是现代人,可以用豪迈之笔抒发洞庭湖对于湖湘子弟的激励,可是在传统时代,洞庭湖更真实的含义是对于出行的限制与无奈。“出湖”就表示有出息,可见当时从湖南走到外面去有多么不容易。

正因为对外交通不便,湖南的文化风气与外省相比有一个鲜明的特点,那便是闭塞、落后、守旧。第五章第三节所述湖南在不同历史时期先后存在习于辞赋、士多隐逸、清中后期崇尚理学三个风气,都是相对于全国比较滞后的文化风气。近代以来,湖南一直以守旧而著称。晚清时湘人谭嗣同亦不得不自承:“溯自三十年来,湘人以

---

① 乾隆《长沙府志》卷首。

② 陈旭麓:《湖山情思》,见熊月之、周武编:《陈旭麓文集》第 4 卷《浮想偶存》,华东师范大学出版社 1997 年版,第 446 页。

守旧闭化名天下。”[①]类似评论在当时屡见不鲜，兹不赘引。

民国时钱基博先生撰《近百年湖南学风》，开篇写道：“湖南之为省，北阻大江，南薄五岭，西接黔蜀，群苗所萃，盖四塞之国。其地水少而山多，重山迭岭，滩河峻激，而舟车不易为交通。顽石赭土，地质刚坚，而民性多流于倔强。以故风气锢塞，常不为中原人文所沾被。抑亦风气自创，能别于中原人物以独立。”[②]这段文字，称湖南为“四塞之国”“风气锢塞”，大体没有问题。但认为四塞之一是“北阻大江”，则未得要领。

不过，唯其闭塞，“出湖”以后的湘人也很容易走向另一极端。因而近代以来，各种开风气之先的湘人也颇不少。尤为引人注目的是在对待外来文化。谭嗣同曾在《浏阳兴算记》中写道：“中国沿元、明之制，号十八行省，而湖南独以疾恶洋务名于地球。及究其洋务之谓，则皆今日切要之大政事，惟无教化之土番野蛮或不识之，何湖南乃尔陋耶？然闻世之称精解洋务，又必曰湘阴郭筠仙侍郎、湘乡曾劼刚侍郎，虽西国亦云然。两侍郎可为湖南光矣，湖南人又丑诋焉，若是乎名实之不相契也。”[③]这显然都是环境闭塞造成的。未出去之人见闻有限，顽固守旧；出去以后感受到时代风潮，便勇于趋新。是以同一地域所产，行事竟趋向两个极端。

应该说自从清末以后，先是机器轮船的使用，让“出湖”不再成为湖南人出行中的大事。之后又是粤汉铁路开通，让交通运输逐渐扬弃水运时代。湖南区域之闭塞始渐成陈迹。

---

① 《与徐仁铸书》，见蔡尚思、方行编：《谭嗣同全集》（增订本），中华书局 1981 年版，第 269 页。

② 钱基博：《近百年湖南学风》，岳麓书社 1985 年版，第 1 页。

③ 《谭嗣同全集》（增订本），第 173-174 页。

第二节 行政建置

行政建置对湖南文化发展的影响,可以从区域范围、文化资源、行政等级三个方面加以考察。

一、行政区域与文化区域

从以上章节可以看到,湖南的文化区域与政区之间有着明显的对应关系,无论是单质文化区还是综合文化区。以综合文化区而言,湖南的文化区、文化亚区与中层政区的界线吻合。由此不难看出,政区对于文化的形成具有相当重要的意义。

进一步分析,这个问题的内涵将更加清楚。

首先从婚俗的分异情况来看,许多习俗特征都与中层政区相关。歌堂习俗分布范围为永州府和桂阳州,已至为明显。再以永州府而言,实际上它包含两个部分,一是直隶于府的零陵、东安、祁阳三县,二是道州及其所辖的四县。因此婚俗亦有细微差别,例如送亲客在道州已基本上变为男性,而直隶于府的三县还以妇女为主。此外新嫁娘的衣饰也有所不同①。

零陵新娘“上轿时,穿青衣裙、戴青巾”②。祁阳“新娘头盖、衣裙纯用青,妆饰尽去红紫”③。东安“新娘不穿红绿,着青衣”④。这一特点在道州数县却不见记载。虽说不见记载就不等于没有,但这种习

① 道光《永州府志》。
② 光绪《零陵县志》。
③ 道光《永州府志》。
④ 道光《永州府志》。

俗实际上是一种禁忌，祁阳“谓恐婿家大小见之（红紫）红眼也”。东安“俗谓有神煞，惟青色能压之”。道州的材料本来也很详细，想必多因无此观念而不载。

其次看岁时习俗。郴永桂亚区中有三个中层政区，其小年祭灶习俗，郴州全部是在腊月二十四，掺杂于二十三祭的都在永州府和桂阳州。又“杂占多俚语，郴属皆相近”[①]，也反映了这一特点。

这种例证俯拾皆是，不胜枚举。如果这些文化特质的差异积累得足够多，便能导致综合文化区的分立。

上述分析只是论述了政区对文化区的形成有明显的发生作用，但仅仅看到这点还是远远不够的，有必要讨论这一作用的程度。换句话说，上一节论述过自然区域对于文化的作用，在此又讲政区对文化区的作用，两者相比，究竟何者更为直接？

语言学研究表明：“单纯的地形障碍对于语言情况的影响小得出人意外”，“而政治上的分疆划界应该认为是方言分界的原因”。尽管地形“决定了交通的便利与否，为行政区域和行政区域提供了自然的界限”，但“它们是方言分布和划界的间接原因”，“如果行政区域超越了自然地形的界限，那么，对于方言的历史发展起着主要作用的就是行政区域”[②]。

当然语言只是文化的一个要素，但它是一个主导要素，因此这条材料的意义也就非常重要。

湖南也有类似的例证。郴州和桂阳州同属湘资区中的一个亚区，它们在五代以前同属一个中层政区。《太平寰宇记》称桂阳监风

① 光绪《兴宁县志》。

② L. R. 帕默尔《语言学概论》，第 112 页。

俗同郴州。宋代以后一直各自为中层政区,从本书以上章节可以看到,虽然它们同属一个文化亚区,主要的文化特征相同,但已有一些细微的差异。例如,婚俗中的歌堂风俗就只桂阳州有而郴州没有。岁时习俗亦略有不同。其中自然区域并未发生变化,这种文化的分异现象应该就是政区作用的结果。

这是政区分设的例子,再看政区改隶的例子。桂阳州在明代曾降为衡州府的属州,到清代又直隶于省。同治《桂阳直隶州志》称:"州以前明隶于衡,颇有衡风"。至于衡风的表现,民国《嘉禾县图志》曰:"六月六日,稻初熟,乃尝新,则衡阳客籍久居多,盖荐新衡俗特盛,不忘风土也。"

这个证据相当有力。它不仅反映中层政区中的文化有趋同的现象,而且还显示其所以如此,是因为同一政区中的经济文化交流更容易发生。衡籍客民就是一种经济文化交流的媒介。这与第七章第一节的分析完全吻合,可以作为一般情形的代表。

值得注意的是,对文化影响较大的政区是统县一级,这在上文的讨论中已相当清楚。个中原因,周振鹤师早已揭示:政区对其辖境内的政治、经济、文化都产生深远的影响,使其中的文化因素趋向一体化,"特别是唐宋的州和明清的府,所辖的地域不大不小,对于文化的一体化来说是最适中的。州或府是一群县的有机组合体,州(府)治不但是一州(府)的政治中心,而且一般也是该州(府)的经济、文化、交通的中心。"[①]他虽然是针对方言而论,但对文化地理的研究可能具有较广泛的意义。

---

① 《方言与中国文化》,第55页。

二、湖南单独建省产生的影响

明代的湖广布政使司包括后来的湖南、湖北两省。湖广的重心在湖北，因此对湖南地区文化的发展具有一定的制约作用。

制约突出表现在两个方面，一是文化资源分配不公，一是往来交通不便。

文化资源，对于传统社会而言，最重要的当然是科举考试的取中名额。第一章第三节曾引述过明代史料，当时湖南北合闱乡试，“湖北文盛，每科得解额十七，湖南杂徭僮荒略，仅得十三，以为例。”①不言而喻，这种例一旦定下来，轻易是不可能打破的。而这种例如果不打破，对于湖南文化发展的限制实在是太大了。

康熙三年(1664)，湖广行省分为左、右二布政使，六年(1667)右司改史“湖南”，湖南官绅看到了重新分配文化资源的契机，为此作出了艰苦的努力。

要重新分配文化资源，自然不能光说资源分配不公，必须从一些客观理由加以论证。于是，湖南士子赴湖北赶考，路远且险便成为一个现成的坚强理由。如陈鹏年在《恳请再题分闱呈》中所述：

> 洞庭之水，自夏初至秋，盖巨浸汪洋，绵亘数百里，狂风恶浪发作不常，每当大比之年，贫寒士子，或十数人、或数人敛费僦舟，冲涛而往，一舟覆溺则所损者多人，一番沦波则各郡县引以为戒。于是湖南士子畏怯不前，有终身未见场屋者。动曰湖南人少，是因洞庭之险而少，非诸生额数少于湖北，郡县少于湖北，

① 毛奇龄《西河集》卷78《明正治卿中奉大夫兵部右侍郎徐公传》。

学册舆图历历可稽也。[①]

这番言论,不可谓不痛切。证之以其他史料,并非耸人听闻。同治《桂东县志》称:“往岁阻洞庭,乡试不上十人。分闱后争自劝学,登甲乙者不绝。”这是一条与前述陈氏呈文完全不同来源的史料,两相对照,足以验证洞庭湖对于湖南文化发展的消极影响。

事实上,文化资源分配不公,并不仅仅表现在解额,选官时亦复如此。本来“教职例选本乡”,但在清初未分闱时,“湖南应举者少,中式寥寥”,无人可选,“故湖南教谕一途,遂为湖北举人之捷径”,就连“湖南恩拔副榜及改降举人本分应选之缺,尽为湖北举人占去”,以致“湖南州县教谕缺六十有三,湖南本籍止选三员,余六十人总皆湖北破例者”。[②]这显然是湖南、北吃大锅饭才会出现的后果。

经过十八年持续努力,雍正元年(1723)传谕礼部,在湖南建立试院,自翌春起分湖北、湖南两闱考试。自此,湖南文化的发展出现了一个新书面。清末郭嵩焘在《五贤祠碑记》中感慨道:自元代设行省至雍正之初,大约五百年,“其始视湖以南边郡耳,言文学者弗及焉”。而“自雍正之初至今百余年,文物声明,炳然日新”。对照之前,湖南“历汉、唐千余年,魁人杰士挺生其间,下至明季、我朝之初,文章节义,尤称极盛”,可是“风气久而未开”,其间原因,“将非科名仕宦之未显,其气固郁而不扬耶?”[③]

从当时人的感慨中,不难看出湖南单独建省、分闱考试对于文化发展的积极影响。

① 嘉庆《长沙县志》卷17。

② 王文清《请分选湖南湖北公呈》,见嘉庆《长沙县志》卷17。

③ 《郭嵩焘诗文集》文集卷26,第523页。

三、府州等第产生的影响

政区等第不同，其所享受的权利也就有异。因为权利的地区分配往往表现为一种指标的形式，而指标的确定又与政区等第密切相关。

以指标限定权益的做法，对于发达地区来说一般是较为不利的，这样势必造成其取录标准的相对提高。但对于落后地区来说则相对有利，假如按照统一标准，其取录人数就往往得不到保障。因此总体来说，这是一个保护落后地区的做法。

政区等第的确定，从理论上讲，应该是以区域的重要性为基础。但由于政区是地理和政治两者结合的产物，其中含有一定的政治因素，故政区等第常常具有超前性或滞后性，对文化的发展也就能起促进或制约作用。

以学额为例，据光绪《湖南通志·学校志》，岳州、常德、辰州三府学廪增分别为 40 人，郴州、澧州二州学各有 30 人。前三府各辖 4 县，后二州各有 5 县，就县均而言，额数分配明显有所不均。但岳、常二府文化较为发达，数额稍多应属合理。辰州数额较郴、澧为多，恐怕主要是因其政区等第所致。

第三节　移民

近代湖南人中移民后裔所占比重相当之高，因此移民对于湖南文化的影响也相当显著。本书在以上章节中对此已经多有论列，在此分三个专题再事探讨。

一、对于文化水平提高的影响

这一问题题其实在第二章第六节已作过分析。进入湖南的移民中有不少是文化水准较高的士大夫,他们直接提高了湖南的文化水平。如五代徙居衡山的廖氏家族,数人皆以诗名[①],湖湘学派的兴起亦是移民进入的直接结果。

不仅移民本身,就是移民后裔对于湖南文化的促进作用也相当明显。移民后裔成为文化人物者为数甚多。国史列传人物、藏书家等项指标中都有移民后裔,而移民后裔举科第更是一个普遍的现象。宋、元的情形见于第二章中已相当清楚,无庸复述,兹请再看两条明代的材料。

明中后期王世贞(1526—1590)曾写道:"衡之为州至唐犹未以人文显。吾尝读昌黎氏言……进而求之人所谓魁奇忠信材德者不可得,而仅得一廖生,则捐妻子为道士,且又家郴而学于衡山者。夫衡之荒落简陋若是。而最后余滥竽楚试,于诸生中得一卷……用以冠诸生之言《易》者……则曾生凤仪也。其产衡产也,虽先世吉之安成,家于衡三世矣。"[②]文中描述曾氏家于衡才三世,可知其始迁时期为明代中叶。

曾生可谓移民近裔,其文化表现突出如上述。一般而言,时移世易,移民远裔当渐次与土著互融和,但也有表现仍较突出者:"便江李氏,出唐连州刺史讳君防……今散居耒阳、永兴二邑皆太守之后……自唐乾宁(894—897)至今六百余年……子孙日以繁衍,然莫

---

① 契嵩《镡津集》卷16《陆蟾传》曰:"方国初时,廖氏家以诗盛而四方诗人慕氏来衡山颇众。"

② 《弇州续稿》卷38《石峰曾翁偕严孺人寿序》。

盛于永兴，永兴仕宦又莫盛于上彦，前代姑未遑论，入国朝举科第者十有一人。”[①]从这条史料中可以看到移民后裔强大的文化基因。

促进文化水平的提高，当然是移民对于文化发展最为直观的作用，但却不是唯一的作用，因为文化的发展还需要以经济实力作为后盾，而对于这一方面，移民的作用更其显著。

二、对于文化基础成长的影响

关于这一专题，第五章的分析已经证明，古代的湖南人本来治生不勤，经济方式相当粗放，是源源不断进入的移民，促进了湖南经济的发展。

一般而言，移民来自经济发达地区，他们的技术较为先进，经济能力较土著为强。早在宋代，这一趋势便渐露端倪。《岳阳风土记》和《宋史·地理志》中的资料均已见于第五章。到了明代，这一趋势相当明显：“桂阳，湖南之徼邑也，其民之土著者固稀，所在坊市、墟井之集，善出材智称雄长者率皆客至之民，而江右居什九。”[②]常德的情形也是如此：“土民日敝，而客户日盛矣，客户江右为多，膏腴之田，湖泽之利，皆为彼所据，捆载以归，去住靡常。”[③]此外，隆庆《岳州府志》亦记载：华容“虽江湖鱼利亦吴、蜀人侵夺”。

这些资料既有山区的，又有平原、湖区的。既有东部的，又有西部的。足以代表全省之情形。既然连起码的耕作业方面湖南土著都不如客户，则湖南末作更是以客户而兴起。

到宋代为止，湖南之民尚无末作，第五章已述，兹再举一些晚近

---

① 林文俊《方斋存稿》卷5《便江李氏族谱序》。

② 尹台《洞麓堂集》卷1《赠周彦敏调桂阳令序》。

③ 嘉靖《常德府志》卷6。

的例证。

省会的情况,嘉庆《长沙县志》说:“长沙民朴,安土重迁,所需者日用之常资,惟米谷充积,业商贩则碓户米坊而已。又地不宜泊舟,秋冬之交,淮商载盐而来,载米而去。其贩卖皮币金玉玩好,列肆盈廛,则皆江苏、山陕、豫章、粤省之客商也。”

湘潭商业之繁荣已见于第七章,光绪《湘潭县志·货殖》载:“明代流寇迄三藩之乱,县当兵冲,逃死殆尽。及复业,城中土著无几,豫章之商十室而九。”当地“豪族强宗或以仕宦兴,或以力田富,善殖货者无闻焉”。

以上是湖南最为发达的都市,已不难看出这一趋势,其他地方更为清楚。

道州“州人皆不习手艺,一切匠事咸外境人为之”,虽“富商大贾云集辐辏,多江、浙、邻境之人”,“本土绝少”①。武冈“工无奇巧,器物取坚浑备用,其木工之稍精细者多自江右,本土绝少”②。

辰溪“民间农业而外,或渔樵,或陶冶,或挖煤掘矿,或为人雇工,习工匠者颇少。每构造修葺,多雇请外来之人。邑中无大商贾,列市肆者江右人居多,他省及省属岳、衡、宝等府亦有之,本籍贸易不过土产所出、日用所需。乡民有肩挑步担贩运货物者,市人谓之贩子”③。

永绥“工役多有外至者,技艺较土人为巧,近日彼此相习,技亦渐精”④。龙山“土民多勤劬力田,不逐末……客民多长、衡、常、辰各府及江西、贵州各省者,其先服贾而来,或独身持襆被入境转物候时,十

① 光绪《道州志》。
② 同治《武冈州志》。
③ 道光《辰溪县志》。
④ 同治《永绥厅志》。

余年间即累赀巨万，置田庐、缔姻戚，子弟以次并列庠序，故县属巨族自来以客籍为多”①。永定“土工、木工、石工本邑素有，铜匠、锡匠、铁匠向皆来自他方，今邑人亦渐精其业”②。

从这些资料中可见，移民可谓是湖南经济发展中最为活跃的因素。不夸张地说，是他们促进了湖南文化基础的成长。

三、对于文化传播的影响

移民作为文化载体，在迁徙的同时，自然便实现了文化传播。

这方面的例证极为浩繁，作为一个移民比例很高的省份，湖南文化在各个方面都留下了移民的印记。省境官话、赣语的分布是移民的直接结果，信仰方面，证据也很多，可举一二如下：

芷江有祠山庙，祀张渤大帝。此庙始建于明洪武时，“按万历《州志》：吴浙来戍者多祀之，盖是时卫所官兵初来沅州，即建此庙”③。

常德有英祐侯庙，“皆先年商民建立以祀肖公、晏公二神，皆江西临江人，生有奇相，殁后灵著江湖”④。

当然最为明显的还是客民在湖南所建的会馆，它们一般都是客民原籍的特征神庙。谭其骧师指出：“江西人好祀许逊，以是许祖行宫、许真君庙，亦遍于湖南”，而“其他各地人之客居于湖南者，福建人有天后宫，湖北人有封哲宫，湖南本省各府之人又有各不相同之崇祀，各建祠宫以为会馆”⑤，在全省各地相当普遍。

---

① 同治《龙山县志略》。

② 同治《续修永定县志》。

③ 同治《芷江县志》。

④ 《东还纪程续抄》。

⑤ 《湖南人由来考》。

其他方面更是不胜枚举，就连有些难以解释的文化现象，也往往可以找到移民的影响。如光绪《新宁县志》载：宴会“往时刻木为鱼，宰夫献于席上，宾致辞于主人，山村远水之家所在有之”。这是一种俭朴的习俗，未言渊源所自，可以肯定此俗并非当地旧有，因宋代湖南之人还“侈费惰力”，已如第五章所示。据《菽园杂记》云：“江西民俗勤俭，每事各有节制之法，然亦各有一名”，其中“劝酒果品，以木雕刻，彩色饰之，中惟时果一品可食，名曰‘子孙果盒’”[①]。与上述新宁习俗颇有异曲同工之妙，其间或当不无关系。

上述所言多是直接的文化传输，其实移民传播文化还有一个方面，那就是对于土著居民的文化刺激。这一方面相当重要，很多文化形态的普及与此有关，它还对湖南居民的文化心理深有影响，土客之争即为一端。

客民进入湖南，增强了区域内的人口压力，本来就添加了居民的资生难度，偏偏客民又善于谋利，因此不免激发土客矛盾。

清代湖南土客之争甚多，最著名的一个事件，当推嘉庆二十四年(1819)湘潭土著与江西客民的大械斗。此事初看起因甚微，由湘潭土著嘲笑赣语地方戏而生仇隙，发展到殴杀数十百人。事件过程中“湖南人皆愤相告，民商、舟人数万，共毁江西人店肆，遇江西人即击杀之，奔哄喧呼，数日不绝。桥津关市，必考其音，非江西人乃得过，往往误死”[②]。其后“土客相仇，江西商客亦暗不得意几五十年”，直到太平天国“军兴乃始和睦”[③]。

但事件的背景却远不止此，它深刻地反映了湖南居民对待移民

① 《菽园杂记》卷3，中华书局1985年版。

② 《瞑庵杂识》卷1，岳麓书社1983年版。

③ 光绪《湘潭县志·货殖》。

的文化心态。归纳起来，约有两端，其一是经济利益。例如在湘潭的江西商人，“临江擅药材，岁可入八百万。建昌专锡箔，吉安多钱店。其余曰油广杂，曰铜铅蜡丝，曰引盐，皆恃行帖擅利，他方人莫能搀也”，因此当地“争利者颇仇之”[①]。而另一方面则是文化权益，土著居民“恐学额被人侵占”，却“时有冒籍情事”出现，因而不得不“限制綦严”[②]。

即此可知，作为一个以移民后裔为人口主体的省份，移民带来的各种影响已渗入到湖南文化的方方面面。

① 光绪《湘潭县志·货殖》。

② 《瞑庵杂识》卷1。

主要参考文献

一、古籍

（一）经部

《十三经注疏》，上海古籍出版社 1997 年影印版。

［汉］扬雄撰，周祖谟校笺、吴晓铃编：《方言校笺及通检》，科学出版社 1956 年版。

［汉］许慎撰，［宋］徐铉校定：《说文解字》，中华书局 1963 年影印本。

（二）史部

［汉］司马迁撰：《史记》，中华书局 1959 年版。

［汉］班固撰：《汉书》，中华书局 1962 年版。

［刘宋］范晔撰：《后汉书》，中华书局 1965 年版。

［晋］陈寿撰：《三国志》，中华书局 1971 年版。

［唐］房玄龄等撰：《晋书》，中华书局 1974 年版。

［梁］沈约撰：《宋书》，中华书局 1974 年版。

［梁］萧子显撰：《南齐书》，中华书局 1972 年版。

[唐]姚思廉撰:《梁书》,中华书局 1973 年版。

[唐]姚思廉撰:《陈书》,中华书局 1972 年版。

[唐]魏征、令狐德棻撰:《隋书》,中华书局 1973 年版。

[后晋]刘昫撰:《旧唐书》,中华书局 1975 年版。

[宋]欧阳修、宋祁撰:《新唐书》,中华书局 1975 年版。

[宋]薛居正等撰:《旧五代史》,中华书局 1976 年版。

[宋]欧阳修撰、徐无党注:《新五代史》,中华书局 1974 年版。

[元]脱脱等撰:《宋史》,中华书局 1985 年版。

[明]宋濂等撰:《元史》,中华书局 1976 年版。

[清]张廷玉等撰:《明史》,中华书局 1974 年版。

[宋]司马光编著、[元]胡三省音注:《资治通鉴》,中华书局 1956 年版。

[宋]李焘撰、[清]黄以周等辑补:《续资治通鉴长编》,上海古籍出版社 1986 年影印版。

[宋]李心传撰:《建炎以来系年要录》,中华书局 1988 年版。

《清圣祖实录》,中华书局 1985 年影印本。

[清]朱寿朋编:《光绪朝东华录》,中华书局 1958 年版。

[明]高岱撰:《鸿猷录》,《丛书集成初编》第 3915—3917 册,中华书局 1985 年版。

[汉]刘向集录、范祥雍笺证、范邦瑾协校:《战国策笺证》,上海古籍出版社 2006 年版。

[宋]陶岳撰:《五代史补》,台湾商务印书馆 1986 年影印文渊阁四库全书本(下称影印文渊阁库本)第 407 册。

[明]廖道南撰:《楚纪》,《北京图书馆古籍珍本丛刊》第 7 册,书目文献出版社 1990 年版。

[明]何孟春撰:《何文简疏议》,影印文渊阁库本第429册。

[明]黄淮、杨士奇编:《历代名臣奏议》,上海古籍出版社1989年版。

[元]辛文房撰:《唐才子传》,古典文学出版社1957年版。

[清]黄宗羲撰,全祖望补修,陈金生、梁运华点校:《宋元学案》,中华书局1986年版。

[清]冯云濠、王梓材辑:《宋元学案补遗别附》,《丛书集成续编》第252册,台湾新文丰公司1988年版。

朱保炯、谢沛霖编:《明清进士题名碑录索引》,上海古籍出版社1980年版。

[宋]范成大撰:《骖鸾录》,《丛书集成初编》第3114册。

[宋]周羽撰:《三楚新录》,影印文渊阁库本第464册。

[宋]陆游撰:《南唐书》,见陆游《陆放翁全集》,北京中国书店1986年版。

[宋]乐史撰:《宋本太平寰宇记》,中华书局2000年版。

[宋]祝穆编、[宋]祝洙补订:《宋本方舆胜览》,上海古籍出版社1991年版。

[宋]王象之撰:《舆地纪胜》,江苏广陵刻印社1991年版。

[明]李贤等撰:《大明一统志》,三秦出版社1990年版。

[明]章潢:《图书编》,影印文渊阁库本第968—972册。

[清]顾炎武撰:《天下郡国利病书》,见《顾炎武全集》第16册,上海古籍出版社2011年版。

[清]穆彰阿、潘锡恩等纂修:《大清一统志》,上海古籍出版社2008年版。

光绪《湖南通志》,光绪十一年(1885)铅印本。

弘治《衡山县志》,弘治十年(1498)周镗刻本。

嘉靖《茶陵州志》,嘉靖四年(1525)刻本。

嘉靖《衡州府志》,嘉靖十五年(1635)刻本。

嘉靖《常德府志》,嘉靖十七年(1538)刻本。

嘉靖《湘阴县志》,万历十六年(1588)增补重刻本。

隆庆《宝庆府志》,隆庆元年(1567)刻本。

隆庆《岳州府志》,隆庆刻本。

万历《慈利县志》,万历元年(1573)刻本。

乾隆《岳州府志》,乾隆十一年(1746)刻本。

乾隆《长沙府志》,乾隆十三年(1748)刻本。

乾隆《攸县志》,乾隆十二年(1747)刻本。

乾隆《泸溪县志》,乾隆二十年(1755)刻本。

乾隆《清泉县志》,乾隆二十八年(1763)刻本。

乾隆《沅州府志》,乾隆五十五年(1790)刻本。

嘉庆《长沙县志》,嘉庆二十二年(1817)增补刻本。

嘉庆《宁远县志》,嘉庆十六年(1811)刻本。

嘉庆《祁阳县志》,嘉庆十七年(1812)刻本。

嘉庆《新田县志》,嘉庆十七年(1812)刻本。

嘉庆《常德府志》,嘉庆十八年(1813)刻本。

嘉庆《通道县志》,嘉庆二十年(1815)刻本。

嘉庆《宜章县志》,嘉庆二十年(1815)刻本。

嘉庆《桂阳县志》,嘉庆二十二年(1817)刻本。

嘉庆《石门县志》,嘉庆二十三年(1818)刻本。

嘉庆《茶陵州志》,嘉庆二十四年(1819)刻本

嘉庆《浏阳县志》,嘉庆二十四年(1819)刻本。

嘉庆《郴州总志》,嘉庆二十五年(1820)刻本

嘉庆《沅江县志》,嘉庆十五年(1810)刻本。

道光《辰溪县志》,道光元年(1821)刻本。

道光《安福县志》,道光三年(1823)刻本。

道光《衡山县志》,道光三年(1823)刻本。

道光《凤凰厅志》,道光四年(1824)刻本。

道光《晃州厅志》,道光五年(1825)刻本。

道光《永州府志》,道光八年(1828)刻本。

道光《永明县志》,道光二十六年(1846)本。

道光《宝庆府志》,道光二十九年(1849)濂溪书院刻本。

同治《桂东县志》,同治五年(1866)尊经阁刻本。

同治《城步县志》,同治六年 (1867)文友堂刻本。

同治《续修宁乡县志》,同治六年(1867)刻本。

同治《临武县志》,同治六年(1867)增补嘉庆二十二年(1817)刻本。

同治《桂阳直隶州志》,同治七年(1868)刻本。

同治《永绥厅志》,同治七年(1868)刻本

同治《安仁县志》,同治八年(1869)刻本。

同治《保靖志稿辑要》,同治八年(1869)多文堂活字本。

同治《龙山县志略》,同治八年(1867)刻本。

同治《续修慈利县志》,同治八年(1869 年)刻本。

同治《直隶澧州志》,同治八年(1869)刻本。

同治《常宁县志》,同治九年(1878)刻本。

同治《江华县志》,同治九年(1870)刻本。

同治《醴陵县志》,同治九年(1870)刻本。

同治《续修永定县志》,同治九年(1870)刻本。

同治《永定县志》,同治九年(1870)刻本。

同治《芷江县志》,同治九年(1870)刻本。

同治《长沙县志》,同治十年(1871)刻本。

同治《茶陵州志》同治十年(1871)尊经阁刻本。

同治《安化县志》,同治十一年 (1872)尊经阁刻本。

同治《巴陵县志》,同治十一年(1872)文星楼刻本。

同治《衡阳县志》,同治十一年(1872)刻本。

同治《乾州厅志》,同治十一年(1872)刻本。

同治《新化县志》,同治十一年(1872)刻本。

同治《酃县志》,同治十二年(1873)文昌宫刻本。

同治《桑植县志》,同治十二年(1873)刻本。

同治《武冈州志》,同治十二年(1873)刻本。

同治《溆浦县志》,同治十二年(1873)刻本。

同治《沅陵县志》,同治十二年(1873)刻本。

同治《沅州府志》,同治十二年(1873)增补刻本。

同治《黔阳县志》,同治十三年 (1874)刻本。

同治《湘乡县志》,同治十三年 (1874)刻本。

同治《益阳县志》,同治十三年(1874)文昌阁刻本。

同治《凤凰厅志》,光绪十八年(1892)刻本。

同治《平江县志》,光绪元年(1875)刻本。

光绪《重修龙阳县志》,光绪元年(1875)刻本。

光绪《宁远县志》,光绪元年(1876)刻本。

光绪《善化县志》,光绪二年(1877)刻本。

光绪《兴宁县志》,光绪元年(1875)刻本。

光绪《重修会同县志》,光绪二年(1876)刻本。

光绪《衡山县志》,光绪二年(1876)刻本。

光绪《零陵县志》,光绪二年(1876)刻本。

光绪《道州志》,光绪三年(1877)刻本。

光绪《龙山县志》,光绪四年(1878)续修刻本。

光绪《靖州直隶州志》,光绪五年(1879)刻本。

光绪《华容县志》,光绪八年(1882)刻本。

光绪《南岳志》,光绪九年(1883)刻本。

光绪《永兴县志》,光绪九年(1883)刻本。

光绪《耒阳县志》,光绪十二年(1886)刻本。

光绪《湘潭县志》,光绪十五年(1889)刻本。

光绪《桃源县志》,光绪十八年(1892)刻本。

光绪《新宁县志》,光绪十九年(1893)刻本。

同治《武冈州志》,同治十二年(1875)刻本。

光绪《古丈坪厅志》,光绪三十三年(1907)铅印本。

宣统《永绥厅志》,宣统元年(1909)铅印本。

民国《溆浦县志》,民国十年(1921)活字本。

民国《慈利县志》,民国十二年(1923)铅印本。

民国《南县乡土笔记》,民国十九年(1930)南县湘华石印局石印本。

民国《嘉禾县图志》,民国二十年(1931)刻本。

民国《汝城县志》,民国二十一年(1932)活字印本。

民国《蓝山县图志》,民国二十二年(1933)刻本。

民国《南县志备忘录》,民国二十六年 (1937)稿本,

民国《宜章县志》,民国三十年(1941)活字印本。

民国《醴陵县志》,民国三十七年(1948)长沙湘行印刷厂铅印本

[北魏]郦道元注、[清]王先谦校:《水经注》,巴蜀书社1985年版。

[宋]范致民撰:《岳阳风土记》,影印文渊阁库本第589册。

[宋]周去非撰:《岭外代答》,《丛书集成初编》第3118—3119册。

[明]包汝楫撰:《南中纪闻》,《丛书集成初编》第3114册。

[明]何宇度:《益部谈资》,《丛书集成初编》第3190册。

[清]许缵曾撰:《东还纪程》,《丛书集成新编》第94册,台湾新文丰公司1986年版。

[清]许缵曾撰:《东还纪程续抄》,《丛书集成新编》第94册。

[清]徐炯撰:《使滇日记》,上海古籍出版社1983年版。

[清]包家吉撰:《滇游日记》,《小方壶斋舆地丛钞》第7帙,上海著易堂印行。

周振鹤编校:《王士性地理书三种·广志绎》,上海古籍出版社1993年版。

[宋]朱辅撰:《溪蛮丛笑》,巴蜀书社1988年版。

[清]徐松辑:《宋会要辑稿》,中华书局1957年影印版。

[清]侯康撰:《补三国艺文志》,《丛书集成初编》第3册。

[清]姚振宗撰:《三国艺文志》,《丛书集成续编》第66册,上海书店1994年版。

[清]陆增祥撰:《八琼室金石补正》,文物出版社1985年版。

(三)子部

[汉]刘安等撰、[汉]高诱注:《淮南子》,上海古籍出版社1989年版。

[清]周寿昌撰、许逸民点校:《思益堂日札》,中华书局1987年版。

[汉]应劭撰、王利器校注:《风俗通义校注》,中华书局 1981 年版。

[宋]周密撰:《齐东野语》,中华书局 1983 年版。

[明]叶子奇撰:《草木子》,中华书局 1959 年版。

[明]何孟春撰:《余冬序录摘抄内外篇》,《丛书集成新编》第 13 册。

[明]谢肇淛撰《五杂组》,台北伟文图书出版社 1977 年版。

[清]王士祯撰:《居易录》,影印文渊阁库本第 869 册。

[清]朱克敬撰:《儒林琐记》,岳麓书社 1983 年版。

[清]朱克敬撰:《暝庵杂识》,岳麓书社 1983 年版。

[清]欧阳兆熊撰:《水窗春呓》卷上,中华书局 1984 年版。

[清]杨恩寿撰、陈长明标点:《坦园日记》,上海古籍出版社 1983 年版。

徐珂编撰:《清稗类钞》第 2 册,中华书局 1984 年版。

[宋]张镃撰:《仕学规范》,影印文渊阁库本第 875 册。

[明]胡应麟撰:《少室山房笔丛》,中华书局 1958 年版。

[唐]欧阳询撰、汪绍楹校:《艺文类聚》,上海古籍出版社 1982 年版。

[南唐]刘崇远撰:《金华子》上海古籍出版社 1988 年版。

[五代]王定保:《唐摭言》,中华书局 1959 年版。

[宋]彭乘撰:《墨客挥犀》,影印文渊阁库本第 1037 册。

[宋]孙光宪撰、林艾园校点:《北梦琐言》,上海古籍出版社 1981 年版。

[宋]文莹撰,郑世刚、杨立扬点校:《玉壶清话》,中华书局 1984 年版。

[宋]王谠撰:《唐语林》,上海古籍出版社 1978 年版。

[明]陆容撰、佚之点校:《菽园杂记》,中华书局 1985 年版。

[明]叶盛撰、魏中平点校:《水东日记》,中华书局 1980 年版。

[宋]李昉编:《太平广记》,上海古籍出版社 1990 年版。

[宋]洪迈撰、何卓点校:《夷坚志》,中华书局 1981 年版。

[梁]释彗皎撰:《高僧传》,上海古籍出版社 1991 年影印版。

[梁]释宝唱撰:《名僧传抄》,《卍新续藏》第 77 册,东京株式会社国书刊行会 1975—1989 年版。

[隋]释灌顶撰:《国清百录》,《大正藏》第 46 卷,台北佛陀教育基金会出版部 1990 年版。

[唐]释义净撰、王邦维校注:《大唐西域求法高僧传校注》,中华书局 1988 年版。

[唐]道宣撰:《广弘明集》,上海古籍出版社 1991 年版。

[唐]道宣撰、郭绍林点校:《续高僧传》,中华书局 2014 年版。

[宋]赞宁撰、范祥雍点校:《宋高僧传》,中华书局 1987 年版。

[宋]陈田夫撰:《南岳总胜集》,《大正藏》第 51 卷。

[日]圆仁撰,顾承甫、何泉达点校:《入唐求法巡礼行记》,上海古籍出版社 1986 年版。

(四)集部

[宋]洪兴祖撰、白化文等点校:《楚辞补注》,中华书局 1983 年版。

[清]严可均校辑:《全上古三代秦汉三国六朝文》,中华书局 1958 年版。

逯钦立辑校:《先秦汉魏晋南北朝诗》,中华书局 1983 年版。

[清]董诰等编:《全唐文》,上海古籍出版社 1990 年版。

[清]彭定求等编:《全唐诗》,上海古籍出版社 1986 年版。

《全宋文》,巴蜀书社 1988 年版。

[元]苏天爵编:《元文类》,上海古籍出版社 1993 年版。

[清]沈德潜编:《清诗别裁集》,中华书局 1975 年版。

[清]陈楷礼辑:《常德文征》,嘉庆十九年(1814)鼎雅堂刻本。

[宋]范成大撰:《范石湖集》,中华书局 1962 年版。

[宋]张咏撰:《乖崖集》,影印文渊阁库本第 1085 册。

[宋]王禹偁撰:《小畜集》,影印文渊阁库本第 1086 册。

[宋]宋祁撰:《景文集》,影印文渊阁库本第 1088 册。

[宋]余靖撰:《武溪集》,影印文渊阁库本第 1089 册。

[宋]释契嵩撰:《镡津集》,影印文渊阁库本第 1091 册。

[宋]刘攽撰:《彭城集》,影印文渊阁库本第 1096 册。

[宋]陶弼撰:《邕州小集》,影印文渊阁库本第 1096 册。

[宋]郑獬撰:《郧溪集》,影印文渊阁库本第 1097 册。

[宋]祖无择撰:《龙学文集》,影印文渊阁库本第 1098 册。

陈杏珍、晁继周点校:《曾巩集》,中华书局 1984 年版。

[宋]范祖禹撰:《范太史集》,影印文渊阁库本第 1100 册。

[宋]周惇颐撰:《周元公集》,影印文渊阁库本第 1101 册。

《欧阳修全集·奏议集》,中国书店 1986 年版。

[宋]张方平撰:《乐全集》,影印文渊阁库本第 1104 册。

孔凡礼点校:《苏轼文集》,中华书局 1986 年版。

[宋]苏辙撰,曾枣庄、马德富校点:《栾城集》,上海古籍出版社 1987 年版。

[宋]黄庭坚撰:《山谷集》,影印文渊阁库本第 1113 册。

[宋]郑侠撰:《西塘集》,影印文渊阁库本第 1117 册。

[宋]沈辽撰:《云巢编》,影印文渊阁库本第 1117 册。
[宋]邹浩撰:《道乡集》,影印文渊阁库本第 1121 册。
[宋]吕南公撰:《灌园集》,影印文渊阁库本第 1123 册。
[宋]杨时撰:《龟山集》,影印文渊阁库本第 1125 册。
[宋]李纲撰:《梁溪集》,影印文渊阁库本第 1125—1126 册。
[宋]汪藻撰:《浮溪集》,影印文渊阁库本第 1128 册。
[宋]李光撰:《庄简集》,影印文渊阁库本第 1128 册。
[宋]刘一止撰:《苕溪集》,影印文渊阁库本第 1132 册。
[宋]王庭珪撰:《卢溪文集》,影印文渊阁库本第 1134 册。
[宋]吴可撰:《藏海居士集》,影印文渊阁库本第 1135 册。
[宋]胡寅撰:《斐然集》,影印文渊阁库本第 1137 册。
[宋]胡宏撰:《五峰集》,影印文渊阁库本第 1137 册。
[宋]曾协撰:《云庄集》,影印文渊阁库本第 1140 册。
[宋]朱熹撰:《晦庵集》,影印文渊阁库本第 1143—1146 册。
[宋]周必大撰:《文忠集》,影印文渊阁库本第 1147—1149 册。
[宋]陈傅良撰:《止斋集》,影印文渊阁库本第 1150 册。
[宋]楼钥撰:《攻媿集》,影印文渊阁库本第 1152—1153 册。
[宋]王阮撰:《义丰集》,影印文渊阁库本第 1154 册。
[宋]赵蕃撰:《淳熙稿》,影印文渊阁库本第 1155 册。
[宋]王炎撰:《双溪类稿》,影印文渊阁库本第 1155 册。
[宋]陆九渊撰:《象山集》,影印文渊阁库本第 1156 册。
[宋]蔡戡撰:《定斋集》,影印文渊阁库本第 1157 册。
[宋]薛季宣撰:《浪语集》,影印文渊阁库本第 1159 册。
[宋]杨万里撰:《诚斋集》,影印文渊阁库本第 1160—1161 册。
刘公纯等点校:《叶适集·水心文集》,中华书局 1961 年版。

[宋]戴复古撰《石屏诗集》,影印文渊阁库本第1165册。

[宋]曹彦约撰:《昌谷集》,影印文渊阁库本第1167册。

[宋]张栻撰:《南轩集》,影印文渊阁库本第1167册。

[宋]廖行之撰:《省斋集》,影印文渊阁库本第1167册。

[宋]卫泾撰:《后乐集》,影印文渊阁库本第1169册。

[宋]魏了翁撰:《鹤山集》,影印文渊阁库本第1172—1173册。

[宋]真德秀撰:《西山文集》,影印文渊阁库本第1174册。

[宋]赵汝鐩撰:《野谷诗稿》,影印文渊阁库本第1175册。

[宋]程公许撰:《沧洲尘缶编》,影印文渊阁库本第1176册。

[宋]陈元晋撰:《渔墅类稿》,影印文渊阁库本第1176册。

[宋]王迈撰:《臞轩集》,影印文渊阁库本第1178册。

[宋]李曾伯撰:《可斋续稿》,影印文渊阁库本第1179册。

[宋]刘克庄撰:《后村先生大全集》,《四部丛刊初编》第211—216册。

[宋]高斯得撰:《耻堂存稿》,影印文渊阁库本第1182册。

[宋]乐雷发撰、萧艾注:《雪矶丛稿》,岳麓书社1986年版。

[宋]欧阳守道撰:《巽斋文集》,影印文渊阁库本第1183册。

[宋]文天祥撰:《文山集》,影印文渊阁库本第1184册。

[宋]刘辰翁撰:《须溪集》,影印文渊阁库本第1186册。

[宋]牟巘撰:《陵阳集》,影印文渊阁库本第1188册。

[宋]计有功撰:《唐诗纪事》,上海古籍出版社1987年版。

[元]方回撰:《桐江续集》,影印文渊阁库本第1193册。

[元]刘将孙撰:《养吾斋集》,影印文渊阁库本第1199册。

[元]姚燧撰:《牧庵集》,影印文渊阁库本第1201册。

[元]卢挚撰、李修生辑笺:《卢疏斋集辑存》,北京师范大学出版

社 1984 年版。

[元]曹伯启撰:《曹文贞公诗集》,影印文渊阁库本第 1202 册。

[元]陈孚撰:《陈刚中诗集》,影印文渊阁库本第 1202 册。

[元]程钜夫撰:《雪楼集》,影印文渊阁库本第 1202 册。

[元]虞集撰:《道园学古录》,影印文渊阁库本第 1207 册。

[元] 揭傒斯撰、李梦生点校:《揭傒斯全集》,上海古籍出版社 1985 年版。

[元]王沂撰:《伊滨集》,影印文渊阁库本第 1208 册。

[元]黄溍撰:《文献集》,影印文渊阁库本第 1209 册。

[元]欧阳玄撰:《圭斋文集》,影印文渊阁库本第 1210 册。

[元]许有壬撰:《至正集》,影印文渊阁库本第 1211 册。

[元]宋褧:《燕石集》,影印文渊阁库本第 1212 册。

[元]傅若金撰:《傅与砺文集》,影印文渊阁库本第 1213 册。

[元]苏天爵撰:《滋溪文稿》,影印文渊阁库本第 1214 册。

[元]周霆震撰:《石初集》,影印文渊阁库本第 1218 册。

[元]李祁撰:《云阳集》,影印文渊阁库本第 1219 册。

[元]杨翮撰:《佩玉斋类稿》,影印文渊阁库本第 1220 册。

[明]宋濂撰:《文宪集》,影印文渊阁库本第 1223—1224 册。

[明]王祎撰:《王忠文集》,影印文渊阁库本第 1226 册。

[明]贝琼撰:《清江文集》,影印文渊阁库本第 1228 册。

[明]童冀撰:《尚絅斋集》,影印文渊阁库本第 1229 册。

[明]杨基撰:《眉庵集》,影印文渊阁库本第 1230 册。

[明]龚敩撰:《鹅湖集》,影印文渊阁库本第 1233 册。

[明]杨士奇撰:《东里诗集》,影印文渊阁库本第 1238 册。

[明]金幼孜撰:《金文靖集》,影印文渊阁库本第 1240 册。

[明]王直撰:《抑庵文后集》,影印文渊阁库本第1241—1242册。

[明]李时勉撰:《古廉文集》,影印文渊阁库本第1243册。

[明]薛瑄撰:《敬轩文集》,影印文渊阁库本第1243册。

[明]何乔新撰:《椒邱文集》,影印文渊阁库本第1249册。

周寅宾点校:《李东阳集》,岳麓书社1983—1985年版。

[明]倪岳撰:《青溪漫稿》,影印文渊阁库本第1251册。

[明]吴宽撰:《家藏集》,影印文渊阁库本第1255册。

[明]罗钦顺撰:《整庵存稿》,影印文渊阁库本第1261册。

[明]顾璘撰:《息园存稿》,影印文渊阁库本第1263册。

[明]王守仁撰,吴光、钱明、董平等编校:《王阳明全集》,上海古籍出版社2015年版。

[明]潘希曾撰:《竹涧集》,影印文渊阁库本第1266册。

[明]何景明撰:《大复集》,影印文渊阁库本第1267册。

[明]杨慎撰:《升庵集》,影印文渊阁库本第1270册。

[明]林文俊撰:《方斋存稿》,影印文渊阁库本第1271册。

[明]张岳撰:《小山类稿》,影印文渊阁库本第1272册。

[明]文徵明撰:《甫田集》,影印文渊阁库本第1273册。

[明]尹台撰:《洞麓堂集》,影印文渊阁库本第1277册。

[明]王世贞撰:《弇州续稿》,影印文渊阁库本第1282—1284册。

[明]凌义渠撰:《凌忠介集》,影印文渊阁库本第1297册。

钱伯城笺校:《袁宏道集笺校》,上海古籍出版社1981年版。

[清]钱谦益撰、[清]钱曾笺注,钱仲联校:《牧斋初学集》,上海古籍出版社1985年版。

[清]王夫之撰:《王船山诗文集》,中华书局1962年版。

[清]施闰章撰:《学余堂诗集》,影印文渊阁库本第1313册。

[清]毛奇龄撰:《西河集》,影印文渊阁库本第1320—1321册。

[清]田雯撰:《古欢堂集》,影印文渊阁库本第1324册。

[清]汤右曾撰:《怀清堂集》,影印文渊阁库本第1325册。

[清]桂馥撰:《晚学集》,《丛书集成新编》第77册。

[清]查慎行撰:《敬业堂诗集》,影印文渊阁库本第1326册。

[清]朱克敬撰:《暝庵诗录》,《挹秀山房丛书》本。

彭靖等整理:《曾国藩全集·诗文》,岳麓书社1986年版。

杨坚点校:《郭嵩焘诗文集》,岳麓书社1984年版。

[清]王先谦撰、梅季标点:《葵园四种》,岳麓书社1986年版。

[清]叶昌炽撰、王欣夫补正、徐鹏辑:《藏书纪事诗》,上海古籍出版社1989年版。

蔡尚思、方行编:《谭嗣同全集》(增订本),中华书局1981年版。

二、近代资料

丁大任撰:《癸巳(1653)小春入长沙记》,载《湖南历史资料》1958年第2期。

周康立撰:《楚南史赘》,载《湖南历史资料》1980年第2期、1981年第1期。

龙绂瑞:《武溪杂忆录》,载《湖南文献汇编》第一辑,湖南文献委员会1948年印行。

同明等编:《湖南反正追记》,湖南人民出版社1981年版。

杨树达:《积微翁回忆录》,上海古籍出版社1986年版。

杨昌济:《达化斋日记》,湖南人民出版社1978年版。

李肖聃撰、绛希点校:《星庐笔记》,岳麓书社1983年版。

李肖聃:《湘学略》,岳麓书社1985年版。

王原一:《王九溪先生年谱叙》,《湖南文献汇编》第2辑,湖南文献委员会1949年印行。

章士钊:《刘霖生先生七十寿序》,《湖南历史资料》1981年第1期。

曾继梧等编:《湖南各县调查笔记》,民国二十年(1931)铅印本。

湖南法制院编印:《湖南民情风俗报告书》,湖南教育出版社2010年版。

湖南省人民政府文化事业管理局音乐工作组整理:《湖南民间歌曲集》,湖南人民出版社1954年版。

中国音乐研究所编:《湖南音乐普查报告》,音乐出版社1960年版。

《湖南民间歌曲集·长沙市分册》,《中国民间歌曲集成·湖南卷》编辑委员会编,内部资料,1981年。

《湖南民间歌曲集·湘潭市分册》,同上,内部资料,1981年。

《湖南民间歌曲集·株洲市分册》,同上,内部资料,1981年。

《湖南民间歌曲集·衡阳市分册》,同上,内部资料,1981年。

《湖南民间歌曲集·邵阳市分册》,同上,内部资料,1981年。

《湖南民间歌曲集·岳阳地区分册》,同上,内部资料,1981年。

《湖南民间歌曲集·湘潭地区分册》,同上,内部资料,1981年。

《湖南民间歌曲集·衡阳地区分册》,同上,内部资料,1981年。

《湖南民间歌曲集·郴州地区分册》,同上,内部资料,1981年。

《湖南民间歌曲集·零陵地区分册》,同上,内部资料,1981年。

《湖南民间歌曲集·邵阳地区分册》,同上,内部资料,1981年。

《湖南民间歌曲集·涟源地区分册》,同上,内部资料,1981年。

《湖南民间歌曲集·益阳地区分册》,同上,内部资料,1981年。

《湖南民间歌曲集·常德地区分册》,同上,内部资料,1981 年。

《湖南民间歌曲集·黔阳地区分册》,同上,内部资料,1981 年。

《湖南民间歌曲集·湘西土家族苗族自治州分册》,同上,内部资料,1981 年。

湖南省文化厅编:《湖南民间歌曲集成》(1～4),湖南文艺出版社 2008 年版。

中国音乐研究所编、徐美辉修订整理:《湖南音乐普查报告》,湖南人民出版社 2011 年版。

《中国民间歌曲集成》全国编辑委员会编:《中国民间歌曲集成·湖北卷》,人民音乐出版社 1988 年版。

《中国民间歌曲集成》全国编辑委员会、《中国民间歌曲集成·湖南卷》编辑委员会:《中国民间歌曲集成·湖南卷》上、下卷,中国 ISBN 中心 1994 年版。

《中国民间歌曲集成》全国编辑委员会、《中国民间歌曲集成·贵州卷》编辑委员会:《中国民间歌曲集成·贵州卷》,中国 ISBN 中心 1995 年版。

《中国民间歌曲集成》全国编辑委员会、《中国民间歌曲集成·四川卷》编辑委员会:《中国民间歌曲集成·四川卷》,中国 ISBN 中心 1997 年版。

三、研究著作

《斯大林全集》第 2 卷,人民出版社 1953 年版。

兹维金采夫著、伍铁平等译校:《普遍语言学纲要》,商务印书馆 1981 年版。

L. R. 帕默尔撰,李荣、王菊泉、周焕常、陈平译,吕叔湘校:《语言学概论》,商务印书馆 1983 年版。

蔡尚思:《中国思想研究法》,湖南人民出版社 1988 年版。

陈谷嘉、朱汉民:《湖湘学派源流》,湖南教育出版社 1992 年版。

陈正祥:《中国文化地理》,台湾龙田出版社 1982 年版、三联书店 1983 年版。

葛剑雄、曹树基、吴松弟:《简明中国移民史》,福建人民出版社 1993 年版。

葛剑雄:《西汉人口地理》,人民出版社 1986 年版。

葛剑雄:《中国人口发展史》,福建人民出版社 1991 年版。

葛剑雄:《中国移民史》第 2 卷《先秦至魏晋南北朝时期》,福建人民出版社 1997 年版,

龚胜生:《清代两湖农业地理》,华中师范大学出版社 1996 年版。

郭朋:《中国佛教简史》,福建人民出版社 1990 年版。

何炳棣:《明清社会史论》,美国哥伦比亚大学出版社 1962 年版。

何业恒:《中国人口·湖南分册》,中国财政经济出版社 1987 年版。

胡朴安编:《中华全国风俗总志》下编,河南人民出版社 1986 年版。

湖南师范大学文史研究所编:《麓山论史萃编》,湖南人民出版社 1988 年版。

蒋星煜:《中国隐士与中国文化》,三联书店 1988 年版。

李晓杰:《中国行政区划通史·先秦卷》(修订本),复旦大学出版社 2017 年版。

梁启超:《中国近三百年学术史》,中华书局 1986 年版。

刘君惠等著:《扬雄方言研究》,巴蜀书社 1992 年版。

卢云:《汉晋文化地理》,陕西人民教育出版社 1991 年版。

钱基博:《近百年湖南学风》,岳麓书社 1985 年版。

容闳:《西学东渐记》,湖南人民出版社 1981 年版。

司徒尚纪:《广东文化地理》,广东人民出版社 1993 年版。

谭其骧:《长水集》,人民出版社 1987 年版。

谭其骧:《长水集续编》,人民出版社 1996 年版。

汤用彤:《隋唐佛教史稿》,中华书局 1985 年版。

天鹰:《1958 年中国民歌运动》,上海文艺出版社 1959 年版。

王德毅等编:《元人传记资料索引》,中华书局 1987 年版。

王家佑:《道教论稿》,巴蜀书社 1987 年版。

吴松弟:《中国移民史》第 4 卷《辽宋金元时期》,福建人民出版社 1997 年版。

徐俊鸣:《广州史话》,上海人民出版社 1984 年版。

杨家骆主编:《宋人传记资料索引》,台湾鼎文书局 1977 年版。

杨宽:《战国史》,上海人民出版社 2003 年版。

杨时逢:《湖南方言调查报告》,台湾"中央研究院"历史语言研究所 1974 年版。

印顺:《中国禅宗史》,上海书店 1992 年版。

余英时:《士与中国文化》,上海人民出版社 2003 年版。

张朋园:《中国现代化的区域研究——湖南省》;"中央研究院"近代史研究所 1983 年版。

钟敬文:《钟敬文民间文学论集》上册,上海文艺出版社 1982 年版。

周宏伟:《湖南政区沿革》,湖南师范大学出版社 2009 年版。

周一良:《魏晋南北朝史论集》,中华书局 1963 年版。

周振鹤:《体国经野之道——新角度下的中国行政区划沿革史》,香港中华书局 1990 年版。

周振鹤:《西汉政区地理》,人民出版社 1987 年版。

周振鹤、游汝杰:《方言与中国文化》,上海人民出版社 1986 年版。

四、单篇文章

鲍厚星、颜森:《湖南方言的分区》,《方言》1986 年第 4 期。

曹树基:《湖南人由来新考》,《历史地理》第 9 辑,上海人民出版社 1990 年版。

陈建宪:《湖北薅草锣鼓的分布与特点》,《长江大学学报》(社科版)2014 年第 7 期。

陈旭麓:《湖山情思》,载熊月之、周武编:《陈旭麓文集》第 4 卷《浮想偶存》,华东师范大学出版社 1997 年版。

陈序经:《南北文化观》,《岭南学报》第 3 卷第 3 期,1934 年;《东西文化观》,《岭南学报》第 5 第 1—4 期,1936 年。

陈寅恪:《天师道与滨海地域之关系》,《中央研究院历史语言所集刊》第 3 卷第 4 期,1931 年。

陈垣:《元典章校补阙文》,见《励耘书屋丛刻》中册,北京师范大学出版社 1982 年影印版。

丁文江:《历史人物与地理的关系》,《科学》第 8 卷第 1 期,1923 年。又载《东方杂志》第 20 卷第 5 号,1923 年。

高至喜、熊传新:《楚人在湖南的活动遗迹概述》,《文物》1980 年第 10 期。

何介钧:《湖南商周时期古文化的分区探索》,载《湖南考古辑刊》

第2集,岳麓书社1984年版。

后藤朝大郎撰、闻宥译:《中国入声之地理的研究》,《岭南学报》第2卷第1期,1931年。

李洁华《唐宋禅宗之地理分布》,《新亚学报》第13卷,1980年。

梁启超:《近代学风之地理的分布》,载《饮冰室合集》第5册,中华书局1989年版。

林增平:《近代湖湘文化初探》,《历史研究》1988年第4期。

漆侠:《关于宋代人口的几个问题》,载《求实集》,天津人民出版社1982年版。

商衍鎏:《清代科举考试述录》,三联书店1983年版。

史念海:《两唐书列传人物籍贯的地理分布》,载《纪念顾颉刚学术论文集》,巴蜀书社1990年版。

史念海:《唐代前期关东地区尚武风气的溯源》,《中华文史论丛》1982年第3辑。后收入《河山集》第5集,山西人民出版社1991年版。

史念海《秦汉时代关西人民的尚武精神》,《东方杂志》第41卷第22期,1945年。

童恩正:《从出土文物看楚文化与南方诸民族的关系》,《湖南考古辑刊》第3集,岳麓书社1986年版。

王妙发:《清代学者分布图》,稿本。

王卫平:《从尚武到尚文》,《苏州大学学报》1992年第3期。

肖华忠:《略论宋代人才的分布》,《晋阳学刊》1987年第6期。

辛德勇:《唐代高僧籍贯及驻锡地的分布》,《唐史论丛》第4辑,三秦出版社1988年版。

熊传新:《湖南发现的古代巴人遗物》,《文物参考资料》第7辑,

1983 年。

徐少华、李海勇:《从出土文献析楚秦洞庭、黔中、苍梧诸郡县的建置与地望》,《考古》2005 年第 11 期。

杨胜兴:《长江流域薅草锣鼓的历史考证》,《音乐研究》2017 年第 5 期。

张炳生:《唐代进士分布图》《南宋刻书业分布图》《明代印刷业分布图》,稿本。

张伟然《南北朝佛教地理的初步研究》上、下篇,《中国历史地理论丛》1991 年第 4 期、1992 年第 1 期。

张晓虹:《汉水流域传统音乐文化形成的历史地理背景》,《黄钟(武汉音乐学院学报)》2016 年第 1 期。

周世荣:《马王堆三号汉墓地形图古城邑的调查》,载《湖南考古辑刊》第 2 集。

周振鹤:《唐代安史之乱和北方人民的南迁》,《中华文史论丛》1987 年第 2、3 期合刊,总第 42 期。

周振鹤、游汝杰:《湖南方言区画及其历史背景》,《方言》1985 年第 4 期。